ANGÉLIQUE DE MACKAU

MARQUISE DE BOMBELLES

ET LA

COUR DE MADAME ÉLISABETH

OUVRAGES DU MÊME AUTEUR

Carrier à Nantes, 2ᵉ édition. Plon, 1897.

Louis XV intime et les Petites Maîtresses, 3ᵉ édition. Plon, 1899.

Souvenirs de Delaunay (de la Comédie-Française), 3ᵉ édition. Calmann Lévy, 1902.

Le palais de Saint-Cloud, in-4ᵒ illustré (couronné par l'Académie française). Laurens.

La France et la Russie en 1870, d'après les papiers du général Fleury. Émile-Paul, 1902.

Fantômes et Silhouettes (portraits du xviiiᵉ siècle), Émile-Paul, 1903, 3ᵉ édition.

Les Drames de l'Histoire : Mesdames de France, Mᵐᵉ de la Vallette, Gaspard Hauser. — Hachette, 2ᵉ édition, 1905.

PUBLICATIONS

Souvenirs de la comtesse de Montholon. Émile-Paul, 1901.

Souvenirs du Congrès de Vienne, par le comte de la Garde Chambonas. Émile-Paul, 1903.

Bonaparte en Égypte, notes du capitaine Thurman. Émile-Paul, 1902.

L'Éducation d'un Prince, par le général marquis d'Hautpoul, Plon, 1902.

Souvenirs du général marquis d'Hautpoul sur la Révolution et l'Empire. Émile-Paul, 1905.

Souvenirs du caporal Wagré (les prisonniers de Cabrera).

Souvenirs de Jouslin de la Salle, etc.

Le Carnet, revue mensuelle fondée en 1898.

Comte **FLEURY**

ANGÉLIQUE DE MACKAU

MARQUISE DE BOMBELLES

ET LA

COUR DE MADAME ELISABETH

D'après des **DOCUMENTS INÉDITS**

Ouvrage orné d'un portrait en héliogravure

PARIS

ÉMILE-PAUL, ÉDITEUR

100, rue du Faubourg-Saint-Honoré, 100
Place Beauvau

—

Comte FLEURY

ANGÉLIQUE DE MACKAU

MARQUISE DE BOMBELLES

ET LA

COUR DE MADAME ÉLISABETH

D'après des DOCUMENTS INÉDITS

Ouvrage orné d'un portrait en héliogravure

TROISIÈME ÉDITION

PARIS

ÉMILE-PAUL, ÉDITEUR

100, rue du Faubourg-Saint-Honoré, 100
Place Beauvau

AVANT-PROPOS

Le parfum qui s'exhale de ces effluves du passé
n'est pas cet unique parfum de volupté qu'on a
coutume de respirer dans tout ce qui émane du
xviiie siècle, le siècle des grâces et des faciles
complaisances. Ce n'est pas à nous, qui avons fait
revivre les amours du plus voluptueux des mo-
narques, de reprocher aux écrivains même les plus
graves d'avoir, pour plus exactement peindre une
époque, recherché celles d'entre les femmes de la
société qui, par leurs aventures, s'offraient le mieux
en mesure de retenir l'attention. Plus que les
dames de haute vertu les célébrités amoureuses
sollicitent la curiosité de la plupart, et c'est vers
celles qui dispensèrent généreusement le plaisir
ou inspirèrent passions ou caprices que tendent
les efforts de ceux qui sont en mal d'histoire
anecdotique.

Le public, surtout certain public d'élite féminin, — celui qui prend le temps de lire, mais recherche plutôt un délassement teinté de psychologie souriante, voire de physiologie instructive et amusante à la fois, que de trop pédantes leçons de diplomatie ou de politique, — le public très fin, très quintessencié, très prompt à établir des comparaisons, des femmes qui comprennent ou qui devinent et qui concluent, encourage volontiers ces « analystes » des cœurs réduits parfois au rôle d'anecdotiers d'amour.

N'est-ce pas la vie qui passe dans ces ailes bruissantes de femmes-papillons? Dussent-elles s'en brûler, il leur faut la lumière qui, encore une fois, dans un suprême battement, les fait scintiller devant la postérité. Si une du Barry ou une Parabère scandalise ces lectrices averties, une Choiseul-Stainville, une Custine, une Flahaut, voire une Tallien ou une Aimée de Coigny intéressent ou captivent, rendent indulgentes pour elles-mêmes celles qui, dans les amours passées, aiment à trouver la représentation des amours présentes ou futures.

Embellies par le recul des années, ces figures leur apparaissent grandies ou rendues vaporeuses — suivant que le metteur en scène a imprimé plus de relief au caractère ou laissé la première place aux élans du cœur, — auréolées jusque par-delà la mort de cette couronne de volupté poétique qui, « depuis qu'il est des hommes... et qui aiment » constitue le moins indiscutable des brevets d'immortalité.

A côté de celles qui aimèrent d'amour ou aimèrent simplement le plaisir[1], on citerait celles qu'un seul sentiment purifia, et l'on pense aussitôt à une Pauline de Beaumont dont la mort fit verser de vraies larmes à Chateaubriand, à une Sabran attendant patiemment que le chevalier de Boufflers pût l'épouser, à une Polastron usant de son influence de mourante sur le comte d'Artois pour obtenir sa conversion. N'en est-il pas quelques autres parmi celles dont on n'a pas pour coutume de parler, si séduisantes qu'elles aient été, et, cela parce que, « à l'austère devoir pieusement fidèles », elles y trouvèrent unique et suprême volupté? Il semble qu'Angélique de Mackau, marquise de Bombelles, l'amie dévouée et aimée de Madame

----

1. De certaines femmes de cette époque on a pu dire : « Elles n'ont connu ni les grandes passions ni les grands repentirs ; les philosophes du xviii° siècle ne leur avaient laissé que la moins consolante des religions : celle du plaisir. » (A. de Pontmartin, *Causeries du Lundi*.)

Élisabeth, dont il nous a été permis, grâce à un journal intime, de dessiner la vie, soit une de ces femmes d'âme élevée dignes de solliciter l'attention.

Rencontrer au sein de la société mourante du xviiie siècle un ménage modèle, admirable par son amoureuse et amicale fidélité et, en même temps, intéressant non seulement par lui-même mais par ses alentours, par les milieux où il lui a été donné de se mouvoir ; grâce à des fragments d'autobiographie et à une correspondance nombreuse — le mari, diplomate, étant souvent absent du nid — prendre ce couple avant les justes noces, le voir évoluer au milieu de la Cour de Marie-Antoinette, l'étudier psychologiquement durant les années heureuses, pouvoir plus tard le suivre aux heures de lutte, aux heures d'angoisse, voilà le régal que nous offraient les dossiers inexplorés des Bombelles.

Avec le fonds Dupleix-Valori qui a servi à l'ouvrage de M. Tibulle Hamon, *Dupleix et la perte des Indes*, le fonds Bombelles est le plus important des archives de Seine-et-Oise si riches en correspondances et papiers d'émigrés[1]. C'est sans doute à

---

1. Ignorés d'ailleurs de la plupart des intéressés.

cette importance considérable (ce fonds ne contient
pas moins de 230 dossiers très fournis), que nous
avons dû de le trouver à peu près inexploré.
Exception doit être faite pour M. A. de Beauchesne
qui, dans sa *Vie de Madame Élisabeth*, a publié
quelques lettres de Mme de Bombelles à son mari
pendant l'année 1781 ; pour M. Maxime de La
Rocheterie qui a « visé » çà et là des impressions
tirées de cette même correspondance pour son
Histoire de Marie-Antoinette[1]. Ces citations peu
nombreuses et partielles ne déflorent pas l'ensemble d'une correspondance qui, avec d'autres
papiers inédits, fournit le canevas principal du
récit que nous offrons aujourd'hui au public.

Quand, il y a plusieurs années déjà — habitant
alors Versailles, dans l'atmosphère même où nos
héros et leur entourage avaient vécu, aimé et commencé à souffrir — nous faisions transcrire sous
nos yeux les parties principales de ces innombra-
bles dossiers, le savant archiviste du Département
— très épris d'histoire lui-même, quand les pape-
rasses administratives lui en laissent le temps, —

---

1. M. de La Rocheterie a également publié la *Correspondance
du marquis et de la marquise de Raigecourt avec le marquis et la
marquise de Bombelles pendant l'émigration*. Société d'histoire
contemporaine, 1892. Tiré à petit nombre et devenu rarissime.

M. Émile Coüard, a complaisamment dirigé nos recherches dans ce labyrinthe cartonné. Son obligeante expérience a souvent épargné notre peine : qu'il reçoive ici l'expression de notre amicale reconnaissance.

Versailles, 1902. -- Paris, 1905.

ANGÉLIQUE DE MACKAU
MARQUISE DE BOMBELLES

CHAPITRE PREMIER

Les Bombelles dans l'histoire. — Le marquis tuteur de ses sœurs.
— Henriette-Victoire, comtesse de Reichenberg, épouse morganatique du landgrave de Hesse-Rheinfels. — M. de Bombelles
à Ratisbonne. — Les instructions du comte de Vergennes. —
Mlle de Schwartzenau. — Jeanne-Renée de Bombelles projette
de marier son frère à Mlle de Mackau. — L'éducation des jeunes
filles et les mariages dans la noblesse. — La sous-gouvernante
des Enfants de France et la jeunesse de Madame Elisabeth. —
Intimité de la princesse avec Angélique. — Lettres de Mlle de
Mackau au marquis de Bombelles. — L'empereur Joseph II à
Versailles. — Eléonore d'Olbreuse et ses descendants. — Mariage d'Angélique.

Aucun des écrivains ayant eu à retracer la vie de
Madame Élisabeth n'a négligé de prononcer le nom de
la marquise de Bombelles, née Angélique de Mackau.
On sait qu'avec la marquise de Raigecourt, née Causans,
et la vicomtesse des Monstiers Mérinville, née La Briffe,
elle fut l'amie de cœur de la sœur de Louis XVI, et les
nombreuses lettres si affectueusement incorrectes que
lui a adressées Madame Élisabeth ont sauvé son nom
de l'oubli [1]. Par malheur les renseignements que nous

---

1. Nous l'avons dit plus haut : grâce à M. M. de la Rocheterie,
on connaissait la correspondance pendant l'émigration des Raigecourt avec la marquise de Bombelles.

ont transmis Ferrand dans son *Éloge de Madame Élisabeth* (1795), Feuillet de Conches dans son *Introduction aux Lettres de Madame Élisabeth*, et l'éditeur des *Mémoires* de la baronne d'Oberkirch sont erronés sur bien des points.

Quant au marquis de Bombelles, hormis dans les livres documentaires sur l'émigration, où d'ailleurs on le confond souvent avec un de ses frères, il n'est guère parlé de lui[1]. Histoire générale et mémoires ont l'air de l'ignorer. Il est donc nécessaire d'expliquer en peu de mots ce qu'étaient sa famille et celle de sa femme.

La famille de Bombelles fixée au XVIIIe siècle en Alsace, dans les fiefs de Worck, d'Achenheim et de Reishoffen, descendait de Salmon de Bombelles, docteur en médecine, natif de Senes au comté d'Asti, qui, attaché au service du duc d'Orléans (Louis XII), reçut des lettres de naturalité du roi Charles VIII[2]. Il est retrouvé trace de cette maison plus ancienne qu'illustre, à la cour des ducs de Lorraine ; elle est couchée sur les listes de pension pour officiers et loyaux serviteurs de ces princes ; après l'annexion à la France des duchés de Lorraine et de Bar, il est question de démêlés judiciaires entre le comte de Bombelles, lieutenant général et l'administration des duchés au sujet du fief de Reishoffen appartenant naguère au grand-duc de Toscane et échangé contre d'autres terres.

---

1. Sauf dans Feuillet de Conches (*Louis XVI, Marie-Antoinette*, etc.), pour la période qui se rapporte à sa mission en Russie, et récemment dans la *Correspondance* du comte de Vaudreuil avec le comte d'Artois (2 volumes publiés par **M.** Léonce Pingaud).

2. Archives de Seine-et-Oise, E. 231.

Ce Henri-François de Bombelles, lieutenant général, gouverneur de Bitche, commandant de la frontière de la Lorraine Allemande et de la Sarre, est le père de Marc-Henri. Officier de valeur et de services éclatants[1] (les lettres du maréchal de Belle-Isle, du prince de Nassau, du maréchal du Muy, de Paris-Duverney, conservées aux Archives de Seine-et-Oise, témoignent en quelle estime le tenaient ses chefs ou les administrateurs de l'armée[2]), il conquit une situation prépondérante comme gouverneur de Bitche, poste qu'il conserva de nombreuses années et jusqu'à sa mort survenue en 1760, au moment où l'on songeait à lui donner le bâton de maréchal de France.

M. de Bombelles s'était marié deux fois. Du premier lit, il laissait un fils et une fille. Celle-ci était entrée dans un couvent de Saverne et les portes du cloître se sont, à ce point, fermées sur elle, que c'est à peine si, parmi tous ces papiers de famille, son nom est prononcé. L'aîné de la famille, appelé le comte de Bombelles, marié à Mlle B. de la Vannerie, et vivant, à cause du caractère difficile de sa femme, fort en dehors de ses frères et sœurs de père, se souciera fort peu de ses devoirs de chef de famille. Il accomplira une carrière militaire honorable, deviendra maréchal de camp, chevalier de l'Ordre de Saint-Lazare et de Notre-Dame du Mont-Carmel.

---

1. A Fontenoy, à Raucoux, il se distingua particulièrement ; comme gouverneur de la Lorraine allemande qu'il a fortifiée et rendue praticable par des chemins militaires, il a droit également ment aux éloges, comme le témoigne l'importante correspondance militaire qui lui est adressée.

2. Arch. de Seine-et-Oise, E. 233, 234.

Du second mariage avec Marie-Suzanne de Rassé, sont nés quatre enfants, deux fils et deux filles. Le deuxième des fils, Basile, comme ses frères, commandera une compagnie du régiment de Berchenyi; de grandes folies de jeunesse pèseront sur toute sa vie; il sera enfermé à Metz pour dettes et donnera les plus grands ennuis aux siens [1]. Après avoir servi en Allemagne, on le retrouve en 1792 maréchal de camp à l'armée de Condé.

Le vrai chef de la famille c'est Marc-Henri, *marquis* de Bombelles, second fils du lieutenant général. Ce marquisat venait d'un fief masculin situé en Palatinat, concédé par le prince héréditaire de Hesse-Darmstadt, reconnu par l'empereur et pour lequel régularisation a été consentie en France [2].

Pour l'administration des finances très exiguës de la famille, pour l'éducation de ses deux sœurs, le marquis de Bombelles s'est tout à fait substitué à son frère aîné, et, d'un commun accord, c'est lui qui dirige, ordonne tout. Par sa raison pondérée, ses goûts d'économie, l'affection toute paternelle qu'il porte à ses sœurs — il s'est privé du revenu du fief pour leur éducation — il se montre à la hauteur de son rôle et digne d'éloges sans réserves. Ceci n'était pas toujours l'avis de sa belle-sœur, la comtesse de Bombelles, jalouse de cette influence et qui excitait continuellement son mari contre son frère. Après la mort de son aîné en 1785, le marquis eut des démêlés particuliers avec

---

1. Arch. de Seine-et-Oise, E. 387, E. 394.
2. Lettre du 6 avril 1758 du prince héréditaire de Hesse Darmstadt au lieutenant général de Bombelles.

sa belle-sœur. Il répondit assez justement : « Mon frère tirait une grande vanité d'être le chef de sa famille et ne pouvait pas se dissimuler que, sans lui en disputer le titre, j'en acquittais les charges [1]...» et l'incident fut clos.

Né le 6 octobre 1744, à Bitche, capitale de la Lorraine allemande dont le comte de Bombelles, son père, était le gouverneur, Marc-Henri entra fort jeune, comme page, dans la maison du duc de Bourgogne, petit-fils de Louis XV, et le jeune prince témoignait la plus grande amitié à son compagnon de jeu. De complexion délicate le duc de Bourgogne était souvent souffrant, et chacun de l'entourer et d'essayer de le distraire [2]. On dut l'opérer d'une tumeur à la hanche, mais on ne le guérit point. Pendant cette maladie aux alternatives de mieux et de cruelles souffrances, les courtisans commençaient à ralentir leurs visites et entraient de préférence chez le duc de Berry (le futur Louis XVI). Un jour que le malade se trouvait dans une solitude presque complète, il fit signe à son page qu'il voulait lui parler ; des paroles qu'il prononça on a établi ce mot « historique » qui semblerait un peu étonnant pour un enfant de dix ans, si l'on ne savait, d'autre part, que ce petit martyr royal, dont la fin fut si courageuse et édifiante, en était bien capable. « Bombelles, dit-il, sais-tu pourquoi nous ne voyons personne, tandis que la foule se porte chez mon frère ?

---

1. Lettre du 13 avril 1786.

2. Le duc de Bourgogne mourut le 22 mars 1761. Voir les pages émouvantes consacrées à ce charmant prince dans : *la Mère des trois derniers Bourbons*, par Casimir Stryienski, Paris, 1902, et *l'Eloge* de Lefranc de Pompignan.

C'est qu'ici, c'est la chambre de la douleur, et chez Berry, c'est la chambre de l'espérance[1]. »

Après la mort du prince, Marc-Henri de Bombelles entra au service, dans les mousquetaires, se distingua à l'armée du maréchal de Broglie, fut blessé à Forbach, fit brillamment les campagnes de 1761 et 1762 comme aide de camp du marquis de Béthune. Il commanda ensuite une compagnie du régiment de Berchenyi jusqu'au jour où il la céda à son frère Basile. Il était parvenu au grade de colonel lorsque, appuyé par le baron de Breteuil, alors ministre à Naples, il demanda à faire partie de la légation. Pendant son absence de plusieurs années M. de Bombelles confiait Henriette-Victoire et Jeanne-Renée à Mme d'Offémont, née Françoise de Bombelles, sa tante, qui, veuve depuis longtemps d'un officier au régiment de Condé-Infanterie, vivait retirée dans sa terre d'Offémont (Ile-de-France)[2].

Excellent cœur mais tête folle, Henriette-Victoire avait voué une affection ardente au frère qui avait veillé sur son enfance, payé son entretien au couvent

---

1. Anecdote contée par Alissan de Chazet : Mgr *de Bombelles*, dans *Mémoires, Souvenirs et Portraits* (t. II).

2. Les Gobelin d'Offémont descendaient de Jean Gobelin, seigneur de la Tour en 1516. Baltazar Gobelin, seigneur de Brinvilliers, président en la chambre des Comptes, fit ériger sa terre en marquisat pour son fils Antoine. Celui-ci fut, en 1668, marié à Marie-Madeleine Dreux d'Autray, fille d'Antoine, seigneur de de Villiers et d'Offémont. C'est la célèbre empoisonneuse, marquise de Brinvilliers. Claude Antoine de Gobelin porta le nom de comte d'Offémont. Son fils, Nicolas-Louis, était le mari de Françoise de Bombelles. D'où le comte d'Offémont, né le 3 novembre 1774 (Dossier 234). Le château d'Offémont appartient aujourd'hui à M. de Sancy de Parabère, ancien officier supérieur de cavalerie.

et qui même, de Naples, continuait à s'occuper d'elle avec une sollicitude constante. Par les lettres de la jeune fille conservées aux Archives de Seine-et-Oise on voit quelle place un peu encombrante Mlle de Bombelles occupait dans les pensées... et les calculs financiers du secrétaire d'ambassade.

Pas jolie, fantasque, exubérante et surtout sans aucune fortune, Mlle de Bombelles était fort difficile à marier. Les partis se présentaient peu : le hasard devait amener celui auquel on aurait pu le moins songer. Un prince souverain allemand, père de la princesse de Bouillon, avait rencontré Henriette-Victoire pendant un voyage en Bavière, auprès de son frère devenu ministre à Ratisbonne. Séduit par le bavardage étourdi de cette jeune fille de dix-huit ans, le landgrave Constantin de Hesse Rheinfels demanda sa main. Il avait soixante ans ; par son premier mariage il était père de plusieurs princes et princesses qui supporteraient mal une telle mésalliance. M. de Bombelles put hésiter longtemps avant d'accepter pour sa sœur une union plus brillante en apparence qu'en réalité ; devant l'insistance de Henriette-Victoire, qui ne voyait qu'une chose : être princesse, il céda, et le mariage eut lieu en 1776.

Malgré la loi sur les mariages inégaux qui régnait en Allemagne, Mlle de Bombelles se berçait de l'illusion qu'elle obtiendrait le droit d'être traitée en princesse et de compenser par là la disproportion des âges. Elle ne devait pas réussir ; elle porta le nom de comtesse de Reichenberg et, malgré tous les efforts de son mari en Allemagne, et de ses parents en France, elle ne put jamais obtenir d'être qualifiée princesse. Après deux années tristement passées dans les châteaux gothiques du vieux landgrave nous la retrouverons veuve d'abord et, contre toute vraisemblance, inconsolable, puis, au bout de très peu de temps, désireuse de se remarier à tout prix et épousant contre le gré des siens, le plus mauvais sujet du royaume, le marquis de Louvois.

L'autre sœur du marquis, Jeanne Renée, nous la suivrons également au cours de cette étude : d'abord jeune fille, vivant tantôt auprès de son frère à Ratisbonne, tantôt à Versailles, où la comtesse de Marsan, la baronne de Mackau ou Mme de Bombelles, sa belle-sœur, lui donnent tour à tour l'hospitalité ; ensuite, après un projet d'union manquée avec le chevalier de Naillac, mariée au marquis de Travanet : c'est une femme gracieuse et spirituelle, assez instruite, d'un commerce agréable et très aimée dans l'entourage de Madame Élisabeth ; elle est l'auteur de la romance célèbre « Pauvre Jacques », dont nous parlerons à son heure.

Quant à Angélique de Mackau elle se présente trop bien elle-même avec son charme exquis, sa « sensibilité », pour que nous ne lui laissions pas la parole le plus souvent possible. Avec elle nous allons entrer dans l'intimité de Madame Elisabeth ; nous connaîtrons de nouveaux traits de bonté de l'intéressante princesse. La cour de Marie-Antoinette nous apparaît sans voiles avec ses compétitions rivales, ses clans opposés les uns aux autres. Les Polignac, les Rohan, leurs différentes coteries, surtout l'un peu énigmatique comte Valentin d'Esterhazy dont l'influence sur la Reine ne peut sembler douteuse, se projettent en pleine lumière..., bien

d'autres encore restés jusqu'ici au second plan faute
de renseignements.

Depuis le printemps de 1775, le marquis de Bombelles
était chargé, en remplacement du baron de Mackau,
de la légation de France auprès de la Diète de Ratisbonne[1]. En face des projets ambitieux de Joseph II sur
la Bavière, la situation du ministre de France près des
princes germaniques s'offrait rien moins que facile. Le
rôle de M. de Bombelles consistait avant tout à ne pas
s'ingérer dans les affaires des petits souverains avec
leurs puissants voisins. Pour remplir utilement un
emploi de conciliation et d'effacement, un diplomate de
carrière patient, sachant vivre simplement et presque
à l'écart des intrigues « grouillantes » de Ratisbonne
était nécessaire. Le plénipotentiaire allait se tirer avec
honneur d'un poste délicat, et, s'en tenant à la lettre

---

1. Les instructions du comte de Vergennes pour M. de Bombelles, établissaient notamment certains points politiques qui
devaient, quelques années plus tard, être opposés aux calculs
ambitieux de Joseph II sur la Bavière : « Le roi, y était-il dit, ne
négligera rien pour resserrer et rendre plus inviolables les liens
qui assurent le repos de l'Allemagne ; mais, en remplissant ses
engagements à cet égard, Elle (*sic*) ne se croit pas déchargée de
ceux qu'elle a formés bien plus anciennement avec le corps germanique par la garantie du traité de Westphalie... Sa Majesté
n'a cessé de recommander à son ministre auprès de la Diète aussi
bien qu'à tous ses autres ministres résidant près des princes de
l'empire de déclarer que son alliance avec la maison d'Autriche
était fondée sur les traités de Westphalie et sur les constitutions
germaniques ; qu'elle regardait comme une de ses premières
maximes de ne pas permettre d'y porter atteinte ; que, bien loin
de vouloir servir d'instrument aux projets d'oppression que la
Cour impériale pourrait former, Sa Majesté se prévaudrait plutôt de l'alliance comme d'un moyen de plus pour servir la cause
des Etats. » (Le comte de Vergennes au marquis de Bombelles,
10 avril 1775. — Arch. de Seine-et-Oise, E. 453).

de ses instructions, il mériterait les éloges du Ministère français; il n'en devait pas être de même du Cabinet autrichien qui, ne trouvant pas en lui un serviteur aveugle de l'Empereur, se plaindra à Paris; de là une série de griefs accumulés sur sa tête et dont la reine Marie-Antoinette lui tiendra bien longtemps rigueur, quand plus tard il sera question de donner au diplomate un avancement mérité.

Le marquis s'était créé des intimités dans quelques familles; très attiré chez Mme de Schwartzenau, femme du ministre de Prusse, il s'était cru épris de la fille de la maison et avait songé à demander sa main. Certaines hésitations de dernière heure, peut-être aussi des obstacles de fortune ou de caractère que des lettres postérieures nous font deviner l'avaient fait renoncer à son projet. La jeune fille, plus désireuse que lui, sans doute, de contracter cette union, s'était montrée mortifiée de l'abandon du marquis, et la rupture n'alla pas sans récriminations et sans aigreur. Débarrassé d'un poids qui l'étouffait, M. de Bombelles n'eut plus qu'une idée : se marier en France. Il était âgé de trente-trois ans, muni d'un poste diplomatique important, il n'avait plus à se préoccuper que du sort de sa jeune sœur qui alors vivait avec lui à Ratisbonne...

Ce fut justement Jeanne Renée qui persuada à son frère que, s'il voulait épouser Mlle de Mackau, fille d'une des sous-gouvernantes des Enfants de France, il n'avait qu'à formuler une demande. L'année précédente, le marquis tombé malade à Versailles s'était vu soigner comme un fils par la baronne de Mackau avec laquelle, depuis toujours, il avait entretenu les liens de la plus étroite intimité. Une jeune fille rieuse et rai sonnable à la fois, de « caractère enchanteur » et d'éducation parfaite, cette Angélique, que depuis son enfance il suivait pas à pas, avait charmé la convalescence du diplomate ; de longues causeries sous les ombrages des parcs appartenant à la princesse de Guéménée et à la comtesse de Marsan [1] devaient laisser dans l'esprit de l'un et de l'autre de durables impressions... Ils ne le savaient pas peut-être jusqu'au jour où la correspondance de Mlle de Bombelles avec la baronne de Mackau vint raviver de charmants souvenirs, faire entrevoir la possibilité d'une union entre deux cœurs qui avaient déjà cheminé dans les sentiers de l'amitié.

De part et d'autre, il était écrit qu'on s'accorderait vite. Mme de Mackau était sans fortune, dans le marquis de Bombelles, diplomate d'avenir, elle trouvait un bon parti pour sa fille. Loin d'élever des objections contre la différence d'âge, elle encouragea sa fille, à peine âgée de seize ans, à répondre aux sollicitations dont son amie, Mlle de Bombelles, se faisait l'interprète. De son côté, Marc-Henri n'était que peu en état par lui-même de donner une brillante situation à celle qui deviendrait sa femme ; mais il escomptait volontiers, outre les espérances de carrière, la protection destinée à devenir efficace de la jeune sœur du Roi.

---

1. La princesse de Guéménée, née Rohan-Soubise, était propriétaire de ce domaine de Montreuil, qui deviendra l'habitation aimée de Madame Elisabeth. La comtesse de Marsan occupait rue Champ-la-Garde une grande maison dont le parc pouvait communiquer avec celui de sa nièce. Derrière la propriété de Mme de Guéménée, avec son entrée sur la rue Champ-la-Garde, se trouvait la petite maison prêtée à Mme de Mackau, et que lui donna plus tard Madame Elisabeth.

Si jeune qu'elle fût, en effet, Mlle de Mackau jouait un petit rôle dans la cour intime des Enfants de France. Sa mère, femme fort capable, s'était appliquée à lui donner une instruction sérieuse ; la vie modeste qu'elle et ses enfants menaient à Strasbourg n'avait pu que fortifier les excellentes qualités d'Angélique. La jeune fille n'avait pas connu les dangers d'une existence trop mondaine soit dans l'intérieur familial, soit dans les couvents à la mode, lesquels préparaient si bien à la vie de cour et si mal à la vie conjugale.

A cette époque, la femme appartenant à la société se tient dans le monde comme sur un théâtre. Elle sent sur elle les regards du public, elle apprend un rôle très difficile à porter. Aussi l'apprentissage commence-t-il de bonne heure. La vie de famille d'alors peut nous paraître étrange, tant elle est différente de celle que mènent la plupart des jeunes filles d'aujourd'hui.

On a formé l'enfant dès le berceau aux belles manières. Elle s'est habituée à se promener d'un air grave ; on juge de ce que peuvent être ses jeux de prime jeunesse en corps de baleine et en paniers ; sauter et courir voilà de fort sottes occupations pour une fille noble destinée à tenir un rang dans la société, surtout à la Cour, but de toutes les aspirations. Elle voit fort peu sa mère, tant les multiples occupations mondaines, le théâtre, la Cour, les petits salons où l'on cause, où l'on joue, où l'on soupe, où l'on médit, prennent son temps, accaparent exclusivement son esprit. Passer des heures avec l'enfant dont l'intelligence s'éveille peu à peu, jouer avec elle en un charmant abandon, livrer les profondeurs naïves de sa tendresse maternelle, se montrer petite et

simple pour mieux insuffler son amour, se faire aimer
à force d'abdication du moi, à force d'oubli des préoccupations et des soucis extérieurs, reprendre peu à peu
et savoir garder la place qu'ont occupée les « rempla-
çantes », voilà ce que tant de femmes — appartenant
même à la société la plus absorbée par les devoirs
mondains, la plus en proie aux suggestions frivoles —
savent quotidiennement faire aujourd'hui. C'était autrefois une fort rare exception. Quelle intimité peut exister
entre une mère qui à peine quelques minutes par
jour s'informe de la santé, de la conduite et des progrès de sa fille, et une enfant qui, sitôt le devoir
solennel accompli, remonte dans les combles de l'hôtel
avec sa gouvernante? Aucune. Au respect filial, se
mêle une bonne dose de crainte et, dans l'amour, il est
comme une hésitation, un désir d'obéir plus qu'un
besoin de répondre à un sentiment naturel. Les parents
n'ont pas plus que ceux d'aujourd'hui au fond du cœur
une grande dureté, mais il va de leur dignité de garder cette hauteur qui écarte les familiarités, met un
frein aux attendrissements, conserve les distances.

Cette première vie de famille un peu sommaire ne
suffit pas pour l'éducation d'une fille. La mode n'est
pas venue encore des institutrices à demeure, mais il
est de grandes maisons de tenue religieuse [1] et d'allure

---

1. « L'usage de ce temps aimable et frivole, écrit la vicomtesse
de Noailles (*Vie de la princesse de Poix*) était de confier l'éducation des filles au couvent depuis l'enfance jusqu'au mariage.
Personne n'avait, ou ne croyait avoir le temps d'élever ses
enfants : d'ailleurs, sur plusieurs filles, il y en avait toujours
quelqu'une destinée à entrer en religion, et, par conséquent, il
fallait l'éloigner du monde avant qu'elle pût le regretter. » La
dernière phrase est-elle bien juste? Ce n'est pas toujours dans
ces couvents-là qu'on plaçait les jeunes filles destinées au voile.

mondaine à la fois où se retirent des femmes de tout âge, où l'on se dispute ces enfants de la noblesse suivant leur rang et leur fortune : Fontevrault, Panthémont[1], rue de Grenelle, les Dames de Sainte-Marie de la rue Saint-Jacques, Saint-Louis de Saint-Cyr pour un noyau restreint, portes ouvertes à deux battants sur le monde dont les bruits, les nouvelles, les caquets arrivaient sans retard. A ces veuves, prises d'accès de dévotion passagère, à ces femmes en instances de séparation judiciaire, à celles qui fuyaient la société trop bruyante par raison ou par tristesse ou simplement parce que la petite vérole les avait maltraitées, il fallait ces distractions, ces effluves de la Cour et de la Ville... Les jeunes filles élevées dans un bâtiment séparé prenaient contact, aux longues heures de récréation, avec celles qui peuplaient les parloirs, elles s'imprégnaient de l'air du siècle, cependant qu'on leur enseignait le chant, le dessin et la danse, tous les talents de la bonne compagnie et surtout l'art de plaire[1].

------

1. L'abbaye de Panthémont était située là où est maintenant le temple protestant, 108, rue de Grenelle. C'était le couvent le plus élégant et le plus mondain de Paris. Les princesses Bathilde d'Orléans et Louise de Condé y passèrent plusieurs années, cette dernière jusqu'à sa vingt-cinquième année. Les deux princesses avaient leur appartement à part, leur train de vie à part, leur table particulière, une dame d'honneur, plusieurs femmes de service. Elles donnaient à dîner et recevaient toute une petite cour. (Voir la *Dernière des Condé*, par le marquis P. de Ségur; — et comte Ducos, *la Mère du duc d'Enghien*. — Voir aussi *la Femme au XVIIIe siècle* des Goncourt, et les charmants *Portraits* de Jules Soury.)

1. Ces maisons où l'éducation est si frivole font naturellement penser à ce couvent de Terceire dans les Açores, où firent halte les officiers français revenant d'Amérique. Lauzun, Broglie,

Elle sait se tenir, marcher, faire sa partie dans un menuet ; elle sait causer de mille riens, baragouiner l'anglais ou l'italien, se moquer et critiquer ; elle a appris la généalogie de sa famille et un peu celle des Bourbons ; elle a cet esprit naturel qui est instinctif aux castes qui, ne prenant pas le temps d'approfondir les sujets et n'ayant pas à se préoccuper des difficultés de l'existence, cueillent la fleur au vol... Elle ne sait rien de la vie et de ses devoirs, rien des plaies sociales qui, sans qu'elle s'en doute, l'entourent et qu'elle peut être appelée à secourir... Elle n'a qu'un but, qu'un désir, que son éducation particulière a fait croître, surchauffé au point d'en faire une obsession : se marier très jeune, suivant les convenances de rang et de fortune. Les parents arrangent tout d'avance : les futurs conjoints se voient une ou deux fois, le mariage est décidé avant qu'ils n'aient le temps de se connaître. Parfois elle a treize ou quatorze ans, lui seize ou dix-sept ans [1] ; dans ce cas, le soir des noces les deux enfants sont

---

Ségur y remportèrent de faciles succès. L'abbesse qui n'y voyait pas de mal adressait aux jeunes conquérants des compliments que Ségur paraphrasa ainsi : « Ces jeunes personnes auxquelles je vous laisse offrir vos hommages, s'étant exercées à plaire, seront un jour plus aimables pour leurs maris, et celles qui se consacreront à la vie religieuse, ayant exercé la sensibilité de leur âme et la chaleur de leur imagination, aimeront plus tendrement la divinité. »

1. Mariées à quatorze ans : Mlles de Bouillon, de Luynes, de Noailles d'Ayen ; à treize ans et demi : Mlles de Montmorency, de Polignac ; à douze ans, Mlle de Nantes, Mlles de Brézé, du Lude, d'Arquien ; à onze ans, Mlles de Noailles, de Boufflers et la fille de Samuel Bernard ; à dix ans et demi, Mlles de Mailly, Colbert, etc. Un duc d'Uzès se maria à dix-sept ans avec une fille du prince de Monaco qui en avait trente-quatre ; le prince de Turenne, le duc de Fitz-James, le duc de Fronsac se mariaient aux mêmes âges. Le duc de la Trémoille se mariait à quatorze ans,

séparés, le mari pour faire son apprentissage aux armées [1], elle pour rentrer pour deux ou trois ans dans son couvent ou dans un autre.

On l'appelle madame, elle a le droit de recevoir quelques visites, elle continue à se perfectionner dans les arts d'agrément, les livres sont presque complètement fermés ; la petite mariée ne songe qu'au jour où il lui sera permis de paraître sur la première scène du monde, à être présentée à la Cour et à se mêler à la société brillante. Elle envisage la nouvelle vie qui va lui être faite ; elle entrevoit diamants, beaux atours, berline, comédie, fêtes et soupers.

Tout un prisme de joies aveugle ses yeux. Elle ne pensait guère qu'à cela en allant à l'autel, et voilà le moment arrivé. Le mariage sera consommé dans une terre familiale. Puis la jeune femme accourra à Paris, se montrera dans quelques salons, recueillera sourires et compliments, et couverte de bijoux, en grand habit, elle paraîtra le vendredi à l'Opéra dans la première

---

la même année que Louis XV qui en avait quinze... Il en est bien d'autres dont les *Mémoires* du duc de Luynes et de Saint-Simon nous donnent les noms. Charles-Gaspard de Rohan Rochefort aura seize ans quand il épousera sa cousine, Louise-Josèphe de Rohan-Guéménée, de six mois plus âgée que lui. Le fils du comte de Berchenyi, à seize ans, épousera une enfant de neuf ans. (Voir *infrà*). — Voir aussi l'excellent livre de M. Fernand Giraudeau, *les Vices du jour et les Vertus d'Autrefois*.

1. Qui n'a présent à l'esprit le mariage du jeune duc de Bourbon, âgé de quatorze ans et demi, avec la princesse Bathilde d'Orléans. Celui qui, depuis, devait faire si mauvais ménage avec sa femme, commença par l'enlever le soir des noces. Ce petit scandale amusa la cour, et Laujon en fit une pièce qu'il appela *l'Amoureux de quinze ans* (Voir *la Mère du duc d'Enghien*, par le comte Ducos : — et nos *Fantômes et Silhouettes*, Emile Paul, 1903).

loge du côté de la Reine. Voilà les mariages dans la noblesse au xviiie siècle.

Si les buts à atteindre sont souvent les mêmes de nos jours pour de très jeunes épousées, il faut confesser que l'état de la jeune fille actuelle est plus enviable. N'a-t-elle pas le droit d'avoir place au banquet des plaisirs, de jouer son rôle dans le mouvement mondain ? jusqu'à un certain point ne lui est-il pas possible d'étudier ceux parmi lesquels elle choisira ou laissera choisir son mari ? Du moins ne la force-t-on pas comme jadis à prononcer des vœux religieux afin que par le sacrifice des filles et des cadets traités en branches parasites s'épanouisse en pleine sève le principal rejeton.

De là ces religieuses, ces abbés sacrifiés « par ordre », et l'ancien évêque d'Autun pourra écrire : « Dans les grandes maisons, c'était la famille que l'on aimait bien plus que les individus et surtout que les jeunes individus que l'on ne connaissait pas encore ». Contre ces abus de puissance paternelle qui réglait cruellement le sort de quelques-uns en faveur du seul qui dût en profiter, il avait été protesté dès le Concile de Trente, mais ces menaces n'avaient produit aucun effet ; après comme avant, les parents continuèrent à régler eux-mêmes et suivant leur fantaisie le sort de leurs fils ou de leurs filles. Si l'on ne peut nier que le droit d'aînesse, tel qu'il a pu se conserver en Angleterre, tel que la constitution des majorats pouvait, dans une certaine mesure, le remplacer chez nous, devait et doit encore s'offrir comme l'unique moyen de garder intacts non seulement les terres patrimoniales, mais le rang auquel ont droit certains noms illustrés au service de l'État, on ne saurait s'indigner assez haut contre cette habitude mise en vigueur aux xviie et xviiie siècles de froquer tout ce qui était jugé inutile. Parcourez Saint-Simon : la liste est longue des grandes familles qui procédaient ainsi. C'est le premier duc de la Rochefoucauld qui fait prêtres le deuxième et le quatrième de ses fils, force cinq filles sur cinq à se faire religieuse. Le second duc eut trois chevaliers de Malte et un prêtre parmi ses cinq fils. Les Rohan, les Matignon, les Mailly usaient des mêmes procédés envers les cadets de leurs fils et filles. Forcée aussi Mlle de Mortemart qui, « faisant de nécessité vertu », devint l'irréprochable abbesse de Fontevrault. Forcée Mlle de Tencin... dont les aventures sont connues. Forcés tous ces petits abbés de cour, écrivains licencieux, de Chaulieu à Grécourt, de La Châtre à Voisenon qui se vengèrent par le scandale de leurs livres et de leurs mœurs de la violence qu'ils avaient dû subir. Quand Fléchier arrive en Auvergne, avec les juges des Grands Jours, il est informé qu'un certain nombre de religieuses se sont évadées de leur couvent, et que d'autres s'adressent aux représentants du roi, pour être rendues à la liberté ; et l'évêque de constater : « Je ne m'en étonnai pas. On les contraint pour des intérêts domestiques, on leur ôte par des menaces la liberté de refuser. Les mères les sacrifient avec tant d'autorité qu'elles sont contraintes de souffrir sans se plaindre. »

Rapprochons-nous de l'époque qui nous occupe. Il y a toujours des chevaliers de Malte pris par ordre parmi les cadets de vieille souche et plus ou moins bien lotis, des prêtres forcés, des abbesses nées parmi les plus grandes maisons... Nécessité familiale devant laquelle on s'incline. Il est un clan où le chapeau de cardinal se passe d'oncle en neveu, les Rohan sont un instant plusieurs à porter la pourpre et on les distingue par le nom de Guéménée et de Soubise, tandis que le senior garde le nom de Rohan. Plût au Ciel que la source de ces cardinaux se fût tarie, avant l'avènement du trop célèbre Louis, grand-aumônier de France... l'homme du Collier !...

Il y a toujours de tout jeunes gens qu'on marie sans les consulter comme on avait marié le prince Charles-Joseph de Ligne et le duc de Fronsac. Il y a toujours des jeunes filles élevées dans des couvents très mondains où l'on apprend les révérences et l'art de se comporter à la Cour, il y a toujours aussi Saint-Cyr où la règle est plus sévère, l'éducation plus sérieuse, mais là ce n'est plus un couvent uniquement de luxe ; n'y entrent et sur places libres, que les jeunes filles nobles et de famille militaire qu'a désignées la faveur du Roi... Celles-là auront une dot minuscule et un trousseau pour faciliter leur établissement, et c'est pourquoi la noblesse pauvre recherche tant pour ses filles l'institution de Saint-Louis. Le temps n'est plus où Racine faisait chanter les chœurs d'*Esther*, devant la Cour, par les protégées de Mme de Maintenon : les dames de Saint-Cyr sont des religieuses augustines et les exhibitions mondaines ont cessé.

Angélique de Mackau, de famille noble et sans fortune, se trouvait bien dans les conditions voulues pour entrer dans cette maison recherchée. Il s'en fallut de peu qu'elle n'y complétât son éducation... Mais la jeune princesse dont elle était devenue la compagne la réclamait pour elle-même et, devant sollicitation si impérieuse, toutes considérations s'étaient tues.

Comment s'était conclu cet arrangement, Mme de Bombelles l'a conté elle-même en 1795 à M. Ferrand, tout en expliquant de quelle façon, quelques années auparavant, sa mère était devenue sous-gouvernante de cette enfant volontaire et indisciplinée, mais d'une grâce et d'une sensibilité charmante qui était Madame Élisabeth.

La première éducation de la petite princesse ne s'était pas faite sans difficulté. Orpheline à trois ans [1], elle n'obéissait à personne. Les témoignages contemporains la montrent à l'âge de six ans comme une petite sauvage, avec un air déterminé et doux en même temps, avec je ne sais quoi d'entier et de rebelle qui ne se laissait pas aisément apprivoiser. Elle offrait des aspérités, des disparates bizarres de caractère ; elle passait volontiers d'un extrême à l'autre : tantôt sensible et charmante, tantôt fière et hautaine. Ses inégalités rappelaient le duc de Bourgogne [2].

La comtesse de Marsan [3], gouvernante des Enfants

---

1. Elisabeth-Philippine-Marie-Hélène de France, née le 3 mai 1764, baptisée le même jour en présence de la famille royale, par l'archevêque de Reims, et tenue sur les fonts par le duc de Berry, son frère aîné, le futur Louis XVI, au nom de l'Infant Don Philippe, et par Madame Adélaïde, sa tante, au nom de la reine d'Espagne douairière. Le dauphin mourut en 1765 ; la dauphine Marie-Josèphe de Saxe, deux ans après.

2. Comte Ferrand, *Éloge de Madame Élisabeth*.

3. Marie-Louise Geneviève de Rohan-Soubise, veuve de Jean-Baptiste Charles, comte de Marsan, prince de Lorraine, mort à vingt-trois ans sans enfants, en 1743. La comtesse de Marsan, très « Rohan » et très « Lorraine », portait au plus haut degré

de France, eut fort à faire pour mater cette nature indépendante. A l'encontre de Madame Clotilde, sa sœur,
âgée de cinq ans, qui s'offrait très souple, désireuse
d'apprendre et de se plier à ce qui lui était commandé,
Madame Élisabeth se montrait entêtée dans ses caprices, opiniâtre dans ses révoltes, orgueilleuse et hautaine avec ceux qui la servaient ; dans l'exagération de
sa morgue princière elle ne souffrait pas non seulement qu'on lui tint tête, mais même qu'on pût tarder
à exécuter ses désirs. A ses débutantes études, elle
n'apportait ni grâce ni bon vouloir et, malgré l'exemple
de sa sœur, toujours mis devant ses yeux, — à sa
grande jalousie, d'ailleurs, — elle proclamait qu'elle
n'avait besoin ni de se fatiguer, ni d'apprendre, « puisqu'il y avait toujours près des princes, des hommes qui
étaient chargés de penser pour eux ».

Une circonstance fortuite devait amener un premier
changement dans l'humeur fantasque de l'enfant. Elle
était tombée malade. Clotilde demanda avec instance à
la soigner, obtint que son lit fût apporté dans la chambre

---

l'orgueil des maisons qu'elle représentait. Elle embrassa les
prétentions des Rohan de passer avant les ducs et pairs, comme
descendants des rois de Bretagne et des rois de Navarre. Ils ré-
clamèrent le titre d'Altesse quand Elisabeth Godfried, de Rohan
Soubise, épousa le prince de Condé (Voir les lettres d'elle publiées
dans *Fantômes et Silhouettes*, Émile-Paul, 1903). On connaît la
carrière militaire, plus fastueuse que glorieuse, du maréchal de
Soubise, qui dut l'exagération des faveurs versées sur sa tête par
Louis XV à son dévouement absolu au roi, à la perfection de ses
manières, à sa complaisance pour les favorites et à la finesse de
son esprit de courtisan. La comtesse de Marsan était gouvernante des Enfants de France depuis 1754. Elle avait été l'enne-
mie acharnée de Choiseul. Mme de Pompadour la détestait. (Cf.
les *Mémoires* de Mme du Hausset, et les *Mémoires* de Choiseul,
tout récemment publiés par M. Fernand Calmettes.)

de sa sœur. S'il ne lui fut pas permis de la veiller la nuit, du moins ne la quitta-t-elle pas dans le jour, et de cette intimité de chaque instant, de ces soins apportés avec touchante affection devaient naître de probants résultats. Clotilde donna d'excellents conseils à sa sœur et, de plus, se fit sa vraie première institutrice; bientôt Élisabeth, qui s'y était refusée jusqu'alors, consentit à épeler ses mots; au bout de peu de temps, elle prenait goût à la lecture.

La marquise de la Ferté-Imbault, fille de la célèbre Mme Geoffrin et femme philosophe des plus instruites, avait été priée par Mme de Marsan de l'aider dans sa tâche, en attendant que fût nommée une sous-gouvernante capable de diriger effectivement les jeunes princesses [1]. Mme de la Ferté-Imbault se mit à la besogne, choisit dans son vaste répertoire philosophique les morceaux les plus délicats et qu'elle jugeait les mieux propres à influencer de jeunes esprits. On demeure étonné des auteurs élus dans ce but. Nourrie surtout dans l'antiquité, la marquise fit apprécier à ses élèves des fragments d'Aristote, elle ne leur épargna ni Zoroastre, ni Confucius, elle fit surtout pour elles des « arrangements » inspirés des *Hommes illustres* de Plutarque. Le livre où Mme Roland raconte en ses *Mémoires* avoir puisé son enthousiasme pour la République était-il bien à la portée de princesses aussi jeunes? Mme de Genlis en aurait douté, elle qui proclamait que tous livres étaient dangereux à laisser lire seuls à des enfants de sept à quinze ans. C'est pour-

---

1. Sur Mme de la Ferté-Imbault, consulter le *Royaume de la rue Saint-Honoré*, par le marquis Pierre de Ségur.

quoi Mme de la Ferté-Imbault s'était donné la peine de
faire elle-même les extraits.

Sans doute Plutarque devenu l'instituteur de leur
bas âge avait dicté aux princesses, comme à Henri IV,
« beaucoup de bonnes honnêtetés et maximes excellentes ». Déjà elles suivaient les leçons de physique
de l'abbé Nollet, les leçons d'histoire de Guillaume Le
Blond ; l'abbé de Montaigu succédant à l'abbé Lussins
était chargé de l'instruction religieuse. On verra avec
quelle élévation il devait comprendre sa vraie mission.
Mais c'est à sa nouvelle éducatrice d'un mérite tout
particulier qu'il faut avant tout reporter la transfor-
mation en qualités des défauts de la jeune Madame
Élisabeth.

Marie-Angélique de Fitte de Soucy, baronne de
Mackau, veuve d'un ministre du roi à Ratisbonne[1],
vivait tout à fait modestement à Strasbourg, lorsque
Louis XV, à l'instigation de Mme de Marsan et sur les
témoignages rendus par les dames de Saint-Louis (elle
avait été élevée à Saint-Cyr), laissant les meilleurs souvenirs l'appela près de ses petites-filles en qualité
de sous-gouvernante.

L'arrivée de Mme de Mackau, escortée de sa fille
Angélique, devait faire bonne impression sur la petite
princesse.

« Mme de Marsan, a raconté Mme de Bombelles, reçut

---

1. Les Mackau appartenaient à une noble et ancienne famille
irlandaise. Au xixe siècle le nom fut illustré par l'amiral de
Mackau, une des gloires de la marine française. Il était le petit-
fils de la baronne de Mackau, mère d'Angélique, et le père du
vaillant champion des Droites à la Chambre. député de l'Orne
depuis trente ans.

ma mère comme si elle eût eu à la remercier d'avoir accepté l'emploi qu'elle lui avait confié. Elle voulut me voir et me présenter à Mesdames. Madame Élisabeth me considéra avec l'intérêt qu'inspire à un enfant la vue d'un autre enfant de son âge.

Je n'avais que deux ans de plus qu'elle, et étant aussi portée qu'elle à m'amuser, les jeux furent bientôt établis entre nous et la connaissance fut bientôt faite. Ma mère, n'ayant point de fortune, pria Mme de Marsan de solliciter pour moi une place à Saint-Cyr. Elle l'obtint, et je m'attendais à être incessamment conduite dans une maison pour laquelle j'avais déjà un véritable attachement. Cependant Madame Élisabeth demandait sans cesse à me voir ; j'étais la récompense de son application et de sa docilité ; et Mme de Marsan, s'apercevant que ce moyen avait un grand succès, proposa au Roi que je devinsse la compagne de Madame Élisabeth, avec l'assurance que, lorsqu'il en serait temps, il voudrait bien me marier. Sa Majesté y consentit. Dès ce moment je partageai tous les soins qu'on prenait de l'instruction et de l'éducation de Madame Élisabeth. Cette infortunée et adorable princesse, pouvant s'entretenir avec moi de tous les sentiments qui remplissaient son cœur, trouvait dans le mien une reconnaissance, un attachement qui, à ses yeux, tinrent lieu des qualités de l'esprit ; elle m'a conservé sans altération des bontés et une tendresse qui m'ont valu autant de bonheur que j'éprouve aujourd'hui de douleur et d'amertume... » Si façonnée par l'auteur de l'*Éloge de Madame Élisabeth* que nous apparaisse cette note, elle est bien, aux efforts de style près, l'expression de ce que ressentait Mme de Bombelles auprès de Madame Élisabeth.

Par cela même qu'elle était la compagne plus âgée de la princesse, dans ses jeux comme dans ses études, et compagne choisie non subie, Angélique devait exercer utile influence, aider puissamment Mme de Mackau à faire triompher son programme de femme de haute piété et d'opiniâtre persévérance. Là où Mme de Marsan, plus indolente, n'avait pas pleinement réussi, Mme de Mackau fut assez rapidement victorieuse. D'une enfant vaniteuse et personnelle elle ne devait pas tarder, avec l'aide de l'abbé de Montaigu, à faire une princesse éprise et respectueuse de ses devoirs ; dès l'époque de sa première communion[1], qui devait de si peu précéder le mariage de la princesse Clotilde avec le futur roi de Sardaigne, elle avait compris, suivant l'éloquente parole d'un de ses panégyristes[2], non l'un des moindres, « qu'une partie de la religion consiste à ne pas faire porter aux autres le fardeau de nos imperfections et de nos caprices, mais, au contraire, à servir nos semblables, s'il se peut, ou du moins à leur témoigner de la bienveillance, ce qui n'est jamais difficile aux grands ». Sa tendance originelle à l'orgueil fit bientôt place à la douceur et à l'affabilité, et ce qu'elle avait de trop ardent et de trop personnel s'atténua sensiblement et ne fut plus que de la franchise et de la fermeté.

Quand, le 20 août, Madame Clotilde, mariée par procuration, partit pour le Piémont, ce fut pour sa sœur un cruel déchirement. Ce qu'étaient, à l'époque, ces

---

1. Le 13 août 1775.
2. Mgr Darboy, *Préface* à la *Correspondance* de Madame Elisabeth, publiée par Feuillet de Conches.

mariages à l'étranger des Filles de France, on le sait : adieu suprême à la famille, à la patrie, à toutes les affections, à toutes les intimités de l'enfance et de la jeunesse. Elles n'avaient plus même, ces princesses, pour épancher leur cœur, cette consolation des correspondances intimes qui entretiennent les liens des parents et des élus de l'amitié. Toute lettre était obligée de subir l'estampille officielle, de suivre le canal diplomatique ; souvent elle passait au crible des agents secrets des Gouvernements : la confiance, l'abandon disparaissaient de cet échange de pensées ; il fallait user de subterfuges pour faire passer des lettres qui exprimaient autre chose que des phrases protocolaires. Madame Clotilde sera autorisée à venir de temps à autre jusqu'à Chambéry pour y recevoir des membres de sa famille. Elle aura l'occasion de revoir ses frères, mariés eux-mêmes à des princesses de Piémont, elle ne reverra jamais la jeune sœur dont elle avait protégé l'enfance et qui professait pour elle une si tendre et sincère affection.

Les onze ans de Madame Élisabeth n'avaient pas encore la force de dissimuler ce qu'elle ressentait amèrement : elle se laissa aller, se sentant orpheline pour la seconde fois, à la violence de son désespoir. L'éclat de cette douleur fit impression à la Cour où ce genre de manifestations s'éteint d'ordinaire sous les règles de l'étiquette et la banalité des conventions : devoirs ou plaisirs. Marie-Antoinette s'en attendrit et, sous l'empire de cette émotion, elle put écrire à l'impératrice Marie-Thérèse : « Depuis le départ de la princesse de Piémont, je connais beaucoup plus ma sœur Élisabeth, c'est une charmante enfant qui a de l'esprit, du caractère et beaucoup de grâce. Elle a montré au départ de sa sœur une sensibilité bien au-dessus de son âge. »

Si intéressante que soit la jeune princesse, il ne nous est pas permis de la suivre jour par jour dans le cours de ses études et de ses distractions[1]. Nous nous la figurons pourtant dans tous les déplacements de Cour, à Compiègne, à Fontainebleau, jouant comme précédemment les charades qu'a composées Mme de Marsan, la vicomtesse d'Aumale[2], une des sous-gouvernantes, remplissant le rôle de souffleur, Mme de Mackau présidant aux répétitions. A ses côtés nous voyons toujours Angélique, compagne de jeux et compagne de « classe ». Elle était le sourire quand, pour mieux se faire obéir, Mme de Mackau se croyait obligée de prendre le front sévère ; elle représentait l'émulation et le goût au travail quand la jeune princesse avait le regard « absent ». Elle la suivait dans ces courses de botanique, dont Madame Élisabeth se montrait si friande sous l'égide de Lemonnier, médecin des Enfants de France ou d'un autre savant, Dassy, médecin habitant Fontainebleau, elle l'accompagnait aux soupers de la famille royale où, dès sa douzième année, la sœur de Louis XVI est admise.

Quand Mme de Marsan, peu après le départ de Madame Clotilde, eût donné sa démission et passé son « gouvernement » à la princesse de Guéménée, celle-ci voulut modifier la direction si sage jusqu'alors donnée.

---

1. Voir la *Vie de Madame Elisabeth*, par M. de Beauchesne, et *Madame Elisabeth*, par Mme la comtesse d'Armaillé.

2. C'était aussi une ancienne élève de Saint-Cyr. Elle était douce et gaie et s'était fait aimer de Madame Elisabeth.

Dans la vie de Cour elle comprenait surtout les côtés brillants. La simplicité des goûts de Madame Élisabeth l'étonnait, et elle s'employa à lui donner toutes les distractions possibles, reprochant à sa tante, Mme de Marsan, « d'avoir formé la princesse pour la pauvreté du couvent, au lieu de l'avoir élevée pour occuper un des trônes d'Europe ».

La vérité est que Madame Élisabeth avait une prédilection pour la maison de Saint-Cyr. La comtesse de Marsan y conduisait volontiers ses élèves, les religieuses que ne gâtaient plus guère de visites royales accueillaient avec empressement les petites princesses, et c'était toujours une vraie joie pour Madame Élisabeth quand il lui était permis de passer une journée au milieu de ses chères orphelines. Elle aimait à leur répéter : « Je suis comme vous une enfant de la Providence », faisant allusion aux malheurs de son enfance; elle prenait part aux jeux, à la promenade et au goûter des jeunes filles, puis elle recevait à leurs côtés la bénédiction du Saint-Sacrement. Le silence conventuel était un instant rompu, les jeunes entretiens voletaient et se raquetaient de cour en cour au point d'étonner les mânes de la Fondatrice. L'austère maison de Saint-Louis s'illuminait de lueurs d'allégresse.

Pas de semaine, quand elle est à Versailles, et cela non seulement jusqu'aux Journées d'octobre, mais même jusqu'au dernier séjour à Saint-Cloud, où Madame Élisabeth ne se précipite à Saint-Cyr. Comme de plus, dans la suite, la jeune princesse ne montrera que peu de goût pour le mariage et se dérobera le plus qu'elle pourra à la vie bruyante de Cour, il sera remarqué que sa piété sincère et sans ostentation, sa pro-

pension à la vie d'intimité, son penchant pour les
œuvres charitables pourraient un jour la déterminer à
entrer au couvent. Elle aimera aussi rendre de nombreuses visites aux Carmélites de Saint-Denis où s'est
retirée Madame Louise. Louis XVI lui fera des observations sur la fréquence de ces visites : « Je ne demande pas mieux que vous alliez voir votre tante, mais
à la condition que vous ne l'imiterez pas... j'ai besoin
de vous. »

En somme, la princesse Élisabeth ne songea jamais
sérieusement à se cloîtrer ; si les mariages avec des
princes étrangers ne lui sourirent pas, c'est qu'elle entendait rester en France, se consacrer au Roi qu'elle
chérissait, à la famille royale à qui elle se sentait utile,
et aussi à cette grande famille qu'elle s'était créée et
qui s'étendait de ses amies d'élection à ses pauvres, les
siens et ceux qu'on lui amenait. Il est des vies d'abné-
gation qui valent des existences monastiques, il est des
actes qui surpassent les silences imposés, il est des
piétés indulgentes aux autres qui passent avant toutes
les austérités conventuelles. L'empreinte morale et religieuse donnée par Mme de Mackau allait résister à l'im-
pulsion mondaine tentée par la princesse de Guéménée,
et même après ses quatorze ans, lorsque sa maison eut
été montée, Madame Élisabeth ne devait pas sensiblement changer ses idées. Son caractère solidement établi ne se modifierait que peu avec l'âge. Chez elle, les
idées primesautières faisaient bon ménage avec les
principes moraux les plus sévères, la piété avec la
riante gaieté, une vraie « sensibilité » dont elle ne cherchait pas à atténuer les effets s'alliait, à un moment
donné, à une rare énergie.

Nous la verrons passer au milieu du monde de la Cour ne cherchant pas le mal et ne le voyant qu'à la dernière limite, se mêlant le moins possible aux intrigues qui fourmillaient jusqu'autour d'elle, donnant les meilleurs exemples de tenue et de bienveillance, aimant la vie retirée au milieu de la Cour agitée, ce qui ne l'empêchera pas d'accomplir ses devoirs de sœur du Roi.

Maintenant que nous avons renouvelé connaissance avec la charmante princesse qui illumine cette biographie d'une de ses plus tendres amies, nous nous hâtons de retourner vers notre héroïne principale qui attend impatiemment l'heure où le oui solennel l'aura unie au mari choisi par sa mère et, par elle-même, adopté avec enthousiasme.

Le mariage devait s'arranger avec d'autant plus de facilité qu'entre le marquis et sa belle-mère l'accord était complet depuis longtemps. Il n'était pas rare que Mme de Mackau, écrivant à Naples à M. de Bombelles, l'appelât son *cher gendre*[1], lui demandant conseil pour toutes choses, réclamant son appui et sa direction morale pour son fils dont le marquis eut à protéger les débuts, plus tard à tempérer le caractère.

Angélique, douce, raisonnable — très raisonnable toujours malgré un soupçon d'enfantillage de forme plus que de fond — bonne, affectueuse et désireuse d'affection, très séduisante avec ses traits fins, ses grands yeux bons respirant la franchise, son accueil aimène et bienveillant, était aimée de tous ceux qui

---

1. Nombreuses lettres conservées aux archives de Seine-et-Oise.

l'entouraient. Chacun prenait intérêt à son avenir conjugal : elle ne faisait pas en somme qu'un mariage de
raison inespéré, en épousant un homme d'intelligence
et de valeur, ministre plénipotentiaire à trente-trois ans
et appelé à devenir ambassadeur. Elle aimait comme
un frère très aîné cet ami de la famille, et elle trouvait
tout simple, en s'alliant à un homme sérieux, de dix-
sept ans plus âgé qu'elle, de se donner un protecteur
en même temps qu'un mari.

C'est par lettres que l'union a été décidée, c'est par
lettres qu'ils se sont promis l'un à l'autre. M. de Bombelles a encore auprès de lui sa sœur Jeanne-Renée
qui se porte garant du charme de Mlle de Mackau, et
l'un et l'autre, sans s'être revus, semblent tout disposés
à se déclarer épris. Les lettres d'Angélique témoignent
d'un contentement parfait, du désir de rendre son mari
heureux, de la volonté d'être heureuse par lui.

Cette union était-elle prédestinée? On le croirait à
la façon dont Mlle de Mackau a gardé le souvenir des
années d'enfance « où ils jouaient ensemble », où elle
l'appelait « son mari », sans savoir ce qu'elle disait,
ajoute-t-elle, mais elle se hâte de faire comprendre
qu'elle a réfléchi à cette appellation d'abord incons-
ciente : « Je vous assure que je vous ai toujours aimé
depuis ce temps et la raison qui succède à l'enfance,
au lieu de détruire la tendre amitié que j'avais pour
vous, n'a fait que l'augmenter. Non, ce n'est pas un
rêve, je puis avec assurance vous dévoiler mon cœur,
puisque mon sort va s'unir au vôtre... Jamais votre âge
ne m'a effrayée, ce serait bien plutôt à vous de vous
effrayer du mien. J'ose me flatter que vous me connaissez
assez pour être persuadé de ma confiance en vous et,

en suivant vos avis et ceux de maman, je puis vous assurer que vous ne souffrirez jamais des inconvénients de mon âge ; comme vous dites fort bien, le cœur n'en a point, le mien sera toujours uni au vôtre, et le désir que j'ai de vous plaire vous dédommagera des défauts que vous pourriez trouver chez moi. »

Voilà de l'amitié et de la tendresse en attendant de l'amour, et cette jeune fille de seize ans sait graduer les sentiments. N'est-elle pas aussi bien raisonnable pour son âge lorsqu'elle écrit : « Je suis bien persuadée que vous serez toujours le même avec moi, je vous juge par moi-même ; je sais bien que, lorsqu'on vit continuellement ensemble, l'on ne peut pas toujours être en commerce de galanterie, mais la tendre et constante amitié y succède, et l'une vaut bien l'autre. »

De si bonnes dispositions pour l'avenir de son ménage ne sauraient aller sans de profonds sentiments de famille. Aussi Angélique est-elle reconnaissante à son futur mari de sa « façon de penser sur son adorable mère ». C'est avoir gagné le cœur de sa fille que de dire du bien de Mme de Mackau.

Qu'il ne s'exagère pas surtout les charmes de sa figure. Elle n'a nullement embelli depuis qu'il l'a vue, et sa belle-sœur a eu bien tort de la vanter. Là où Mlle de Bombelles n'a pas exagéré c'est en répétant sans cesse sa façon de penser. La jeune fille s'excuse sur sa gaucherie à écrire et termine ainsi sa lettre : « Adieu, mon cher marquis, c'est sous l'autorité de la plus respectable des mères que je vous jure que jamais autre que vous ne sera uni au sort d'Angélique. »

Nous sommes là en pleine comédie de Sedaine ! Mais ne rions pas, ces sentiments étaient sincères. Le nom de Mme de Mackau a été invoqué; celle-ci prend aussitôt la plume et ajoute, d'abord gaiement : « Franchement, je crois pourtant ma pataraphe nécessaire pour donner une certaine validité à l'engagement ci-dessus. Il est bien certain que celle qui l'a écrit a fait suivre à sa plume le chemin de son cœur ; quoi qu'il en soit, comme le mien est à l'unisson, je confirme une promesse qui, en faisant le bonheur d'une fille chérie, fera aussi celui de sa mère et de toute sa famille. »

La gaucherie même de la lettre de sa fille doit plaire au marquis, Mme de Mackau le sent, et elle le dit à son futur gendre : « Elle met son âme à découvert et la laisse aller à son aise; je n'ai pas voulu m'en mêler ni en corriger un mot... Cette petite fille aime l'affirmatif et je ne serais pas étonnée qu'à l'autel, elle dise : Oui, oui. »

Mme de Mackau aborde ensuite un point délicat que M. de Bombelles n'a pas cru devoir taire à sa fiancée. Le marquis avait aimé, on vient d'y faire allusion, une jeune fille, Mlle de Schwarzenau, et avait été payé de retour ; la rupture toute récente s'était offerte fort pénible, la blessure était encore ouverte, et « l'infortunée qui lui avait été chère » méritait des égards et des ménagements. Cette fausse position, ce cœur brisé de femme, le remords qu'entraînait sans doute une rupture soudaine, et le devoir qu'il restait à remplir, M. de Bombelles avait exposé tout cela à Mlle de Mackau, lui demandant loyalement son amitié pour la délaissée, sûr d'être compris de celle qui le sauvait d'une union qui ne lui plaisait plus.

Avec son bon cœur, Angélique avait lu entre les

lignes, et comme sa mère et sa tante[1], après lui avoir communiqué la lettre délicate, épiaient les impressions sur son visage, elle n'avait pas eu un moment d'hésitation : « Ah ! pour ça oui, en vérité, s'était-elle écriée avec sa charmante franchise, j'y pensais ce matin, et j'avais formé le plan de le lui proposer, la pauvre enfant ! Ah ! je sens trop son malheur pour ne pas tâcher de l'adoucir ? »

A ce trait, Mme de Mackau s'était attendrie. « Sa tante et moi, l'avons prise dans nos bras ; nous étions aussi affligées que nos cœurs nageaient dans la joie... Ainsi soyez tranquille, votre dernier devoir sera partagé de bien bon cœur par celle qui s'occupe d'avance de remplir tous ceux qui peuvent contribuer à votre bonheur. »

Que Mme de Mackau, déjà séparée de son fils dont le caractère indécis l'effraie, regrette par moments la nécessité de se séparer de « son Angélique qui faisait sa consolation », dont « l'heureux naturel, de ses jours les plus tristes, faisait souvent des jours de bonheur », cela se conçoit. Seule la certitude que le gendre de son choix fera le bonheur de sa fille peut lui rendre courage et sécher ses pleurs. Quand le moment du « dernier sacrifice » sera venu, « la victime sera gaie et contente, la prêtresse ne lui montrera pas une douleur qui serait injuste puisqu'elle ne tiendrait qu'à son personnel ».

Avant de clore sa lettre sentimentale, Mme de Mackau se rappelle qu'elle remplit une fonction de Cour et donne des détails sur le séjour de l'empereur Joseph II, arrivé le 18 avril à Paris sous le nom de comte de

---

1. La marquise de Soucy.

Falkenstein. « Je débuterai demain la reprise de mon service par l'opéra *Castor et Pollux* qu'on donne à l'Empereur. Je voudrais bien pouvoir y céder ma place à votre petite femme qui est très affligée de n'y pas aller... Il faut pourtant que ma lettre parle d'un prince qui, dans ce moment-ci, fixe toutes les attentions. Sa manière d'être « si peu commune avec les personnes de son rang » a étonné la Cour. Cette simplicité qui « adoucit la Majesté sans la voiler », cette affabilité, cette « honnêteté » lui gagnent tous les cœurs. Comment ne serait-il pas adoré dans son pays? »

Au seuil de ce récit, nous ne pouvons nous arrêter autant qu'il conviendrait au voyage familial et politique à la fois du frère de Marie-Antoinette. Il serait impardonnable de n'en point dire quelques mots.

Grâce aux récits contemporains nul n'ignore que l'Empereur se posa en mentor de la Reine, dont il était l'aîné de quatorze ans, qu'il lui parla très sérieusement et lui laissa des Instructions écrites [1], qui produisirent

---

1. Les *Réflexions à la Reine* de France sont un véritable examen de conscience où l'empereur présentait à la jeune princesse ses devoirs sous deux aspects : 1° comme épouse ; 2° comme reine. (Voir *Marie-Antoinette*, par M. de la Rocheterie, où cette instruction est donnée en grande partie, p. 351 et suivantes.)

Voici quelques-uns des paragraphes du questionnaire impérial :

— Employez-vous tous les soins à plaire au Roi? Etudiez-vous ses désirs, son caractère pour vous y conformer? Tâchez-vous de lui faire goûter votre compagnie et les plaisirs que vous lui procurez, et auxquels, sans vous, il devrait trouver du vide?

Votre seul objet doit être l'amitié, la confiance du Roi.

Comme Reine, vous avez un emploi lumineux : il faut en remplir les fonctions.

Votre façon n'est-elle pas un peu trop leste ?...

Plus le Roi est sérieux, plus votre Cour doit avoir l'air de se calquer après lui. Avez-vous pesé les suites des visites chez les

un effet... momentané. Il affecta de se montrer sévère
et critique au milieu des cajoleries dont l'entoura sa
sœur, mais il jouait un rôle dont on pouvait deviner
les dessous. Il blâmait le luxe, le goût pour les plaisirs que manifestait la Reine. Comme il s'était attaqué
précédemment à la princesse de Lamballe, il s'attaqua
aux Polignac. Il s'occupa spécialement du jeu effréné,
qui se jouait dans l'entourage de Marie-Antoinette, et
Mercy rapporte comment il s'emporta au sujet de la
princesse de Guéménée, dont il appelait la maison
« un tripot ».

En ce qui touchait le jeu et l'exagération des plaisirs, Joseph II avait raison. Était-il doué d'un esprit
assez supérieur et pondéré pour tout morigéner et critiquer sans apporter le remède? Ce que l'on sait de lui
ne le prouverait pas entièrement : s'il a laissé en Alle-

---

dames, surtout chez celles où toute sorte de compagnie se ras-
semble, et dont le caractère n'est pas estimé?

Avez-vous pesé les conséquences affreuses des jeux de hasard,
la compagnie qu'ils rassemblent, le ton qu'ils y mettent?

... Daignez penser un moment aux inconvénients que vous
avez déjà rencontrés aux bals de l'Opéra.

... Gardez-vous, ma sœur, des propos contre le prochain,
dont on fait tout l'amusement... Par des méchancetés dites sur
le prochain..., on évite les honnêtes gens...

L'Empereur recommandait aussi à sa sœur de conserver l'étiquette, de bien penser à sa situation et à sa nation « qui est trop
encline à se familiariser et à manger dans la main ».

Or, lui-même donnait l'exemple de la simplicité outrée. On peut
s'étonner de voir l'Empereur philosophe recommander à sa sœur
de se montrer « dévote et recueillie à l'église », ajoutant que le
plus grand impie devrait l'être par politique. Il était mieux dans
son rôle en signalant l'inconvénient de la société des jeunes gens,
et de l'accueil trop facile fait aux étrangers, surtout aux Anglais
dont les usages et les mœurs devenaient alors fort à la mode, au
grand déplaisir du Roi. — Joseph II à Léopold, 11 mai 1777, et
Mercy à Marie-Thérèse.

magne la réputation d'un philanthrope utopiste à la
recherche du bien et rempli des meilleures intentions,
on ne saurait faire de lui un Marc-Aurèle ou un saint
Louis.

Esprit curieux, mais mal équilibré, entêté plutôt que
ferme, ayant plus de vivacité que de bon sens, concevant
de vastes plans, mais ne les mûrissant pas, passionné
pour les petites choses et se noyant dans les détails,
« gouvernant trop, mais ne régnant pas assez », a dit
le prince de Ligne, parlant en libéral, mais agissant
en souverain absolu, le prince philosophe gâtait de
vraies qualités par d'indiscutables travers. « Les questions, confesse le baron de Gleichen, avaient l'air de
chercher un conseil, mais il ne cherchait ordinairement
que d'en trouver un qui s'accordât avec son avis. »

Qu'en dehors de la Cour, Joseph II ait obtenu de
vrais succès, qu'il ait inspiré un vif intérêt même aux
personnes les moins disposées à se laisser imposer par
la grandeur, ceci n'est pas douteux; c'est une petite
bourgeoise orgueilleuse et destinée à jouer un rôle
quelque vingt ans plus tard qui le confessera. Dans
une lettre à Sophie Cannet, la future Mme Roland, écrivait à cette époque : « L'Empereur est bien fait, doux,
simple et noble, ressemblant à la Reine (la petite
Phlipon ne disait pas encore insolemment : Antoinette); grand sans excès, bien campé, blond sans être
roux. Il annonce la bonté et a tout à la fois l'air digne
et tant soit peu timide. Il va partout, quelquefois sans
suite, à pied ou en fiacre. Il visite les hôpitaux, les
monuments, il se rend toujours là où il n'est pas
attendu, et saisit ainsi la vérité avant qu'on ne lui
mette des voiles. » Voilà une phrase qui fleure son

Jean-Jacques et nous donne un avant-goût de ces
« flambeaux de la vérité » et de ces « masques de l'im-
posture », dont s'émailleront les discours des rhéteurs
de la Révolution. Mais Marie-Jeanne à cette heure
d'une visite impériale ne songe guère à revendiquer
des améliorations sociales, ni à sacrifier sur l'autel de
la Liberté, elle admire un souverain absolu dans la
simplicité de son allure, dans son maintien, dans sa
manière de s'intéresser à toutes choses. « Il donne des
preuves de son goût et de sa bienfaisance par ses
remarques, ses questions et ses largesses[1]... Tout est

---

1. Il avait passé en revue les manufactures et les arsenaux,
rendu visite à Geoffrin et à l'Institut, à Mme du Barry et à Buffon
(avec le grand naturaliste, il avait à réparer une bévue de son
frère Maximilien refusant maladroitement un exemplaire de luxe
de l'*Histoire naturelle*): il avait causé avec économistes et
savants. Il avait voulu tout voir, se rendre compte de tout, peut-
être sans grand esprit de suite. Ce séjour, comme l'écrivait
Louis XVI à Vergennes, devait donner une furieuse jalousie au
roi de Prusse. Et, d'ailleurs, c'était vrai.
Dans ce concert de louanges, il pouvait se produire des notes
discordantes.
Joseph II, en effet, se montra plus que froid avec Choiseul, qui
pourtant était le promoteur de l'Alliance autrichienne, qui avait
valu la Dauphine à la France.
Le duc était venu à Versailles le jour de la cérémonie des
cordons bleus et au jeu de la Reine, « mais il n'y a rien eu de bien
remarquable dans l'accueil qu'il lui a fait, l'ayant connu personnellement à Vienne, écrit le comte de Viry, si ce n'est que le
Roi Très Chrétien a laissé apercevoir de nouveau, à cette occasion, ses dispositions peu favorables pour cet ex-ministre qui est
retourné mardi dernier à la campagne. »
Joseph II avait traversé la Touraine sans s'arrêter à Chanteloup.
Avec M. de Vergennes, l'Empereur attaqua de front la question
brûlante. L'entrevue se passa ainsi, d'après la dépêche du comte
de Viry, ministre de Sardaigne.
« Bien des gens, lui dit ce prince, sont surpris de l'inaction de la
France dans les circonstances actuelles.
« — Je le sais, a répondu le secrétaire d'Etat; mais le conseil

conséquent chez lui. Il ne fait pas comme ces princes qui, venant incognito, ne laissent pas que de traîner avec eux tout leur faste. Il garde son incognito et en jouit parfaitement. » Jusqu'à sa mise qui se trouve en conformité avec son programme voulu de simplicité : un habit puce avec un bouton d'acier, de petites bottines, une seule boucle à la frisure. Avec Mme Roland on conviendra que c'était là un costume modeste bien en rapport avec le rôle de conseiller somptuaire qu'a assumé le frère de Marie-Antoinette.

En fait, Joseph II est venu en France avec un

---

du Roi a pensé sagement qu'il ne fallait pas qu'un Roi de vingt-deux ans signalât le commencement de son règne par une guerre d'ambition. Nous connaissons tous les avantages de notre position, mais nous ne voulons pas nous embarquer dans une guerre qui pourrait causer un incendie général. — La France, répliqua l'Empereur, n'a rien à craindre, tant que durera notre alliance. Quant à moi, je me trouve dans des positions plus épineuses ; il me sera bien difficile de toujours conserver la paix... — J'ose vous assurer, monsieur le Comte (l'Empereur voyageait sous le nom de comte de Falkenstein), dit alors M. de Vergennes, que la maison d'Autriche n'a rien à craindre, tant que durera notre alliance. — Cette réponse, placée avec esprit et à propos, a fait sentir finement à l'Empereur, combien l'on pensait à Versailles que cette alliance lui était avantageuse. Aussi le prince a-t-il coupé court à ces matières... »
[Au marquis d'Aigueblanche, 6 juin 1777 (Recueil Flammermont.)]
Paris l'avait séduit, la nation ne lui déplaisait pas, malgré sa légèreté, et, s'il avait une fort mince opinion de ceux qui gouvernaient, malgré les belles phrases dont il les avait bernés, il conservait une haute idée des ressources de la monarchie, si le gouvernail était aux mains de plus habiles.
Il redoutait le retour de Choiseul au pouvoir. « Si le duc de Choiseul avait été en place, disait-il, — à la satisfaction du Roi, et au vrai déplaisir de la Reine, sa tête inquiète et turbulente aurait pu jeter le royaume dans de grands embarras. »
Par contre, l'archevêque de Toulouse, Loménie de Brienne, lui avait laissé une haute idée de sa capacité (Mercy, t. III, p. 70).
Sur chacun il avait une opinion : le comte d'Artois était « un

double but : sous couvert de s'informer du ménage de sa sœur et de donner à Marie-Antoinette des conseils paternels, il tient à se rendre compte à la fois des intentions des conseils du Roi dans le cas d'une rupture avec la Prusse lors de la succession prochaine de Bavière, et de l'état des forces de la France. Il venait de visiter le pays en observateur sagace, et cela au moment même où les comtes de Provence et d'Artois faisaient, à travers la France, des voyages dispendieux et destinés à augmenter l'impopularité de la Cour : « Ils voyagent, écrit la comtesse de La Marck, comme ces gens voyagent, avec une dépense affreuse et la dévastation des postes et des provinces. »

En recevant les *Instructions*, le premier mouvement de Marie-Antoinette avait été un mouvement d'humeur, puis elle s'était montrée raisonnable et avait pris des résolutions. Elle cessait de faire des promenades à Paris, d'assister au jeu de la princesse de Guéménée. Elle semblait avoir pris goût à la lecture,

---

petit-maître », Mesdames de France étaient « nulles ». Avec Louis XVI. il s'était ouvert sur bien des questions, et il avait semblé goûter sa conversation. En revanche, il écrivait à Léopold son impression intime : « Cet homme est un peu faible, mais point imbécile ; il a des notions, il a du jugement, mais c'est une apathie de corps comme d'esprit. Le *fiat lux* n'est pas encore venu, et la matière est encore en globe. »

Joseph II, qui prétendait tout savoir et morigénait tout le monde à fleur de jugement, était jugé par plus fin que lui. « L'Empereur, écrivait le comte de Provence à Gustave III, est fort cajolant, grand faiseur de protestations et de serments d'amitié ; mais, à l'examiner de près, ses protestations et son air ouvert, cachent le désir de faire ce qui s'appelle tirer les vers du nez et de dissimuler les sentiments propres, mais en maladroit ; car avec un peu d'encens, dont il est fort friand, loin d'être pénétré par lui, on le pénètre facilement. Ses connaissances sont très superficielles. » (*Gustave III et la Cour de France*, t. II, 390.)

s entretenait avec des personnes sérieuses, choisissait plus judicieusement les personnes admises à lui faire la cour... Tout cela ne dura guère que quelques semaines. Quand le comte d'Artois revint de son voyage dans l'Est, il fut plus en faveur que jamais, et entraîna la Reine à une nouvelle série de plaisirs et de distractions.

L'Empereur partira enchanté de sa sœur qui a fait maintes promesses... Reviendra-t-il ? Le bruit qui a couru qu'il songeait sérieusement à épouser Madame Élisabeth recevra-t-il une sanction ?

Mᵐᵉ de Mackau a rencontré l'Empereur chez Madame Élisabeth, et, de là, mille projets caressés, repoussés, repris encore. Pourquoi ne pas le dire, même si c'est impossible ? L'Empereur a semblé frappé de l'aménité et du charme de Madame Élisabeth[1], sa physionomie indiquait qu'il était fait pour la rendre heureuse, « et, dans le vrai, il ne pourrait faire une chose plus convenable, car il est impossible d'être plus aimable que cette jeune princesse ». Et ce beau projet, que d'autres ont entrevu et qui sera repris plus tard, hante Mᵐᵉ de Mackau. Elle craint pourtant qu'il s'envole en fumée : « Les gens de ce haut parage, ajoute-t-elle en moraliste pratique, ne se marient pas pour le bonheur ; ils ne sont pas aussi heureux que nous, n'est-ce pas ? Plaignons-les sur cet article et réjouissons-nous de l'usage que nous allons faire de notre bon sens en préférant le bonheur aux grandeurs et à l'opulence[1]. »

---

1. « L'Empereur, écrit le comte de Viry, ministre de Sardaigne, n'ignorant pas tous les bruits qui ont couru du projet de ma-

Une réponse de M. de Bombelles que nous ne possédons pas a témoigné la joie ressentie à Ratisbonne au reçu de la lettre de Mlle de Mackau. Notre diplomate, comme on le verra, en bonne veine d'humeur, aime les vers, ceux des autres et même les siens, hélas ! car ses lettres sont souvent inondées de ces lignes plus ou moins badines, à peu près rimées, qu'au xviiie siècle on appelait de petits vers. Il s'est contenté cette fois de citer quelques vers classiques et, comme il suppose Angélique peu experte en la matière, il a souligné la citation : les vers étaient de Boileau, il était bon de le rappeler.

Très sérieusement, Mlle de Mackau a commencé sa lettre du 28 mai, datée de Montreuil où elle est au régime du lait pour enrayer une grippe opiniâtre. Elle a remercié le marquis de ces promesses d'avenir ; elle lui est reconnaissante des arrangements pris pour sa mère. « Il ne m'est plus permis de douter de tout ce que vous m'assurez et, quoique je ne comprenne pas encore bien comment vous ferez, je tiens cela presque aussi assuré que si je le voyais. »

Voici l'épigramme qui n'est vraiment pas mal pour une pensionnaire : « Vous prenez un grand empire sur mon esprit, et j'ai peur que bientôt je finisse par croire tout ce que vous me direz. C'en est au point qu'en lisant avec plaisir les deux lignes et demie de vers que vous me citez, j'ai été tout étonnée de les trouver dans

---

riage qu'on lui supposait avec Madame Elisabeth, a affecté de dire à Leurs Majestés très chrétiennes, à toute la famille royale, qu'il ne pensait pas à se remarier. » (Au roi de Sardaigne, 25 avril 1777. Dans *Correspondance diplomatique* publiée par Flammermont.)

l'*Enfant Prodigue* de M. de Voltaire, trouvant très
extraordinaire qu'ils ne fussent point de Boileau, puisque
vous le disiez. Je me suis persuadée que M. de Voltaire les avait volés à Boileau et que vous étiez initié
dans ce petit secret. »

La pointe railleuse achevée, la petite personne raisonnable qu'est Angélique passe à d'autres sujets : les
affaires de sa mère que le marquis prend à charge, le
chagrin de Mlle de Schwartzenau que sa rivale heureuse
plaint de tout son cœur. « Quant à ma façon de penser sur Caroline, je serais indigne de vous si cela était
autrement. Une personne malheureuse est toujours un
objet intéressant pour une âme sensible ; d'ailleurs
cette jeune personne aura toujours un attrait près de
moi ; il ne dépendra pas de moi d'adoucir ses malheurs
et elle trouvera toujours en moi une véritable amie. »

Elle lit, elle travaille dans « son petit château[1] » de
Montreuil, elle tâche de se rendre digne de son « savant mari ». Et de la carrière de ce mari dont dépendra
la tranquillité de tous les siens, elle s'occupe déjà. Sa
mère a vu le ministre, M. de Vergennes, et M. Gérard
de Rayneval, premier commis des Affaires étrangères ;
ils ne sont pas d'avis que M. de Bombelles prenne un
long congé pour aller à Vienne voir son ancien chef, le
baron de Breteuil. Une absence de deux mois pendant
que la Diète le réclame, ce n'est pas possible : quinze
jours tout au plus. « Autrement vous feriez très mal et
je serais fâchée tout rouge. »

---

1. « Ce petit château », on l'a déjà dit, était une modeste maison
donnant sur la rue Champ-la-Garde et dont le jardin communi-
quait avec le parc de la princesse de Guéménée. La maison de
la comtesse de Marsan était un peu plus loin dans la même rue.

Si elle donne des conseils de carrière, la petite ambitieuse, elle accepte volontiers des avis conjugaux, et la fin d'une de ses lettres de juin est pénétrée d'une soumission qu'elle s'efforce de faire paraître relative, mais que l'on sent, malgré les réticences, prête à se montrer entière. « La raison vous guidera sûrement dans ce que vous me ferez faire, aussi je suis parfaitement tranquille. Je suis bien aise que vous ayez marqué un trait noir sur tous les *je veux* des maris : ils sont bien désagréables pour une femme. Vos prières seront toujours des ordres pour moi, et je serai toujours bien aise de vous faire plaisir. Mais je vous avoue que je ne ferais jamais une chose volontiers lorsque vous m'auriez dit *je veux*, et il n'y a que ce vilain mot qui pourrait me donner un peu d'humeur. »

Bien que ne devant être célébré qu'en janvier le mariage est annoncé, et Mlle de Mackau entre en relations suivies avec sa nouvelle famille. C'est la comtesse de Reichenberg qui écrit d'Allemagne plusieurs lettres plus tendres les unes que les autres : c'est la comtesse de Bombelles, femme du frère du marquis, qui fait un effort pour paraître aimable. « Elle m'aime beaucoup, dit Angélique un peu sceptique, je lui ferai bien ma cour pour qu'elle m'aime davantage. » Le monde de la Cour se met aussi en frais pour l'amie de Madame Élisabeth ; la princesse de Guéménée la mène à l'Opéra voir un nouvel opéra, *Evrelingue*. La Reine ayant la fièvre tierce, il n'y a pas de séjour à Compiègne ; Angélique s'en console aisément, car « Compiègne l'ennuie », et elle s'est dit : « A quelque chose malheur est bon. »

A la fin de l'automne, il est question de former la

maison de Madame Élisabeth. La comtesse de Reichenberg mande aussitôt la nouvelle qui l'intéresse particulièrement à son frère : « Mme de Brancas est dame
d'honneurs, et Mme de Canillac dame d'atours. Je sais
bien que Mme de Mackau conserve le titre de sous-gouvernante des Enfants de France et les appointements,
mais cela l'éloigne de Madame Élisabeth. »

Si la nouvelle était vraie, c'eût été peut-être un changement dans la situation de sa future belle-sœur.
Puisque son frère avait d'avance fait le sacrifice de la
laisser trois ans à Versailles, pourquoi ne pas faire
nommer sa femme « dame de compagnie » pendant ce
temps. Par intérêt de famille, Mme de Reichenberg
observe : « Il serait bien désirable qu'il y eût une
femme de notre nom à la cour, à cause des enfants.
Non sans raison, elle ajoute : « Notre chère petite belle-
sœur connaît bien sa princesse et sûrement serait
mieux auprès d'elle qu'aucune de ces dames. »

A la fin de cette lettre de novembre, où elle annonçait
prématurément au marquis la constitution de la maison
de Madame Élisabeth, se trouve rappelé un fait historique qui a déjà frappé quelques écrivains et qui mérite
d'être noté en passant.

Mme de Reichenberg, s'ennuyant à Waldeck, s'est
plongée dans la lecture de l'histoire d'Allemagne. Elle
y a lu, écrit-elle, une anecdote qui pourra peut-être lui
servir un jour. Il s'agit, comme on va le voir, d'un mariage inégal et elle prévoit ce qui pourrait arriver à la
mort du landgrave ; or ce mariage inégal intéresse l'histoire européenne. Le fait est connu dans sa donnée générale, il l'est moins dans ses détails.

Le point de départ est celui-ci : en 1693, le duché

d'Hanovre fut érigé en électorat par l'Empereur Léopold, en faveur de la branche cadette de Brunswick. Cette maison de Brunswick était divisée en trois branches : la première s'appelait Brunswick-Lunebourg, la deuxième Zell, et la troisième Hanovre. Il était naturel de penser que les deux branches aînées s'opposeraient à l'érection d'un neuvième électorat en faveur de la branche cadette ; le prince de Brunswick se contenta de formuler son opposition ; quant au duc de Zell, voici la raison qui semble l'avoir engagé à donner son consentement : « Il avait épousé une demoiselle d'Orbreuse, fille d'un gentilhomme du Poitou, d'abord de la main gauche ; ensuite il avait obtenu de l'Empereur Léopold, que la duchesse jouirait des mêmes prérogatives que si elle eût esté épousée de la main droite, en sorte que, si de ce mariage, il fût provenu des enfants mâles, ils auraient succédé légitimement et sans contradictions. »

Les deux époux en mourant ne laissèrent qu'une fille qui épousa ce même Ernest-Auguste, évêque d'Osnabruck, duc d'Hanovre et nouvel électeur ; ainsi le duc de Zell, ne pouvant rien désirer de plus avantageux que de faire sa fille électrice ne s'opposa point à ce que fût érigé un nouvel électorat : « De cette électrice descend toute la maison de Hanovre qui règne aujourd'hui en Angleterre, et par conséquent les trois enfants du landgrave de Cassel, puisque sa femme était la sœur du feu Roi d'Angleterre. » Mme de Reichenberg en tire des conséquences toutes personnelles que nous la verrons rappeler au cours de ce récit, et c'est pourquoi nous y insistons : « De cette anecdote, dit-elle à son frère, vous savez ce que nous devons conclure, et je ne croirai plus les personnes, qui me diront que l'Empereur ne peut

pas rendre à une femme les prérogatives que les pré-
jugés lui ont ôtées, surtout lorsqu'elle ne peut ni ne
veut faire aucun tort à la succession. » Si l'on envisage
la question à un point de vue d'histoire générale, elle
offre un intérêt : la généalogie donnée par l'historien
allemand est vraie. De cette duchesse de Zell descendent
les familles royales d'Angleterre et les Hohenzollern.
Son nom seul est estropié ; la demoiselle du Poitou s'appelait Éléonore Dexmier d'Olbreuse et appartenait à la
famille de Jean V Dexmier d'où descendent également
les Dexmier d'Archiac représentés aujourd'hui par
le comte d'Archiac. A cette dernière branche se rat-
tachaient la célèbre Madame Davasse de Saint-Amaranthe (en réalité Saint-Amarand) et sa fille Émilie de
Sartine qui tenaient sous la Terreur un salon assez
mélangé et furent guillotinées dans la fameuse fournée
des Chemises rouges [1].

Le marquis de Bombelles se préoccupait-il à ce moment de généalogies princières qui devaient fournir à sa
sœur un précédent pour se faire reconnaître princesse ?
C'est fort peu probable. Les prétentions dont Mme de
Reichenberg le harcèlera sans cesse, surtout l'année
suivante quand elle sera veuve, il s'en souciait fort peu
en novembre 1777. Il s'apprêtait à revenir à Paris pour

---

1. Voir comte Horric de Beaucaire, *Une Mésalliance dans la
maison de Brunswick*; — un article de M. Depping dans la *Revue
bleue*, 1896 ; — Paul Gaulot, *les Chemises rouges :* — G. Lenôtre,
le Baron de Batz, 1896 ; — le *Carnet* de 1901 sur Mlle d'Olbreuse, et
un livre récent de M. H. d'Alméras, *Emilie de Saint-Amaranthe.*
Il est question aussi des *Chemises rouges* dans l'aimable ouvrage
de M. Jacques de la Faye, *la Princesse Charlotte de Rohan et le
duc d'Enghien* (Émile-Paul, 1905).

hâter les préparatifs d'une union désirée avec ardeur des deux côtés.

Le mariage eut lieu le 23 janvier 1778, à l'église Saint-Louis, à Versailles, quatre jours après le contrat qu'avaient signé le Roi et la Reine [1]. Madame Élisabeth avait obtenu de Louis XVI pour son amie une dot de 100.000 francs, une pension de 1.000 écus et la promesse d'une place de dame pour accompagner auprès de sa personne, quand sa maison serait formée. La manière dont elle annonça cette faveur à Mlle de Mackau peint le cœur de la princesse : « Enfin ! tu seras à moi. C'est un lien de plus entre nous, et rien ne pourra le rompre [2]. »

1. *Gazette de France*, 19 janvier 1778 et jours précédents.
2. Comte Ferrand, *Éloge de Madame Elisabeth*. Notes de Mme de Reichenberg.

CHAPITRE II

1778

Le mariage conclu, les deux époux passèrent un
temps assez court à Versailles, à l'*Hôtel d'Orléans*[1],
chez le baron de Breteuil. Du moins, la séparation
d'usage à l'époque quand les mariés ou l'un d'eux était
trop jeune n'eut-elle pas lieu, et la lune de miel reçut-
elle plein effet. Ce qu'elle fut, on le devine sans peine
au ton qui règne dans leurs lettres, car à peine se
sont-ils compris et ont-ils jeté les bases d'une affection
aussi solide que passionnée que leur destinée les sépare.

Est-ce à cet éloignement fréquent, à l'interruption
constante de cette vie intime qu'il faut attribuer la
durée et le diapason toujours égal de cette affection conjugale dont le monde des cours offre peu
d'exemples? On devra comparer Mme de Bombelles

---

1. Situé rue Colbert.

4

à ces femmes admirables d'officiers de marine qui patiemment, pendant des mois, pendant des années, attendent celui qui navigue au loin et cherche à illustrer le nom que porteront les enfants.

Le devoir de la jeune femme l'attachait à Versailles quand bien même la bonté de Madame Élisabeth eût été insuffisante à l'y retenir. Là elle veillera à la carrière de son mari, pensera à son avenir au lieu de s'occuper de ses plaisirs. Qualité ou défaut, l'ambition mène les hommes qui n'ont pas pour unique souci de vivre mécaniquement et au jour le jour ; Bombelles n'avait jamais échappé à cette obsession quand il était célibataire ; raison de plus d'être ambitieux du jour où il a pris femme et caresse l'espoir de fonder une famille, et ces rêves d'ambition [1] il les a aussitôt inculqués à « son ange ». L'amour et l'ambition les guideront tous deux, et voilà, ce semble, une explication toute naturelle de ces longues séparations, qu'avec des désirs plus restreints ils eussent pu rendre plus courtes et moins douloureuses. Tous deux souffraient de l'éloignement, s'en plaignaient parfois amèrement, mais s'inclinaient forcément devant la nécessité. L'expression de leurs regrets et de leurs espérances nous aura du moins valu une correspondance où les anecdotes politiques alternent avec l'expression des sentiments tendres, et l'historien comme le psychologue doivent y trouver à glaner.

Dès le commencement de février, rappelé par les

---

1. « Qu'une vie est belle, a écrit Pascal, lorsqu'elle commence par l'amour et qu'elle finit par l'ambition. »

Bombelles menait les deux de front.

événements de Bavière [1], le marquis de Bombelles est
parti pour rejoindre son poste emmenant avec lui sa
jeune sœur. Sa femme l'a accompagné jusqu'à Strasbourg ; à peine de retour à Paris, elle lui écrit le
« cœur bien gros », car elle se sent « isolée et comme
un corps sans âme ». Elle a pris seize ans le 24 février.
« Que d'événements viennent de se passer, et la fin de
l'année ramènera-t-elle des jours heureux ! »

La voici « dame », présentée au Roi et à la Reine,
aux princes, au duc d'Orléans [2] et à la duchesse de
Chartres [3], s'occupant, à peine entrée à la Cour, de
son frère le baron de Mackau, qui veut vendre son
bâton de capitaine au régiment de Berchenyi. A ce
propos apparaît le nom du comte Valentin d'Esterhazy, l'ami dévoué de M. de Bombelles, le serviteur
fidèle, à l'avis souvent écouté par Marie-Antoinette,
et, à voir combien souvent est évoqué le nom du grand
seigneur hongrois, personnage resté un peu énigmatique dans la vie de la Reine, on remarquera sans
doute que le colonel au service de la France jouit
d'une influence comme bien peu d'autres en ont connue
à la cour de Louis XVI [4].

Ces occupations de cour et de famille ont permis à
Mme de Bombelles de ne pas se confiner dans son seul
chagrin, mais ce chagrin est réel, comme le prouve

---

1. Voir chapitre suivant.

2. Louis-Philippe Ier, veuf de Louise-Henriette de Bourbon-
Conti, remarié secrètement à la marquise de Montesson, mort
en 1785.

3. Louise-Marie-Adélaïde Bourbon-Penthièvre, femme de Louis-
Philippe-Joseph (Philippe-Egalité), morte en 1821.

4. Sur les Esterhazy, voir *Fantômes et Silhouettes*, Emile-
Paul, 1903.

une lettre de Mme de Mackau jointe à celle de sa fille.
« La privation est cruelle », et elle la ressent vivement
moralement et physiquement.

Deux jours après, Mme de Bombelles réinstallée à
Versailles semble un peu remontée, car elle a reçu
les nouvelles attendues de son mari. Quel plaisir à
recevoir cette lettre mêlée de tendresses et de folies
« qui l'a fait à la fois pleurer et rire ». Il y a là
sans doute quelque incident humoristique de voyage
comme le marquis aime à les raconter et qui, un instant, a déridé la petite veuve. Quant à avoir envie de
danser, il y a loin ; et pourtant, la duchesse de Chartres
l'a invitée à son bal ; elle a pu s'excuser, étant souffrante.
Il n'en est pas de même du bal donné par sa tante, la
marquise de Soucy, car, si elle n'y allait pas, on dirait
« qu'elle est une bégueule », et par le fait elle y
paraîtra, quitte à « passablement s'y ennuyer ».

N'a-t-elle pas eu un instant l'espoir d'être grosse ?
Cette joie d'une nouvelle prématurée que n'établissait
aucune certitude a été de courte durée et, dès maintenant, cette antienne reviendra dans ses lettres. On
admirera avec quel enthousiasme cette petite épousée
de seize ans appelle de tous ses vœux une maternité qui
pouvait encore se faire attendre, et cela à une époque
— « déjà », pourrait-on dire en observant ce qui se
passe aujourd'hui — où il était peu de mode dans la
société d'avoir des enfants, et où l'échéance même du
premier était volontiers reculée.

Mme de Bombelles a pris sa semaine auprès de
Madame Élisabeth dans les premiers jours de mars.
Cela vaut au marquis mille compliments de la prin-
cesse qui « voudrait bien être dans la poche » de son

amie, quand elle ira voir son mari en Alsace, et, en raison de ce projet vague, des questions en vue de ce voyage.

Ce qui est important et ne saurait être indifférent à M. de Bombelles, c'est que Madame Élisabeth l'a emmenée chez le Roi. Celui-ci a beaucoup regardé la marquise. Madame a dit à Madame Élisabeth que son amie « embellissait tous les jours » ; enfin la Reine lui a adressé quelques mots.

Les jours gras sont arrivés ; aussi s'ingénie-t-on chez Madame Élisabeth à trouver quelque idée nouvelle pour s'amuser. « Nous avons joué une comédie de notre tête, écrit Mme de Bombelles le 5 mars, vous jugez si c'était beau ! Ensuite maman a mis une redingote, s'est décoiffée et a mis un vieux chapeau ; Mme de Soran[1] a mis un grand taffetas vert qui lui entourait la tête et le corps, et elles ont chanté un dialogue d'un ivrogne et d'un pénitent qui est de Saint-Cyr. Maman, en faisant l'ivrogne, avait une figure si

---

1. Veuve du marquis de Rosières Soran, fille de Donatien de Maillé, marquis de Curman, chevalier de Saint-Louis et d'Elisabeth d'Anglebermes de Lagny, veuve de Jean-Louis d'Alsace, comte de Hénin-Liétard-Blincourt, marquis de Saint-Phal, laquelle avait eu de son premier mariage une fille qui épousa le marquis du Muy, fils du maréchal.

La marquise de Soran sera, quelques mois plus tard, nommée dame de Madame Elisabeth. Elle ne chercha pas à jouer de rôle à la Cour, mais elle était très appréciée dans le monde des lettres, et La Harpe, un de ses admirateurs, l'avait surnommée la *Mère des Amours*. Avec sa taille mince et bien prise, sa coiffure et son ajustement très soignés, ses petites grâces malicieuses et ses coquetteries, c'était une charmante petite vieille. Elle était généralement accompagnée de sa fille Delphine, mariée depuis au comte Stanislas de Clermont-Tonnerre, et qui ne tarda pas à devenir aussi dame de Madame Elisabeth.

drôle que tout le monde en a ri si fort qu'on ne s'entendait plus. » Et, après ces innocentes folies, on a dansé jusqu'à minuit, au grand amusement de Madame Élisabeth.

On passera sur des petits détails de cour ou de société, commencement du portrait de Madame Élisabeth par J.-B. Martin, représentation du *Milicien joueur* chez la princesse de Guéménée, gentillesses et enfantillages de Madame Élisabeth, pour arriver à l'aventure qui motiva le duel du comte d'Artois et du duc de Bourbon, aventure fort connue, mais sur les conséquences de laquelle Mme de Bombelles apporte quelques détails nouveaux.

Avant son mariage, on le sait, le comte d'Artois qui courtisait toutes les femmes et, de préférence celles qu'il aurait dû respecter avait un peu compromis la duchesse de Bourbon et en même temps la dame de compagnie de celle-ci, Mme de Canillac. Le congé assez brusque donné à cette dernière avait été attribué à la jalousie de la princesse dont on avait blâmé la colère. Or, le mardi gras de cette année 1778, le comte d'Artois était au bal de l'Opéra, donnant le bras à Mme de Canillac. De son côté, la duchesse de Bourbon y assistait, donnant le bras à M. de Roncherolles, propre frère de Mme de Canillac. A l'abri de leur déguisement, les deux masques, qui n'étaient pourtant pas absolument sûrs de se reconnaître, échangèrent des paroles piquantes, puis amères. Le comte d'Artois, s'étant échauffé un peu plus et perdant toute bienséance, tint des propos assez lestes pour que la princesse offensée voulût lui arracher son masque; n'y parvenant pas, elle en releva la barbe avec son éven-

tail en disant : « Il n'y a que M. d'Artois ou un polisson
qui puisse me tenir de pareils propos. »

Le prince piqué au vif voulut se venger et, séparant
brutalement la princesse du bras qu'elle tenait, il lui
froissa le masque sur la figure. Grand *brouhaha* dans
l'assistance, ajoute une des *Correspondances secrètes*,
puis chacun disparut.

Malgré le bruit fait dans le monde par cette affaire,
le duc de Chartres l'ignora d'abord ; le prince de
Condé qui était à Chantilly avec le duc de Bourbon
ne la connut que deux jours après par son premier
écuyer M. d'Autichamp ; il vint se plaindre aussitôt à
M. de Maurepas qui convint du tort du comte d'Artois, mais voulut éviter d'être médiateur en disant :
« Comme le Roi n'aime pas le bal et n'y va pas, il ne
voudra pas se mêler de ce qui s'y est passé. » Le
prince se fâcha et parla si haut que le ministre se crut
obligé d'en aller rendre compte au Roi. Voulant éluder
l'affaire, celui-ci répondit : « Que la Reine arrange
cela. — Mais, Sire, reprit Maurepas, M. le prince de
Condé entend que ce soit vous. — Eh bien ! donc, ce
sera moi. »

Quand le Roi se décida à faire venir son frère, le
public faisait déjà des gorges chaudes de l'affaire,
trouvant fort étonnant que les princes ne se fussent
pas battus. Au milieu de ces hésitations, des claquettes
de cour comme Bezenval envenimaient les choses, sous
couleur de les arranger. Le Roi proposa au comte d'Artois de faire des excuses à la duchesse de Bourbon,
mais cette proposition fut rejetée après bien des débats
et des médiations. Il fut décidé que le prince de Condé
ferait des excuses au nom de la duchesse de Bourbon,

pour s'être servie d'un terme injurieux envers le frère
du Roi et qu'ensuite le comte d'Artois exprimerait
des regrets de sa vivacité à la princesse. Personne ne
fut content de l'arrangement qui ne fut pas accepté.
Les partis restaient en présence sans se décider à
sortir d'une situation fausse : la duchesse de Bourbon
continuait à se montrer très animée, la Reine persistait à défendre le comte d'Artois. Un duel était la
seule issue possible, mais aucun des princes n'avait
envoyé de témoins à l'autre. D'un autre côté, le comte
d'Artois refusait de s'excuser, mais les princes et les
ducs réunis chez le prince de Condé avaient arrêté
entre eux que, si le frère du Roi ne donnait pas satisfaction au duc de Bourbon, « les grands du royaume
lui refuseraient le service et les honneurs ; que son
régiment même ne le reconnaîtrait plus pour digne de
le commander ». Qui prendrait l'initiative, lequel des
deux princes se déciderait à envoyer des témoins à
l'autre? Après bien des tergiversations, ce fut le comte
d'Artois qui parla le premier.

Le dimanche, il dit et répéta qu'il irait, le lendemain
lundi, à une certaine heure, se promener au bois de
Boulogne ; on conseilla au duc de Bourbon de saisir
au bond la proposition et à ne pas tarder davantage.
A huit heures du matin en effet, le lundi 16, le duc de
Bourbon se trouvait au bois de Boulogne avec M. de
Vibraye, son capitaine des gardes ; le comte d'Artois
arrivait une heure après, accompagné du chevalier de
Crussol. Ils allèrent au-devant l'un de l'autre avec
beaucoup de vivacité. Le comte d'Artois dit au duc de
Bourbon : « Vous me cherchez, me voilà. -- Je suis
ici pour exécuter vos ordres », répondit le duc. Les

princes se battirent en chemise. « Ils se battirent
très bien, écrit Mme du Deffand à Horace Walpole :
le comte avec impétuosité, le duc avec beaucoup de
sang-froid ; ils se portèrent six bottes sans se blesser
et, voulant porter la septième, le chevalier de Crussol
se mit entre eux et leur dit que c'était assez. —
Êtes-vous content ? dit le comte d'Artois au duc de
Bourbon. — Monsieur, répondit celui-ci, je n'oublierai
jamais l'honneur que vous m'avez fait. — Le comte
d'Artois ouvrit ses bras, embrassa son cousin, et tout
fut dit. »

A la Cour, on était très inquiet pendant ce temps.
Sans exagérer l'inquiétude de la Reine pour son beau-
frère, comme l'a souligné Bezenval[1], il est à croire que
Marie-Antoinette, n'ayant pu empêcher le duel, s'es-
timait satisfaite que l'issue en eût été si heureuse.
Dans l'après-dîner, alors qu'on ignorait encore l'issue
du duel, les princes parurent à la Comédie-Française, à
la représentation d'*Irène*[2]. L'entrée de la Reine avait
été peu applaudie ; le parterre battit des mains et cria
bravo en apercevant le duc de Bourbon ; quand le
comte d'Artois avança la tête hors de la loge royale

---

1. C'est à ce propos que Bezenval, qui s'est mêlé de l'affaire
comme témoin du comte d'Artois *avant*, mais est arrivé *après* le
duel, se laisse aller à des épigrammes contre la Reine qui l'a
reçu dans ses petits appartements, « simplement, mais commo-
dément meublés ». Je fus étonné, non pas que la Reine eût désiré
tant de facilités, mais qu'elle eût osé se les procurer. » Bezenval se
vengeait d'avoir été, peu de temps auparavant, remis à sa place
par la Reine, que ses assiduités importunaient... (Voir dans
les *Mémoires* de Mme Campan, t. I, la réfutation des dires de
Bezenval.)

2. Cette assez mauvaise pièce fut pourtant applaudie ; mais,
dit Mme du Deffand, c'était plutôt Voltaire qui en était l'objet que

pour saluer la duchesse de Bourbon, on l'applaudit également.

Le public se montrait satisfait, mais l'incident n'était pas terminé. Aussitôt son retour à Paris, le comte d'Artois avait écrit au Roi qu'il n'avait pu éviter de lui désobéir et qu'il le priait de pardonner aux deux coupables. « Je réclame disait-il, la tendre amitié de mon frère, soit que sa clémence, soit que sa sévérité prononce, et j'espère qu'il ne fera aucune distinction entre mon cousin et moi. » Le lendemain, le comte d'Artois reçut l'ordre de se rendre à Choisy, et le duc de Bourbon à Chantilly. Leur exil dura huit jours et, le 25 mars, ils venaient à Versailles remercier le Roi[1].

Une fâcheuse histoire que la jalousie de la duchesse de Bourbon avait fait naître et qui mettait en rumeur la Cour et la Ville se terminait donc fort bien. Une seule personne peut-être, dont le nom avait été prononcé avec dédain aurait pu se montrer discrète et ne pas rappeler l'attention sur elle, c'était Mme de Canillac. « A sa place, écrit Mme de Bombelles, je n'aurais jamais

---

la pièce. L'auteur fut couronné de fleurs, et Vestris lui adressa un impromptu qui finissait par ces vers :

> Voltaire, reçois la couronne,
> Que l'on vient de te présenter.
> Il est beau de la montrer,
> Quand c'est la France qui la donne.

Dans sa lettre du 1er avril, Mme de Bombelles, ayant assisté à Versailles à la représentation de la pièce jouée à Paris, donne ces détails.

1. *Correspondance de Mme de Bombelles*, 19 et 29 mars ; — Lettre de Mme de Mackau, 18 mars ; — *Correspondance secrète*, édit. Lescure, t. 1 ; — *Correspondance de Mme du Deffand :* — *Mémoires de Bezenval et de Mme Campan :* — Bachaumont, *Mémoires secrets*.

eu le front de reparaître et je me serais cachée dans
quelque coin de la terre. Elle me faisait pitié, malgré
toutes ses étourderies, j'avais conservé pour elle l'amitié que vous me connaissez, mais c'est passé, je ne
l'aime plus. » La jeune femme avait peut-être raison
d'éviter Mme de Canillac dont la conduite était loin
d'être à l'abri des reproches. La princesse de Guéménée
la protégeait, mais l'on disait dans Paris que son amour
pour Mme de Canillac venait [1] de ce que, « lorsqu'elle
venait chez elle, elle y attirait les jeunes gens et les
princes ». De là, le peu d'entraînement de Mme de
Bombelles à souper chez Mme de Guéménée : « J'ai peur,
écrit-elle, que l'on ne dise, si j'y vais souvent, que
lorsque Mme de Canillac n'y est pas, c'est Mme de Bombelles qui la remplace. » Situation délicate qui embar-
rasse fort la jeune femme, car sa famille et elle ont
beaucoup d'obligations aux Rohan, et « il est impossible de ne pas aimer une personne qui me marque de
l'amitié chaque fois qu'elle me voit ».

Cela l'amène à faire ces réflexions bien sensées
pour son âge : « Si vous étiez ici, cela ne m'inquié-
terait pas un instant parce que vous y viendriez
presque toujours avec moi et qu'il est bien difficile,
avec la plus mauvaise volonté du monde, de dire du
mal d'une femme qu'on voit bien avec son mari. Je
crois que le meilleur parti est de rester comme je suis,
si elle n'en parle plus ; et, si elle veut que j'aille souper,
chez elle, d'y aller et sans avoir la mine de blâmer
ce qui s'y passera, ce qui ne conviendrait ni à mon

---

1. Mme de Canillac, malgré l'aventure, allait être nommée en
titre dame pour accompagner Madame Elisabeth.

âge ni à ma position, d'avoir l'air si décent et si honnête qu'on ne puisse jamais faire une histoire sur mon compte... D'ailleurs, je ne crois pas aux trois quarts et demi de tout ce qui se dit, parce que j'ai assez bonne opinion de Mme de Guéménée pour croire que, si elle voyait le moindre danger pour ma réputation, à ce que j'aille chez elle, elle ne m'y engagerait pas. » Peut-être Mme de Bombelles s'exagérait-elle les dangers qu'elle pouvait courir chez Mme de Guéménée. Celle-ci en revanche, habituée à une vie de luxe et de plaisir à outrance, au point de s'en ruiner de façon non douteuse, ne s'était jamais rien refusé[1]; laissée entièrement libre par son mari occupé par sa liaison avec la comtesse Dillon, aurait-elle eu le scrupule moral d'arrêter une jeune femme, si la pente était devenue glissante? A tout prendre, Mme de Bombelles se montrait avisée en ayant peur et en percevant un danger que d'autres n'auraient pas vu; sûrement elle gagnerait l'approbation de son mari, à qui elle disait, en finissant sa tirade morale : « Je crois que vous serez de mon avis sur tout ce que je viens de vous mander. »

Voici des projets de mariage. On dit que Mlle de Condé[2] va épouser le duc d'Aoste; il est question pour

---

1. Le salon de Mme de Guéménée n'était pas prude, on y jouait un jeu d'enfer, et la Reine avait le grand tort de s'y montrer beaucoup trop souvent. Joseph II l'avait proclamé, non sans des épithètes peu flatteuses pour la princesse de Guéménée, à son voyage de l'année précédente.

2. Fille du prince de Condé et d'Élisabeth Godfried de Rohan-Soubise, à qui le marquis de Ségur a consacré de très intéressantes pages : *la Dernière des Condé* (Calm. Lévy, 1899). Elle eut un amour platonique pour le marquis de la Gervaisais (Lettres publiées par Ballanche, 1827, rééditées par Paul Viollet, 1875). Ne

Mlle de Bombelles d'épouser un M. de la Garde qu'a mis en avant Mme de Razé.

Une visite politique : Franklin a été reçu par le Roi et la famille royale ; « il a l'air très vénérable et se coiffe comme un paysan ». Cette visite entraîne un déplacement aux Affaires Étrangères. M. Gérard de Rayneval, premier commis, avait d'abord été désigné pour traiter avec Franklin, tout en résidant à Paris, mais le représentant des États-Unis ayant fait connaître « que le Congrès serait trop flatté de recevoir un ministre du Roi pour qu'on lui refusât cette satisfaction honorable », Gérard fut désigné pour ce poste et partit pour l'Amérique.

La constitution définitive de la maison de Madame Élisabeth devait mettre en mouvement les intrigues et les compétitions. Le 9 avril, la liste officielle est connue; la coterie Polignac y a plusieurs représentants. La comtesse Diane, sœur de M. de Polignac, va être nommée dame d'honneur, la marquise de Sérent (née Montmorency-Luxembourg) est dame d'atours, le comte de Coigny, chevalier d'honneur ; le comte d'Adhémar, premier écuyer; M. de Podenas, écuyer; l'abbé de Montaigu, aumônier. Outre Mme de Bombelles, Mme de Canillac et Mme de Causans qui avaient déjà le service, les dames pour accompagner seront la marquise de Soran, Mmes de Bourdeilles, de Tilly, de Melfort. Mme de Mackau restait nominativement sous-gouvernante des Enfants de France.

Comme par le passé, c'était Mme de Causans qui

---

se maria jamais, et entra en religion sous le nom de Sœur Marie-Joseph de la Miséricorde.

dirigeait effectivement la maison, mais nous verrons pourtant la comtesse Diane de Polignac vouloir jouer son rôle. Ce dernier choix n'était pas heureux ; outre que les siens jouissaient déjà de grandes faveurs à la Cour de Marie-Antoinette, en attendant de plus nombreuses encore qui devaient surexciter les jalousies, la comtesse Diane, « laide en perfection », très spirituelle, mais assez méchante, avait une détestable réputation[1].

Cette installation rendue définitive à la petite Cour de Madame Élisabeth n'empêche pas Mme de Bombelles de faire des projets pour rejoindre son mari. Vers le milieu de juillet, elle sera à Strasbourg avec sa mère, et, si les occupations du marquis l'empêchent de venir jusque-là, elle poussera jusqu'à Ratisbonne. « Rien au monde ne pourrait m'empêcher d'aller vous voir, reprend-elle en gamme tendre ; votre présence me fait une peine que rien ne peut adoucir et, lorsque je ris, ce qui m'arrive souvent, je ne sens pas le même plaisir que j'éprouvais, lorsque vous étiez là... C'est une privation continuelle pour moi de ne pouvoir pas, sur-le-champ, vous faire part des pensées qui m'occupent, et croyez bien que, si je ne peins pas si bien que vous ce que je souffre de notre séparation, je le sens aussi vivement. » Ces premières lettres du marquis manquent, mais les très nombreuses qui restent nous font aisément deviner la partie tendre des absentes. Autant le langage

---

1. Plus tard seraient nommées dames : la vicomtesse d'Imécourt, la marquise de Lambellon des Essarts, la comtesse de La Bourdonnaye, la vicomtesse des Monstiers-Mérinville, la comtesse de Lastic, la comtesse de Blangy, la marquise de Marguerie, la comtesse des Deux-Ponts, enfin la marquise de Raigecourt, née Causans (*Almanach royal*, de 1778 à 1789).

de Mme de Bombelles est réservé et chastement affectueux, autant celui de son mari est passionné et brû-
lant. Il ne souffre pas que moralement; il souffre dans
sa chair qui gémit de l'absence après une trop courte
et délicieuse possession.

Si amoureuse qu'elle soit et si attristée qu'elle se dise
par la séparation, Mme de Bombelles est la moins à
plaindre des deux époux. N'a-t-elle pas sa mère, sa
sœur, la marquise de Soucy, toute une société qui l'apprécie? Ne jouit-elle pas surtout de cette amitié bien-
veillante et sûre d'une princesse qui tient peut-être un
peu égoïstement à sa « Bombelinette », mais qui pourtant n'est pas femme à la séquestrer entièrement et
admet sincèrement l'idée qu'elle devra la quitter pendant des mois. Est-il rien de plus charmant que cette
intimité tendre, presque enfantine de ces deux jeunes
femmes? « Dis bien au marquis, dit la princesse un
jour, que je te donnerai des congés, quand il voudra,
que je sens le plaisir qu'il doit éprouver de t'avoir par
celui que j'éprouve moi-même. »

Mme de Bombelles a maintenant une petite chambre
au Château et, tout gentiment, Madame Élisabeth vient
la voir chaque matin. Souvent elle fait apporter son
déjeuner, et toutes deux, assises près de la fenêtre,
prennent leur petit repas. C'est le moment des confidences dont Mme de Bombelles a le bon droit d'être
fière; la simple et bonne Madame Élisabeth ne varie
pas dans ses amitiés que rien ne viendra troubler.
Elles allaient avoir bientôt à se réjouir toutes deux,
car officiellement, et réellement cette fois, on annonçait la grossesse de la Reine. Ce « mal au cœur » depuis
si longtemps attendu réjouissait tout le monde, excepté

le comte de Provence[1] et les envieux de la Reine[2].
« Vous n'avez pas idée, écrit Mme de Bombelles de la joie
de la Reine et de celle du Roi. On doute encore un
peu, mais on l'espère presque autant qu'on le désire. »

Comme on peut le prévoir, en apprenant la constitution de la maison de Madame Élisabeth, M. de Bombelles se vit partagé par deux sentiments : le premier,
de reconnaissance envers la princesse qui s'attachait
définitivement son amie et envers le Roi qui assurait
ainsi l'existence matérielle de sa femme ; le second, de
tristesse, en constatant que le fossé se creusait plus
profond entre Angélique et lui. « Plaignez-moi, écrit-
il dans un jour de mélancolie ; plaignez-moi du tour-
ment que j'endure d'être si loin de vous ; chaque jour
me le rend plus insupportable et vous seriez contente
de moi si vous voyiez tous les efforts que ma raison doit
faire pour accoutumer un cœur tout à vous à en être

---

1. « Vous aurez su le changement survenu dans ma fortune,
écrira-t-il à Gustave III... Je me suis rendu maître de moi à l'extérieur fort vite et j'ai toujours tenu la même conduite qu'avant,
sans témoignage de joie, ce qui aurait passé pour fausseté et ce
qui l'aurait été, car franchement, et vous pouvez aisément m'en
croire, je n'en ressentais pas du tout ; ni de tristesse, qu'on
aurait pu attribuer à de la faiblesse d'âme. L'intérieur a été plus
difficile à vaincre. » Madame et la comtesse d'Artois, tout en
conservant une attitude très convenable, n'en faisaient pas
moins, *in petto*, de désagréables réflexions (Voir la *Correspondance* de Mercy, t. III, mai à août).

2. Parmi ceux-ci : Maurepas et les ministres qui, dans cette
grossesse, voyaient l'affermissement du crédit de la Reine sur
l'esprit de Louis XVI ; les envieux des Polignac, dont la faveur
était plus forte que jamais ; Mme de Marsan, qui ne pardonnait
pas à la Reine son goût pour Choiseul et son peu de sympathie
pour les Rohan. Un volume de pamphlets les plus odieux était
jeté dans l'OEil de Bœuf, et l'auteur, découvert mais non pour-
suivi, était Champcenetz.

séparé. Cela me donne par moment une humeur dont je ne suis pas toujours le maître. » On ne peut comparer leurs situations réciproques ; elle « a des distractions » ; lui, est « rongé de regrets en songeant aux privations qu'il éprouve ». Mettant en parallèle leurs deux affections, il dit encore : « Vous n'aimez que le marquis de Bombelles, homme tendre, honnête, mais qui a mille semblables. Moi, j'aime Angélique qui, dès l'enfance, se distingua à mes yeux, qui joint aux plus jolis traits une âme naïve, charmante, un caractère bien supérieur au mien ; de là, s'ensuit que nous ne pouvons sentir avec la même vivacité une absence dont les pertes qu'elle entraîne sont bien plus grandes pour moi que pour vous... Je ne serai jamais complètement heureux que lorsque je serai près de vous. »

La raison lui commande de se résigner à ce qu'il ne peut empêcher ; il ne demandera pas à sa femme de fausses démarches, car « leur peu de fortune prescrit bien des lois que son cœur maudit. » Être obligé de se laisser arrêter par des considérations matérielles, quand on aime passionnément, n'est-ce pas cruel ? Que ceux qui n'ont une femme que pour « étayer les démarches de l'ambition ou pour assurer leur revenu soient satisfaits de ce faible lien », passe encore ; mais pour lui la félicité n'existe que « dans l'union constante de deux êtres destinés à n'être jamais séparés ». Ces pensées lui ont été suggérées par une conversation avec M. de Mackau qui ne comprend pas ce besoin d'union entre deux époux qui s'aiment, admet difficilement que le marquis désire faire venir sa femme à Ratisbonne, dans le cas où il ne lui serait pas possible de s'éloigner pour cause politique. Et ce mot de congé prononcé par

Madame Élisabeth lui a fait sentir toute la dureté de la séparation. Songeant à la formation de la maison de la princesse, il a vu là un « enchaînement nouveau », l'engagement de ne donner que des moments à son mari que son état conduira longtemps dans des pays éloignés ». Alors qu'arrivera-t-il? conclut l'époux attristé. « Le temps triomphe des plus tendres sentiments. Supposé qu'on aime toujours son mari, il n'est plus que l'accessoire du bonheur pour une femme, il cesse d'en être la base, et souvent elle finit par dire ce qu'une personne de beaucoup d'esprit et de peu de foi adressait à un ancien amant qui se plaignait d'une inconstance à laquelle son absence avait donné lieu : « Que si elle pouvait aimer les absents elle aimerait Dieu. »

Ces inquiétudes doivent-elles fâcher sa femme et l'indifférence lui conviendrait-elle mieux ? Qu'elle se fasse cette réflexion : « Mon mari m'aime au-delà de toute expression, il succombe parfois au chagrin de vivre loin de moi, ses torts sont les garants de son amour, et son amour assurera le bonheur de mes jours. »

Beaucoup moins mélancolique est la lettre de Mme de Bombelles, du 25 avril, qui se croise avec celle de son mari. Elle s'est trouvée jouer un petit rôle dans une négociation de cour. Avant de donner la place de premier écuyer de Madame Élisabeth à M. d'Adhémar, ami des Polignac, Mme de Guéménée avait été chargée de la proposer au comte de Clermont. Le duc d'Orléans ayant empêché celui-ci d'accepter, la princesse, d'accord avec Madame Élisabeth, pensa au comte d'Esterhazy. Mme de Bombelles est chargée par Madame Élisabeth de pressentir le brillant colonel de hussards ;

elle le prie de venir le voir pour une communication urgente. Il arrive avant souper, la marquise lui dit qu'elle est chargée de se jeter à ses pieds, de le supplier afin d'obtenir quelque chose de lui, que c'est de la part de Madame Élisabeth qui le prévient qu'on lui proposerait la place de premier écuyer et qu'elle ne lui pardonnerait de refuser. » Ici Madame Élisabeth confirme le dire de son amie, en ajoutant en marge de la lettre : « Angélique n'a jamais rien écrit au monde de plus vrai, cela aurait fait le bonheur de ma vie. » Comment cet Esterhazy dont Marie-Thérèse avait vu avec peine la toujours croissante faveur et qu'elle décorait du surnom de « freluquet » était à ce point nécessaire à la famille royale, que Madame Élisabeth, partageant l'engouement de sa belle-sœur et de toute la cour pour le spirituel Hongrois, le déclarait utile à son bonheur !

Mme de Bombelles ne manque pas d'appuyer les pressantes instances de Madame Élisabeth et insiste sur « les fortes raisons » qui lui faisaient désirer le consentement du comte. Esterhazy pourtant ne se laissa pas séduire ; il répondit : « qu'il était très flatté des bontés de Madame, qu'elles étaient bien faites pour le faire passer sur toutes considérations », mais qu'il priait Mme de Bombelles de représenter à la princesse que, « n'ayant jamais demandé ni désiré de place, il lui était impossible d'en accepter une qui n'était pas la première dans sa maison, surtout la première étant destinée à une personne qui n'était pas faite pour passer avant lui[1], qu'il donnerait pour raison à la Reine et à

---

1. Le comte de Coigny, chevalier d'honneur.

Mme de Guéménée l'amour qu'il avait pour sa liberté, qu'il aurait cependant sacrifié au désir que Madame a bien voulu lui en marquer si la place avait pu lui convenir ».

En d'autres termes *aut prior, aut nihil*. Voyez le beau désintéressement ! On ne comptera donc pas Esterhazy parmi ces étrangers qu'on reprochera tant à Marie-Antoinette de favoriser outre mesure et dont elle prendra la défense en disant : « Au moins ceux-là ne demandent rien. » Dans le cas présent le favori de la Reine trouve que la situation offerte ne payait pas suffisamment ses mérites et, s'il reste sous sa tente, n'en doutons pas, c'est qu'il espère mieux. N'était-ce pas assez qu'il fût colonel d'un régiment de hussards, qu'il eût — malgré le comte de Saint-Germain et sur l'ordre exprès de Marie-Antoinette — obtenu la garnison de Rocroi qu'il désirait, qu'il fût pensionné[1] et logé par le Roi, ses dettes une fois payées, surtout qu'on tolérât sa présence presque continuelle à Versailles, qu'il fût le confident et l'ami de la Reine[2]. On conçoit que quitter ce ministère officieux des grâces pour une situation plus assujettissante qu'agréable ne devait guère lui

---

1. Les papiers trouvés dans l'armoire de fer ont appris que Louis XVI remettait tous les ans 15.000 francs à la Reine pour le comte Esterhazy.

2. Esterhazy jouissait de faveurs spéciales qui excitaient la jalousie. Il sera, nous le verrons, l'un des quatre gentilshommes autorisés à tenir compagnie à la Reine, pendant qu'elle a la rougeole (été de 1779). Mercy se plaint, dès le 17 janvier, qu'il est autorisé, plus expressément que quiconque, à venir faire sa cour à la Reine, dans sa loge, à Versailles et à Paris. Cette distinction, qui n'était pas dans les usages de ce pays-ci, et qui était une prérogative exclusive pour les charges de cour, a excité de la jalousie contre le comte Esterhazy et quelque surprise parmi cet ordre du public qui fréquente habituellement les théâtres. »

convenir ; on comprend même mal que la Reine, qui se servait de lui, en remplacement de Bezenval, pour les missions délicates[1], et n'avait nullement l'intention de l'éloigner de sa personne, eût permis qu'on le lui proposât.

On insista pourtant, à plusieurs reprises. Le lendemain à la revue, à la fin du dîner servi sous la tente, le comte Valentin dit tout bas à Mme de Bombelles que Mme de Guéménée l'avait fait chercher le matin, lui avait de nouveau proposé la place, que lui, l'avait refusée en donnant pour raison sa liberté. Il l'avait ensuite répété à la Reine qui s'en était entretenue avec lui ; puis, Mme de Guéménée ayant annoncé à Madame Élisabeth qu'il ne pouvait avoir l'honneur de lui être attaché, cette princesse lui avait exprimé ses regrets avec tant de grâce qu'il en était enchanté et chargeait bien Mme de Bombelles « de lui dire combien il était affligé de ne pas lui appartenir ». Ajoutant l'outrecuidance, à ses refus dédaigneux, Esterhazy ne craignait pas, après s'être dit pour la vie le plus zélé des serviteurs de la princesse, d'insinuer que, « si jamais il lui arrivait d'avoir quelques discussions avec la Reine, il lui demandait la permission de plaider sa cause, enfin d'être son agent toutes les fois qu'il pourrait être assez heureux pour lui être utile. » Enfin après le dîner il renouvelait ses regrets à la princesse et lui offrait un petit livre où étaient inscrits les noms des officiers du régiment du roi.

---

1. Voir les *Mémoires de Lauzun*, dans *Fantômes et Silhouettes*, *les Esterhazy à la cour de Marie-Antoinette*, et les fragments de *Mémoires* de Valentin Esterhazy, publiés par Feuillet de Conches.

Il est difficile de souligner davantage la faveur incroyable dont jouissait le présomptueux Hongrois sur
l'esprit de la Reine; que penser, de plus, du ton protecteur avec lequel il offre son intervention à Madame
Élisabeth. Une femme seule, et encore en situation
exceptionnelle comme la princesse de Guéménée, eût
eu le droit de parler sur ce diapason à une Fille de
France. Personne ne s'en froissa, pas plus la petite
princesse qui « répond toutes sortes d'honnêtetés » aux
belles phrases d'Esterhazy, que Mme de Bombelles qui
n'y vit pas malice. Au contraire, elle termine son récit
par ces mots : « Ne parlez de cela à personne, c'est un
grand secret..., mais, comme vous aimez beaucoup le
comte d'Esterhazy, j'ai imaginé que vous seriez bien
aise de savoir cette petite anecdote. » Elle a raison,
puisque le marquis la remerciera de la lui avoir contée, s'intéressant à tout ce qui touche Esterhazy, re-
grettant que son ami n'ait pas pu profiter de la situation offerte.

Projets, contre-projets et départ pour Plombières
reculé, d'où regrets et protestations de tendresses de
part et d'autre, voilà ce qui forme, avec des réflexions
diplomatiques et des plaintes contre le ministre des
Affaires étrangères, le canevas des lettres un peu monocordes qu'échangent en mai les deux époux. Le
marquis a approuvé Mme de Bombelles de fuir les
occasions dangereuses, tout en usant d'égards respectueux envers la princesse de Guéménée qui a protégé
son enfance et marqué de l'intérêt au ménage. Aussi
c'est avec peine qu'il apprend que la gouvernante des
Enfants de France a été frappée d'un coup de sang.

Esterhazy le préoccupe peut-être davantage, car cette amitié, sur laquelle il se croit en droit de compter, doit à un moment donné lui être fort utile. C'est de lui qu'on tient les renseignements émanant du ministère, c'est par lui qu'on pourra réclamer l'appui de la Reine le jour où l' « avancement » sera en jeu.

L'*avancement* c'est le but de tout fonctionnaire public, mais il faut avouer que M. de Bombelles est piqué de cette tarentule à un degré peu commun, et l'on conçoit que ses demandes incessantes aient quelquefois lassé, et les bureaux du ministère, habitués de tout temps à agir avec une lenteur aussi sage que désespérante, et les protecteurs plus ou moins bien armés auxquels il a confié ses intérêts. Nous verrons plus tard que, lorsqu'il s'agira d'obtenir l'appui de la Reine, celle-ci, qui a d'autres protégés et à qui Bombelles, pour des raisons venant d'Autriche, n'est pas entièrement sympathique, ne se laissera pas persuader que le marquis est mûr pour une ambassade, et que la comtesse Diane d'un côté, et Esterhazy de l'autre, le seconderont tièdement.

La vie de Cour est assez calme : une petite comédie, *Mélanide*, à Montreuil, puis un déplacement à Marly. « La vie y est réglée comme un couvent, écrit la marquise le 29 mai. Le matin, on va à la messe ; à midi trois quarts, je dîne avec Madame Élisabeth. Nous travaillons, nous lisons, nous causons jusqu'à sept heures ; à sept heures, nous faisons une grande toilette pour aller au salon où l'on arrive à sept heures trois quarts. On joue au pharaon jusqu'à dix heures ; après, on soupe. Après le souper, on se remet au pharaon qui dure jusqu'à je ne sais quelle heure. Madame Élisabeth s'en

va à minuit… et puis nous nous couchons. » Ce que
Mme de Bombelles ne dit pas, parce qu'elle peut l'ignorer, c'est que les parties offraient souvent de grosses
différences. Pendant ce séjour à Marly, la Reine, qui
avait perdu un instant jusqu'à 1.000 louis, se trouvait à
la fin en perte de 600[1]. Un plus grave résultat se produi-
sit un jour ; on ouvrait toutes grandes les portes pour
avoir des joueurs. « Il s'y introduisit des fripons, écrit
le comte de Mercy ; et on en saisit un qui venait de donner au banquier un rouleau de jetons en guise de louis. »
On comprend si d'aussi fâcheuses aventures survenues
au jeu de la Cour excitaient la critique du public. On
le sut et on le colporta[2].

Les jours ne sont pas toujours aussi monotones ; il
y a parfois comédie ou danse. Madame Élisabeth
ayant désiré monter à cheval, des ordres sont donnés
en conséquence. Mme de Bombelles doit-elle l'accompagner ? Oui, si l'on n'eût consulté que son plaisir ;
mais, la comtesse Diane ayant insinué prudemment que
la marquise, ne sachant pas monter, pouvait faire en-
courir des dangers à Madame Élisabeth, elle a suivi
la première fois en carrosse pendant que la princesse
était à cheval. Moins prudente, la Reine trouve que cela
« n'a pas le sens commun » et déclare à Mme de Bombelles qu'il faut qu'elle monte à cheval, que cela l'amusera et donnera de l'émulation à Madame Élisabeth,

---

1. Dans l'année 1778, la Reine fit des différences énormes. A
la fin de l'année, elle se trouvait perdre 7.550 louis, chiffre donné
par l'abbé de Vermond au comte de Mercy.

2. *Corresp.* du comte de Mercy, t. III ; — Lettres de Mme de
Coislin, dans le *Gouvernement de la Normandie*, par C. Hippeau,
t. IV.

« qu'il n'y avait aucun danger parce qu'un piqueur
serait chargé de lui montrer ». Personne ne trouva à
redire à cette combinaison discutable, et la première
promenade se passa sans encombre. Le hasard fit que
Mme de Bombelles avait du goût pour le cheval et
qu'elle apprit assez vite à monter convenablement.
Grande joie du marquis qui, à Ratisbonne lui a déjà
cherché une monture ; grande joie de Madame Élisabeth qui « raffole du cheval [1] ».

Plus que jamais désolé de son exil de Ratisbonne,
le marquis cherche par tous les moyens à en sortir et
brûle d'envie de reprendre du service militaire.
Mme de Bombelles n'est pas femme à l'en dissuader,
« car elle serait sûrement bien aise de lui voir faire de
belles actions », mais qu'il ne se presse pour prendre
un parti, qu'il attende le retour du comte d'Esterhazy qui « doit être absolument sa boussole dans
son désir de se remettre au courant du métier de la
guerre ».

On parlait de nouveaux embarquements, de
vaisseaux venant de l'île Maurice capturés par les
Anglais. On sait en effet que, depuis la fin de janvier 1778, un traité d'alliance avait été conclu entre la
France et les États-Unis, et que la guerre de l'Indé-

---

1. Madame Élisabeth sera fort bonne écuyère, mais d'une hardiesse qui effrayait ceux qui l'accompagnaient. « Il serait peut-
être désirable, écrit à cette époque Mme de Mackau à Madame
Clotilde, qu'elle montât moins à cheval, mais c'est un goût domi-
nant, et elle s'en porte à merveille, de manière que l'on ne peut
guère la contrarier sur cet objet. » (Archives de la Maison royale
de Savoie ; — lettres communiquées aimablement par notre éru-
dit confrère M. G. Roberti, professeur à l'Académie militaire de
Turin.)

pendance n'avait rencontré que des admirateurs. Au printemps, la France se lançait dans une aventure où beaucoup de ses enfants allaient se couvrir de gloire, mais où en même temps elle allait épuiser ses finances. Calculant mal les conséquences politiques de cette grosse question de l' « Indépendance », tous applaudissaient à une guerre dont la France ne devait tirer aucun profit. « Louis XVI et Marie-Antoinette, a dit Bancroft, l'historien de la guerre, lorsqu'ils s'embarquèrent pour délivrer l'Amérique, le plaisir souriant à la proue du navire et la main de la jeunesse inexpérimentée au gouvernail, auraient pu crier à la jeune République dont ils protégeaient les débuts : *Morituri te salutant.* » Les succès des d'Estaing, des Rochambeau, des Lafayette excitaient l'enthousiasme en France. On comprend que le sang militaire de M. de Bombelles s'échauffât aux nouvelles d'Amérique et qu'il fût tenté, lui aussi, d'aller recueillir une gloire que devaient lui refuser à jamais les conférences de la Diète et les ennuis de la succession de Bavière. Mais il en fut de cela comme de maint autre projet de l'entreprenant marquis ; on

---

1. Voltaire, revenu à Paris le 10 février, après un exil de vingt-sept ans, était descendu chez le marquis de Villette, au coin de la rue de Beaune et du quai des Théatins (aujourd'hui quai Voltaire). Il avait été reçu par la foule en triomphateur ; les Académies réunies lui prodiguèrent des honneurs quasi souverains ; la Comédie-Française lui décerna une couronne que le prince de Beauvau tint à lui mettre sur la tête... Il ne put résister à tant d'émotions. Il tomba dangereusement malade, refusa les consolations de la religion et mourut le 30 mai, à l'âge de quatre-vingt-quatre ans. Le 2 juillet, Jean-Jacques Rousseau, devenu hypocondre, mourait à Ermenonville, où le marquis Stanislas de Girardin lui donnait asile. A l'heure qu'il est, on n'est pas encore d'accord sur les circonstances de sa mort.

ne manquait pas de jeunes ambitions et de mâles cou-
rages pour aller en Amérique courir sus à l'ennemi
héréditaire, tout en donnant l'indépendance à une
nation naissante ; nul n'était besoin d'un ancien officier,
éloigné depuis plusieurs années de la vie active.

Deux mois passés avec sa femme qu'il est venu
chercher à Strasbourg, qu'il a conduite à Ratisbonne,
puis ramenée à Strasbourg, donnent à M. de Bombelles
le courage d'attendre les événements et de reprendre,
si mieux ne se peut, la chaîne germanique. Leur
affection réciproque, comme on le devine au ton des
lettres, n'aura rien perdu à ce rapprochement de
quelques jours ; leur intimité n'en est devenue que
plus étroite et tendre, mais combien plus dure la séparation, combien cruel, pour des êtres faits pour
vivre ensemble, cet « au revoir » dont nul, d'avance,
ne pourrait fixer l'échéance prochaine. Tout en caressant ses vagues et peu exécutables projets, rentrée à
l'armée d'un côté, retour à Versailles de l'autre, le
marquis revient à Ratisbonne en faisant l'école buis-
sonnière, et chaque jour il conte à sa femme ses
impressions de voyage teintées d'une nuance de mélancolie.

« Mes beaux jours sont passés et ne reviendront
qu'avec vous, écrit-il de Doneschingen, le 15 octobre.
je suis comme Pygmalion avant que sa statue n'eût
été animée. Mon génie est éteint, mon esprit amolli, et
le bonheur qui m'avait accompagné dans toutes mes
routes m'a abandonné... » Le temps est affreux, les
rivières débordent ; néanmoins, par moments, il jouit
de beaux spectacles auxquels il n'est pas insensible.

Si bien qu'il connaisse le paysage, il a admiré les

environs de Fribourg du côté de l'Alsace, l'entrée très large de la Souabe, puis les gorges resserrées laissant à peine passage à une grande route bordée par un torrent « qui, roulant sur des pierres prodigieuses, forme de distance en distance des cascades magnifiques ». Un souvenir l'a frappé « au milieu de cette Thébaïde, car il rappelle le passage de notre Reine : ce sont les barrières placées là en 1770 pour assurer son passage lors de sa venue en France ; elles sont peintes en rouge et blanc et font le plus charmant effet »... Passons sur l'auberge où le voyageur ne trouve que du pain et du beurre, mais où, en revanche, il fait boire à sa santé quatre-vingt-dix paysans qui, « l'œil morne et la tête baissée », attendaient le bailli, porteur des ordres de l'Empereur, avant d'aller tirer à la milice. Dans ce coin de Forêt Noire, une réception princière attend le marquis, et il la raconte assez humoristiquement : un carrosse est venu le chercher à Doneschingen pour le mener au château du prince de Fürstenberg. « Le carrosse, les valets de pied, le courrier de la cour qui précède la voiture, la canne à la main, des soldats qui présentent les armes bien gauchement, des gentilshommes qu'on trouve suivant leur grade à chaque repos des escaliers, tu connais tout cela qui se ressemble dans les petites cours d'Allemagne... Mais ce qui ne ressemble à rien c'est la figure de Mme la princesse régnante de Fürstenberg. Sous un visage d'un rouge brun pend un goître de même teinture que ma vue basse avait d'abord pris pour la gorge de Son Altesse. Le prince son époux, à une bosse près, est de la taille du comte de Sinsheim que tu connais. Et, comme le comte, le prince se redresse chaque demi-minute, ainsi que le ferait une figure à ressorts.

« La princesse fille qui a été élevée à Strasbourg avec votre sœur de Soucy a en charge les manières françaises, elle rit de tout, mais son rire est une grimace. Elle est vive et ses membres sont lents ; de plus, complètement gravée de la petite vérole. Malgré ces agréments elle a charmé son cousin qui est venu de Prague, à petites journées, pour l'épouser, un peu avant le nouvel an. Ces quatre princes et princesses étaient rangés en haie, quand j'ai fait mon entrée. Deux dames assez jolies étaient derrière les Altesses. Après les premiers compliments, les condoléances sur le mauvais temps, les questions parasites, j'ai répondu en bref que je venais de Strasbourg, que j'étais à Ratisbonne, fort affligé de ne pas t'y ramener. Une des deux jolies dames a pris la parole : « Je le crois aisément, Monsieur, car Mme la marquise de Bombelles est bien jolie. » Cette dame que j'aurais volontiers embrassée est Mme de Neustein qui t'a vue à la Comédie, lors de ton premier passage à Strasbourg. J'avais grande envie de lier conversation avec elle, mais on est venu avertir que le concert était prêt. »

Une musique passable se fait entendre pendant une heure, mais le marquis en était « distrait par la princesse mère par une abondance de paroles supérieure à celle qui coule dans sa cour ». Ce sont des histoires sur une cousine à elle, Mlle de Lochrum, qui a été débauchée à Manheim par un prince allemand et qui vit déshonorée maintenant à Paris ; sur la princesse Thérèse de Tour et Taxis, qui devait épouser le fils de cette dame et qui n'en a pas voulu. « Voyez-vous, Monsieur

le marquis, j'aimions cette fille comme notre enfant ;
un jour qui voulait aller au Strasbourg et que mon
prince ne voulait pas, elle fit un semblant d'avoir peur
de la fin du monde, car vous savez bien que le monde,
à ce qu'on contait, devait finir ; et mon prince lui permit de venir à Strasbourg avec moi, et nous y avons
bien fait les folles... et nous n'avons plus eu peur et le
bon Dieu a fait que le monde dure encore. » Avec rési-
gnation le marquis disait oui à tout, et sa douceur établissait entre la princesse et lui la plus grande confiance. Un dernier détail typique : après la partie de
loto qui a suivi le souper, la princesse fit payer trois
kreutzer par tête pour le loyer des cartons...

Pendant ce temps, Mme de Bombelles qui, à Strasbourg, a retrouvé toute une smalah, sa mère, sa sœur
Mme de Soucy, Mlle de Brassens, enfin sa belle-sœur
Mlle de Bombelles, et le chevalier de Naillac, qui prétend à la main de cette dernière, est revenue à petites
journées à Paris. Les voyageurs ont visité Châlons et
Reims, les cathédrales et la sainte Ampoule. Les
lettres de Mme de Bombelles sont tristes ; elle vient
d'être heureuse, quand ce bonheur se retrouvera-t-il ?
À peine arrivée à Versailles, mille tracas la pressent.
Mme de Guéméné avait promis une place de sous-gou-
nante des enfants de France à sa sœur la marquise de
Soucy [1] ; tout est changé : plus de place au premier
enfant, on promet pour le second. Autre souci pour
la gratification concédée en principe au marquis et

---

1. Mme de Soucy sera, en effet, nommée sous-gouvernante
deux ans plus tard.

remise à plus tard par les bureaux des Affaires étrangères. D'où des démarches qui n'aboutiront pas auprès de M. de Maurepas, de M. de Vergennes. Auprès du ministre elle doit s'occuper encore de son frère et obtenir une audience. Enfin l'appartement du baron de Breteuil que Mme de Bombelles habite d'ordinaire à l'*hôtel d'Orléans*, quand elle n'est pas de semaine, n'est pas prêt pour la recevoir.

A Marly, où peu de jours après la Cour s'est transportée, Mme de Bombelles trouve, le 20 octobre, réception charmante. La Reine lui demande des détails sur son voyage, sur ses plaisirs à Ratisbonne, sur ses progrès en équitation ; Monsieur lui pose des questions sur la société qu'elle a fréquentée ; la comtesse Diane, Mme de Maurepas lui font mille « honnêtetés ». Quant à Madame Élisabeth, il n'est pas de choses aimables qu'elle ne dise sur le mari, surtout maintenant qu'elle est sûre de posséder la femme pour un temps.

L'espoir d'une grossesse taquine la marquise : un mal de cœur lui a semblé de bon augure, puis naïvement elle confesse qu'elle avait plus dîné que d'ordinaire et qu'une fausse digestion était seule cause de ce malaise. En revanche, et tout le monde s'en réjouit, « le ventre de la Reine est très gros ». En bon courtisan, la marquise ajoute : « Mais il lui va à merveille... Le Roi avait l'air de très belle humeur. »

Un demi-événement de cour : le comte d'Esterhazy n'est pas encore venu à Marly.

Personne n'en a entendu parler, « ce qui ferait craindre que sa faveur ne soit baissée ». Cette « alarme » est de peu de durée d'ailleurs, car Esterhazy ne tarde pas à arriver ; il venait d'avoir la goutte aux

deux pieds et à une main et avait souffert le martyre.
Mme de Bombelles croit remarquer qu'on lui parle
moins ; ceci ne pouvait être que fortuit, car nous ver
rons, au moment des couches de la Reine, Esterhazy
plus en faveur que jamais.

Les questions de toute la Cour, les empressements
du comte d'Artois, qui se plaint galamment d'une
trop longue absence, les compliments réitérés de la
comtesse Diane, tout cela distrait la petite marquise,
mais comme à tous ces hommages et à ces gracieuse-
tés, elle préférerait « ne faire qu'un saut » à Ratisbonne. Elle le dit et le répète le plus gentiment
possible.

Les maux de cœur reviennent décidément. Serait-ce
vrai ? C'est précisément le moment où il y a bal chez le
prince de Poix, gouverneur de Marly. La comtesse
Diane a proposé à Mme de Bombelles de l'y emmener ;
chez la dame d'honneur, elle retrouve Mme Jules de
Polignac, Mme de Châlons et toutes trois se rendent au
bal. La Reine s'étonne de ne pas voir danser la jeune
femme et, croyant qu'on ne l'a pas priée, elle se lève et
va dire aux « agréables » qui se trouvaient là de la
faire danser. Comme Mme de Bombelles a refusé au
premier danseur qui se présente, la Reine vient à elle
et la questionne : apprenant qu'elle souffre de l'estomac, Marie-Antoinette n'insiste plus, mais se met à
causer de façon charmante. Le sujet de l'entretien est
Madame Élisabeth. La Reine est très contente de sa
belle-sœur, mais elle craint, « comme elle est toujours
porte-parole sur tout ce qui la regarde », que la jeune
princesse ne « la prenne pour une pédante ». Protesta-
tion de Mme de Bombelles qui assure à la Reine que

Madame Élisabeth lui est profondément attachée et parfaitement sensible à la bonté témoignée.

Cette bienveillance de la Reine, ces égards dont elle est l'objet de la part des hommes de la cour, le duc de Coigny et le comte d'Esterhazy en tête, l'intérêt que tous semblent porter au marquis, Mme de Bombelles s'en dit reconnaissante et touchée ; mais la vie de représentation la fatigue, et elle n'est pas fâchée de quitter Marly, car se coucher très tard, faire trois toilettes par jour, rester tout le temps sur un tabouret, sans pouvoir appuyer ses pauvres reins « qui lui font bien mal », c'est trop pour sa santé qui a besoin de ménagements.

Nous ne suivrons pas la marquise dans ses alternatives de joie ou de désappointement suivant qu'elle se croit grosse ou non ; l'expression d'un désir si louable adressé à son cher mari ne varie guère dans la forme. D'autres soins encore sollicitent son attention : Mlle de Bombelles a l'air de s'être coiffée du chevalier de Naillac qui, nous l'avons dit, a accompagné les voyageuses depuis Strasbourg, et qui, dès ce moment, a fait une cour en règle : cour un peu libre et sans gêne, à en croire la marquise, car il a écrit à sa belle-sœur des lettres peu respectueuses où il appelle « petite chère amie » celle qu'il aspire à épouser, et cela « sans respects ni considération à la fin ».

Le chevalier a des qualités, du bien à venir, mais pour le moment presque rien, et le mariage ne serait possible qu'avec la promesse d'un poste diplomatique donnée par M. de Vergennes. Or les deux époux sont bien d'accord pour ne pas fatiguer le ministre d'une demande nouvelle au moment où la question d'une gratification de 10.000 francs pour le marquis est en sus-

pens. Sans gratification pas de mariage possible, donc
de la patience et de la modération, et qu'il ne soit pas
reparlé du mariage avant janvier.

Que ceci paraisse long à Henriette de Bombelles
toute férue de son chevalier, conseillée par l'un et par
l'autre, encouragée par la duchesse de Mailly[1], ceci
n'est pas douteux. De là de petites discussions — très
courtoises d'ailleurs — entre les deux belles-sœurs, et
l'on peut supposer que chacune garde sa manière de
penser et d'agir. Avant que ce mariage, en apparence
sur le point de se faire, soit définitivement rompu, il
coulera beaucoup d'encre à ce sujet.

C'est à Ratisbonne, où il est enfin rentré malgré les
inondations du Danube[2], que le marquis reçoit les dernières lettres de sa femme. Le voyage avec ses péripéties et ses incidents l'a distrait : l'arrivée dans la
triste capitale de la Diète l'a rendu de nouveau morose.

Non pas qu'on ne lui fasse fête et qu'on ne désire, par
tous les moyens possible le « dissiper ». Certaine
soirée chez la baronne de Buchenberg vaut la peine
d'être racontée. Il y avait là « petite assemblée » dont
Mme de Beulwitz que le marquis citera souvent, une
Mme de Gillerberg « qui fait de petits yeux à son mari
pour que le bonhomme n'oublie pas sa paternité », et
« beaucoup de demoiselles qui, rangées à une table
autour du jeune Lincken qui est grand comme une
perche, ressemblaient à des écoliers qui se grandissent

---

1. Née Talleyrand-Périgord, belle-fille du maréchal de Mailly,
de la branche de Mailly-Haucourt.

2. Depuis 1729, on ne se rappelait pas avoir vu une crue
pareille.

tant qu'ils peuvent pour sucer, sur le Pont-Neuf, la noix confite attachée au haut d'un grand bâton. » Tout ce monde semblait assez triste, les parties allaient finir, lorsque le marquis entra ; ce furent des élans de joie à sa vue. « Je m'apercevais fort bien, dit M. de Bombelles à la contenance de Mme de Beulwitz, à l'aimable rougeur qui couvrait son teint, qu'elle avait une grande proposition à me faire. Si ma vertu n'eût pas été rassurée par la sienne, à son regard embarrassé, à ses mots entrecoupés, j'aurais craint une attaque à ma fidélité conjugale. Mais ses désirs étaient plus aisés à satisfaire qu'il ne lui a été de les articuler. Vois-la, je t'en prie, debout, me dire après une douzaine de révérences : « Monsieur le marquis... mais oserai-je?... Non, ce n'est pas possible, je n'oserai pas... Vous êtes bien honnête, mais encore... c'est que cela vous fatiguerait. » — « Eh bien! Madame, de grâce, de quoi s'agit-il? — Ah! Monsieur, de me faire un extrême plaisir... mais un plaisir si grand que je ne sais comment m'y prendre pour vous le demander... ma fille, parlez pour moi ; mon fils, aidez-moi dans ma prière. » — Alors les compliments de la fille n'ont pas été moins longs et dureraient encore si le fils n'était venu me réciter en écolier qui craint d'oublier sa leçon : « Monsieur, c'est que ma chère mère, ma chère sœur et moi nous voudrions bien que vous chantassiez sur le clavecin l'air : *Fournissez un canal au ruisseau.* » Jusqu'à ce moment, le reste de la société s'était tue. Alors, une demoiselle, nièce du grand-prévôt du chapitre dont tu te rappelles l'énorme fadeur du blond de ses cheveux, a crié comme un aigle : « Oui, *Fournissez un canal au ruisseau.* » Et bravement, je me suis mis au clavecin.

Je ne t'exagère pas, ils m'y ont tenu une heure entière ; et l'air que la demoiselle blonde a encore retenu mot à mot est : *Il était un oiseau gris*. Ah ! c'est là, mon ange, où il fallait tout le flegme que donne l'habitude du ridicule. Figure-toi qu'elle nous a chanté cet air en voulant imiter ma sœur ; sa mine, son accent allemand, sa voix glapissante formaient un ensemble qui fournirait à lui seul un des meilleurs tableaux de Callot. »

En somme, succès énorme pour M. de Bombelles qui continue à se gausser de ses admirateurs. Il chantait tant qu'il voulait hors de mesure, « mettait une phrase de chant pour une autre », tout cela paraissait « unique, charmant », et la bonne Mme de Beulwitz de s'écrier à chaque reprise : « Ah ! que mon mari n'est-il là... Tenez, Mesdames, vous voyez la preuve de ce qu'il m'a dit ! » — « Et que vous a-t-il dit ? » reprenait la demoiselle blonde. — « *Que M. de Bombelles avait un doigt sur le clavecin, comme on n'en a jamais vu.*

M. de Bombelles ignorait le charme de son doigt : « Tu n'as pas remarqué le doigt, mon Angélique, et j'en suis bien aise, car tu me regretterais trop ! » Il dit en terminant : « J'espère que ce récit t'amusera un moment ; sois sûre que je ne l'ai nullement orné, et que je pourrais y ajouter mille détails aussi ridicules et aussi vrais. »

La plume du marquis n'est pas toujours tendre à la société de Ratisbonne. — Une lettre du 1er novembre, dont le début est un long dithyrambe en faveur de l'amour conjugal et surtout de l'amour que lui inspire Angélique, finit aussi par quelques portraits. Voici la comtesse de..., à qui il a dit que sa femme se croyait grosse et qui s'est moquée. « Je l'aime par

la bonne foi avec laquelle elle t'est attachée. Son mari,
aux affaires près, est d'assez bonne société, et surtout à
merveille avec Brentano [1] qui ne se conduit pas, à beaucoup près, si bien. Ce garçon, d'ailleurs aimable et
dont tu connais les qualités a de jour en jour plus mauvais ton avec la comtesse et me prouve, ce qui est
positif, que les femmes sont souvent plus tourmentées
par leurs amants que par leurs maris. » Passant en
revue les étrangers qui fréquentent Ratisbonne, M. de
Bombelles note un comte de Schlick, « d'une superbe
figure et qui paraît de bonne compagnie ». Il est
admis aux soupers de la société diplomatique, ainsi que
le frère aîné de la comtesse. Un autre hôte temporaire
est le neveu du fameux comte Bernstorf qui fut premier ministre en Danemarck. « C'est une rare et indi-
geste figure que la manière de se mettre rend encore
plus ridicule. Sous un toupet de cinq à six pouces de
haut, formé par des cheveux d'un blanc jaune, il montre
un visage plat comme une punaise, carré comme un
mouchoir, qui domine sur un petit corps vêtu d'un habit
tout blanc; un gilet, plus court qu'il ne le faut de deux
doigts, laisse à sa fin passer des paquets de la chemise
qui n'est pas si blanche que l'habit. A peine ce monsieur m'eût-il été présenté à la comédie, qu'il vint me
dire : « Parbleu, je ne conçois pas, de par tous les
diables, comment, sarpejeu, vous pouvez écouter cette
fichue pièce. »

Le marquis ne semble pas avoir apprécié le charme
de cette avalanche de jurons anodins, car une réponse

---

1. M. de Brentano, secrétaire de la légation.

brève « eut le bonheur de le défaire de cette singulière production du pays d'Hanovre ».

Bombelles ne fait guère de confidences politiques à sa femme : de graves événements pourtant se préparaient en Bavière dont le marquis se trouvait spectateur immédiat.

CHAPITRE III

1778-1779

On se rappelle le mot de Louis XVI au comte de
Vergennes lors du séjour prolongé, à Versailles, de son
beau-frère l'empereur Joseph II : « Ceci doit donner
une furieuse jalousie au roi de Prusse ». C'était en
grande partie dans le but de tâter le pouls de la France
pour le cas où la succession de Bavière amènerait un
conflit que le frère de la Reine s'était éternisé dans son
personnage de mentor. Frédéric[1] avait eu beau répandre méchamment que Joseph II traitait Louis XVI
d' « imbécile » et d' « enfant », l'Empereur, d'ailleurs revenu sur le compte de son beau-frère[2], n'en sentait pas
moins que la France était une des premières puis-
sances d'Europe et qu'il lui était nécessaire de gagner

---

1. Frédéric II au baron de Goltz, décembre 1776, 22 août 1777.
— Bancroft, *Histoire de l'action commune de l'Amérique et de la
France*, t. III.

2. Voir chapitre II. Le baron de Goltz, après avoir dit que
l'Empereur « s'était montré peu édifié de l'affabilité du Roi », ajoute
que, « quant au bons sens, il le trouvait supérieur à ce qu'il en
croyait ». (A Frédéric II, 18 mai 1777. Recueil Flammermont).

la confiance de celui qui la gouvernait. Cette confiance, on le sait, Joseph II l'acquit assez vite pour qu'il ait pu, au sortir d'une de ces conférences qui excitaient tant le mécontentement de Madame [1], confesser à Mercy : « Si je m'y étais prêté, le Roi m'aurait montré ses papiers et tout ce que j'aurais voulu. » Mais il était un point sur lequel le Roi de France entendait ne pas se prononcer : les affaires d'Allemagne, gros point noir à l'horizon.

Nul n'ignorait dans les cercles diplomatiques que l'Autriche convoitait un agrandissement de territoire du côté de la Bavière. Lors du traité de Versailles il avait été sérieusement question de permettre l'annexion de la Bavière à l'Autriche contre la cession des Pays-Bas à la France.

Si ces échanges de territoire n'avaient pu se réaliser, l'occasion ne tarderait pas à s'offrir pour l'Autriche de revendiquer des prétentions, qui jusqu'alors étaient restées à l'état de rêve. La succession de Bavière allait s'ouvrir à la mort, escomptée dès longtemps, de l'électeur Maximilien-Joseph : ses états devaient passer à l'électeur palatin Charles-Théodore, dont la puissance était minime. Une fois réveillés d'anciens droits sur certains districts, Joseph II négocia durant toute l'année 1777 avec Charles-Théodore, pour obtenir cette cession à l'amiable, et il était sur le point de conclure un arrangement avec le Palatin, satisfait de s'assurer la possession du reste de la Bavière moyennant ce sacrifice partiel, lorsque, subitement, le 30 décembre,

---

1. *Correspondance* du comte de Scarnafis avec le roi de Sardaigne (Recueil Flammermont).

mourait l'électeur Maximilien-Joseph. A peine quelques jours s'étaient-ils écoulés que l'Empereur signait un traité avec Charles-Théodore : le 15 janvier 1778, 12.000 Autrichiens envahissaient les districts cédés de la Basse Bavière. Joseph II avait agi témérairement. Il expliquait à son frère Léopold : « ce vrai coup d'État, cet arrondissement pour la monarchie d'un prix inestimable » ; il mandait à Mercy : « C'est une de ces époques qui ne viennent que dans des siècles et qu'il ne faut pas négliger ». Il se proclamait la « cheville ouvrière » d'une affaire que Kaunitz réprouvait, contre laquelle l'impératrice Marie-Thérèse se révoltait en femme d'expérience et en bonne mère de famille[1]. « Si même nos prétentions sur la Bavière étaient plus constatées et plus solides qu'elles ne sont, on devrait hésiter d'exciter un incendie universel pour une convenance particulière... Je ne m'oppose pas d'arranger ces affaires par la voie conciliante de négociation et convenance, mais jamais par la voie des armes ou de la force, voie qui révolterait à juste titre tout le monde contre nous dès le premier pas, et nous ferait même, perdre ceux qui seraient restés neutres... Je ne vois donc aucun inconvénient de différer la marche des troupes ; mais beaucoup de grands malheurs en ne la différant pas. »

Joseph II n'écouta ni sa mère ni Kaunitz. Lui que nous avons vu donneur de conseils sensés à la cour de Versailles, s'embarquait, non sans imprudence, dans

----

1. *Maria Theresia und Joseph II*, t. II (Recueil Geffroy-d'Arneth). — Cf. *Correspondance diplomatique du marquis de Bombelles*. (Bib. nat.).

une affaire dont l'issue pouvait être dangereuse. Sans
doute il se faisait l'illusion, comme il l'écrivait à Léopold, de réussir sans guerre, par une simple démons-
tration armée. C'était compter sans Frédéric qui, dès
l'invasion de la Basse Bavière, réunissait une armée
sur les frontières de Bohême, prêt à les franchir si
l'Empereur persistait dans son plan d'agrandissement
injustifié de territoire. Le roi de Prusse entendait
prouver à l'Empereur d'Allemagne qu'il n'avait pas le
droit d'agir comme lui Frédéric avait agi en Silésie.

A ces nouvelles toute l'Allemagne s'agitait, entrait
en rumeur. L'électeur de Saxe qui avait des prétentions
à la succession de Maximilien, faisait cause commune
avec la Prusse, envoyait ses troupes rejoindre celles de
Frédéric ; le duc des Deux-Ponts, autre héritier de
l'Électeur, soutenu par le roi de Prusse, protestait énergiquement contre l'attitude prise, et cependant les Bavarois que, dans l'espèce, on n'avait guère pris soin de
consulter, se refusaient, dans leur haine contre l'Autriche à cet arbitraire changement de domination[1].
Et cette effervescence des Bavarois qu'alimentera la
Prusse durera assez longtemps pour qu'à son retour
de France le marquis de Bombelles la retrouve très
vivace et la signale de nouveau dans une dépêche au
baron de Breteuil, ambassadeur à Vienne : « Le dernier
paysan bavarois a de l'aversion pour l'Autrichien et
de la bonne volonté pour le Français. » Rappelons-nous
ces rapports peu favorables à l'injuste ingérence de
l'Empereur dans les affaires de l'Allemagne, et nous
aurons la clef des réticences et des mauvaises dispo-

---

1. *Correspond. diplomatique de Bombelles.*

sitions de Marie-Antoinette à l'égard de Bombelles quand il s'agira pour lui d'un changement de poste.

« Cela ne plaira pas trop là où vous êtes », avait écrit Joseph II à Mercy, dès le début de l'affaire. Il ajoutait d'ailleurs : Mais je ne vois pas ce qu'on pourra trouver à y redire, et les circonstances avec les Anglais y paraissent très favorables. L'Empereur ne pouvait se dissimuler dans quel état d'agitation ces nouvelles précipitées allaient jeter la cour de France, il n'était pas sans prévoir ce que serait l'attitude du baron de Goltz, attisant le feu, réveillant et remuant parmi les ennemis de Choiseul et de l'alliance autrichienne les vieilles préventions contre l'avidité impériale [1].

Devant l'effet produit à Paris par les démonstrations de l'Empereur, Marie-Antoinette s'agitait, écrivant à Mme Polignac qu'elle craignait bien que son frère « ne fît des siennes [2] ». Le Roi ne cherchait pas à dissimuler son mécontentement. La Reine, ayant parlé vivement sur l'affaire de Bavière et sur le danger d'un refroidissement de l'alliance, Louis XVI répondit : « L'ambition de vos parents va tout bouleverser, ils ont commencé par la Pologne, la Bavière fait le second tome; j'en suis fâché par rapport à vous. » — Mais, reprit Marie-Antoinette, n'étiez-vous pas informé et d'accord sur une affaire de Bavière ? — J'étais si peu d'accord,

----

1. On devra lire les nombreux extraits de correspondance entre Frédéric II et Goltz donnés dans l'ouvrage de Bancroft (t. III). Le ministre prussien, moins scrupuleux encore que jamais, mit tout en œuvre pour exciter les esprits contre la Cour de Vienne. Mercy à la même époque ne se lassait pas de signaler, avec nombreuses preuves à l'appui, les inventions et les calomnies de son collègue.

2. Mercy à Marie-Thérèse, 17 janvier.

répliqua le Roi, que l'on vient de donner ordre aux
ministres français de faire connaître, dans les cours où
ils se trouvent, que ce démembrement de la Bavière se
fait contre notre gré et que nous le désapprouvons [1].

L'affaire une fois engagée, sans qu'on eût pris ses
avis, Marie-Thérèse, ne pouvant rien empêcher de ce
qui était fait, s'employa du moins à conjurer les conséquences d'une aventure de tous points dangereuse.
Que faire, sinon s'efforcer d'abord et avant tout de
resserrer l'alliance entre la France et l'Autriche? Cette
alliance, bien des gens à la Cour et dans le monde politique en France seraient enclins peut-être, vu les
circonstances où l'Autriche a mis les apparences contre
elle, à la vouloir dénoncer. Il faut à tout prix empêcher ce malheur, peser de toutes ses forces de mère et

---

1. Le comte de Vergennes le mandait à M. de Bombelles,
9 février. C'était là le commentaire obligé des instructions données en 1775 au marquis (Voir chapitre I), et l'on
doit se rappeler cette phrase : « ... Loin de vouloir servir
d'instrument aux projets d'oppression que la Cour impériale
pourrait former, Sa Majesté se prévaudrait de l'alliance comme
d'un moyen de plus pour servir la cause de l'Etat. » (Archives de
Seine-et-Oise, E. 453). Les partisans de la Reine désapprouvaient
hautement la circulaire du comte de Vergennes, disant que c'était
une demi-démarche uniquement propre à exciter de la défiance
entre des alliés. (*Correspondance* du comte de Scarnafis, Recueil
Flammermont). — On doit aussi se souvenir des considérations
sur le voyage de l'Empereur en 1777, que Vergennes soumit
au roi le 12 avril... « Si cette alliance est intéressante à conserver, elle veut être maintenue avec assez d'égalité pour qu'un
des alliés ne se croie pas en droit de tout exiger de l'autre sans
être tenu à lui rien rendre: c'est ce qui arriverait immanquable-
ment, Sire, si Votre Majesté, prêtant l'oreille à des insinuations
spécieuses, se portait à donner plus d'extension au traité de 1756,
ou (ce que la Cour a paru désirer singulièrement) si Votre
Majesté prenait l'engagement d'employer toutes ses forces au
soutien de l'alliance (Beauchesne, *Vie de Madame Elisabeth*, t. I,
appendice).

de souveraine sur la jeune princesse qui avait été le nœud de l'alliance et devait servir à la consolider ou au moins à l'empêcher de se rompre.

L'Impératrice semble craindre de se rendre importune et suspecte au Roi en s'adressant à lui directement, elle dirige tous ses efforts sur la Reine à laquelle elle parle ou fait parler un tout autre langage que celui dont elle a coutume. Dans ses lettres à sa fille et à Mercy, vrais chefs-d'œuvre de diplomatie maternelle et féminine, elle va mettre tout en jeu : l'amour-propre de Marie-Antoinette, son affection pour sa mère, son antipathie naturelle pour le roi de Prusse, jusqu'aux espérances de grossesse, qui pour la première fois ont réjoui son cœur. « On y sent, dit l'historien qui a le mieux lu et compris l'auguste correspondante de Mercy, toute l'ardeur d'une souveraine qui tremble pour ses peuples, d'une mère qui tremble pour ses fils, toute l'habileté d'une femme de génie qui, vieillie dans la politique et connaissant jusque dans ses plus intimes replis l'esprit et le cœur de sa fille, savait merveilleusement quelle corde il fallait toucher, quels sentiments invoquer, pour faire de cette fille une auxiliaire dévouée et un instrument docile[1]. »

L'Impératrice va quitter les sévérités et les gronderies ordinaires quand elle écrit à sa fille, elle va renoncer pour un moment à lui reprocher très vivement sa passion pour le jeu[2], les distinctions accordées à des favoris — y compris Esterhazy, — les tracas-

---

1. M. de La Rocheterie, *Hist. de Marie-Antoinette*, I, p. 369.

2. Malgré les conseils de Joseph II, le jeu avait repris de plus belle au début de l'année. Les finances de la Reine en étaient obérées au point qu'elle « était obligée de se refuser aux actes de

series entre la princesse de Lamballe et Mme de Polignac. Avant d'entamer sa campagne diplomatique, elle a fait part de ses désirs : « Dans ce moment où la mort de l'Electeur de Bavière amène une crise violente, il serait intéressant que ma fille fît bon usage de son ascendant sur le Roi. » Marie-Thérèse éprouve des doutes sur le succès de sa démarche : « Peut-on s'en flatter tant qu'elle est enfoncée dans ses légèretés et dissipations habituelles ? »

Au fur et à mesure qu'elle sent l'effet produit par ses lettres à Mercy et à sa fille, Marie-Thérèse change de ton. Elle ne raille plus, elle ne gronde pas ; elle écrit serré, net, précis ; un peu plus elle implorerait pour obtenir l'appui de sa fille. — Très montée contre la Prusse dont le ministre[1] avec ses méchancetés excite, son aversion, — mais ne voulant pas en principe s'occuper d'affaires, sentant sans nul doute, aux criailleries de toute une partie de la Cour, combien elle risque de se rendre impopulaire en exagérant son ingérence dans la question, Marie-Antoinette entend marcher prudemment puisque les premières ouvertures ont été mal accueillies du Roi.

Mais comment résister aux appels à la tendresse, aux cajoleries adroites, aux exposés dramatiques dont

bienfaisance que lui dicteraient sa grandeur d'âme et sa générosité naturelle. » (Mercy, III, 155).

1. L'année précédente, le 3 février, elle écrivait déjà à sa mère : « Je suis plus révoltée qu'étonnée des vilenies et méchancetés du mauvais voisin ; peut-être même est-il trompé sur quelques points par le ministre qu'il a ici ; il est connu depuis longtemps pour un homme peu scrupuleux et qui, pour se faire valoir auprès de son maître, n'hésite pas à lui mander toutes sortes de fables. »

Marie-Thérèse émaille ses lettres? Dans une de ces
missives elle avait parlé avec aigreur du roi de Prusse,
qui voudrait se rapprocher de la France : « Tous deux
nous ne pouvons exister ensemble, cela ferait un changement dans notre alliance, *ce qui me donnerait la
mort*, vous aimant si tendrement...» Et Marie-Antoinette de pâlir en lisant ce fragment de la lettre de sa
mère à Mercy. « C'est par cette secousse, mande
l'ambassadeur, qu'elle a été mise dans le mouvement
et l'inquiétude où je la trouvai. »

Mais voici qui est mieux et qui va définitivement
secouer la Reine de sa demi-indifférence. « C'est à
cinq heures du matin et bien à la hâte, dramatise l'impératrice le 19 février, le courrier étant à ma porte, que je
vous écris. Je n'étais pas prévenue de son départ, et on se
presse pour obvier aux plus noires et malicieuses insinuations du roi de Prusse, espérant, si le roi est au fait
qu'il ne se laissera pas entraîner par des méchants, comptant sur sa justice et sur sa tendresse pour sa chère petite
femme. » Jamais il n'y eut d'occasion plus importante
de « tenir fermement » l'intérêt des deux maisons et des
deux Etats. « Qu'on ne se précipite en rien et qu'on
tâche de gagner du temps pour éviter l'éclat d'une
guerre qui une fois commencée pourra durer et avoir
des suites malheureuses pour nous tous... » L'idée
seule la fait succomber... « et, si je n'y succombe, mes
jours seraient pires que la mort... »

Maintes fois l'Impératrice reviendra sur le sujet et,
quand elle craindra d'avoir trop insisté, elle atténuera :
elle aime bien trop son gendre pour l'entraîner dans une
entreprise contraire à ses intérêts ou à sa gloire : « Je sa-
crifierais plutôt la mienne ; mais, si nous voulons faire le

bien, il le faut faire conjointement : sans cela rien ne se ferait de solide. »

Marie-Antoinette a parlé au Roi, mais avec hésitation [1], au dire de Goltz, sans précision, commente Mercy. Louis XVI a fait dire au baron de Goltz qu'il n'entendait point se mêler des affaires de son maître. Cela ne suffit pas à Mercy : « Il faut, mande-t-il à l'Impératrice se mêler des affaires de l'Autriche dans le sens qui convient à un bon et fidèle allié. »

A son tour Joseph II s'adresse à sa sœur : « Puisque vous ne voulez pas empêcher la guerre, lui écrit-il, le 20 mars, nous nous battrons en braves gens, et dans toutes circonstances, ma chère sœur, vous n'aurez point à rougir d'un frère qui méritera toujours votre estime. »

Émotion de la Reine qui entrevoit le danger où peut se trouver son frère. Elle parle fortement aux ministres, insiste pour qu'en exécution du traité des démarches formelles soient faites.

La diplomatie européenne entre en mouvement, la Russie voit dans cette affaire un moyen de s'ingérer dans les affaires de l'Allemagne et de diriger vers Saint-Pétersbourg les regards jusque-là tournés du côté de Versailles. A Ratisbonne on s'agite : Bombelles confère avec M. de Schwarzenau, ministre de Prusse [2] ; il sait lui tenir tête quand le ministre de Frédéric II représente son souverain comme protecteur

---

1. L'ingérence de Marie-Antoinette dans l'affaire a pourtant déjà indisposé contre elle le public. Voir la *Correspondance* du comte de Scarnafis (Recueil Flammermont, p. 356 et suivantes).

2. Bombelles à Vergennes : *Corr. diplom.* (Bib. nation.), mars à juin.

des libertés de « l'Allemagne et n'ayant d'autre intérêt que celui de la justice » ; mais, comme il n'a pas pris parti formel contre la Prusse, c'est s'exposer aux réclamations autrichiennes. On ne manquera pas de s'en souvenir à Vienne, et la Reine lui gardera longtemps rancune de sa neutralité qu'elle juge offensante.

Au milieu de juin on ne croit plus guère au maintien de la paix. L'Angleterre a envoyé à ses ministres en Allemagne l'ordre de se rapprocher le plus possible de l'Autriche [1] : c'est là un grave danger au moment où vient d'éclater la guerre d'Amérique. Marie-Thérèse espère encore que la France ne se laissera pas prendre aux cajoleries du roi de Prusse, que l'alliance austro-française sera maintenue. C'est à quoi tendent les efforts de Marie-Antoinette. Désireuse de servir à la fois les intérêts de ses deux pays, elle faisait malgré elle pencher la balance en faveur de l'Autriche. Dès le début de l'affaire elle était en discussion avec Vergennes : le ministre voulait rester fidèle à l'alliance, mais seulement dans certaines conditions. Il fit observer avec raison que les possessions garanties par le traité à Marie-Thérèse n'étaient pas contestées, et que la guerre avait pour objet des acquisitions dont les titres étaient parfaitement ignorés à l'époque de la conclusion de l'affaire ; enfin, que rien n'autorisait l'Autriche à regarder cette alliance comme un moyen d'agrandir ses États. Louis XVI avait offert sa médiation... La guerre n'en éclata pas moins : le 5 juillet, Frédéric II entrait brusquement à Nachod, en Bohême, et, le 7, les premiers coups de feu étaient tirés.

---

1. Bombelles à Vergennes.

7

Folle d'inquiétude, Marie-Thérèse ne renonce pas encore néanmoins à une solution pacifique. Elle tente une nouvelle démarche : Mercy est chargé de plaider sa cause auprès de Marie-Antoinette. La Reine, en lisant l'appel désespéré de sa mère, éclate en sanglots; elle décommande une fête qu'elle devait donner à Trianon. Le Roi, alarmé de la surexcitation de sa femme que, dans son état de grossesse, il veut contenter, lui promet de faire tout son possible pour apaiser sa douleur. Vergennes n'a pas l'air de vouloir rien changer à la ligne de conduite qu'il s'est tracée, il est urgent d'agir sur Maurepas. La Reine parle ferme au vieux ministre qui cherche des faux-fuyants pour ne pas répondre. Colère de la Reine. « Voilà, Monsieur, la cinquième fois que je vous parle d'affaires, s'écrie impérieusement Marie-Antoinette... Jusqu'à présent j'ai pris patience, mais les choses deviennent trop sérieuses et je ne veux plus supporter de pareilles défaites. »

Reprenant toute la suite de l'affaire de Bavière, elle montre que la condescendance de la France est la seule cause de l'insolence de la Prusse. Et Maurepas, abasourdi par ce langage impérieux, de se confondre en excuses et en protestations de dévouement[1].

Du côté autrichien il y a conflit d'action. Marie-Thérèse[2], de son plein gré, a envoyé, le 13 juillet, Thugut à Frédéric pour traiter de la paix : elle a offert d'abandonner toute prétention sur la Bavière si la Prusse, de son côté, renonçait à la succession des margraviats d'Ans-

---

1. Mercy à Marie-Thérèse, 17 juillet.
2. Marie-Thérèse à Joseph II.

pach et de Bayreuth. Démarche qui lui coûte beaucoup
et qui sera inutile, car Joseph II la désavouera avec colère, Frédéric II la repousse avec dédain[1]. Au bout d'un
mois toute négociation est rompue. Une armée de
Prussiens et de Saxons sous les ordres du prince Henri
s'est avancée sur le bord de l'Isar en face du maréchal
autrichien Laudon, un autre corps de troupes couvre
la Silésie. Laudon est obligé de se replier devant le
prince Henri. Près de 400.000 hommes sont sur le point
d'en venir aux mains dans une lutte terrible. Cette catastrophe peut-elle être encore évitée ?

Ici Marie-Thérèse fait un nouvel effort : « Sauvez
votre maison et votre frère, écrit-elle à Marie-Antoinette... Il ne convient pas à la France que nous soyons
subjugués à notre plus mortel ennemi. Elle ne trouvera
jamais un ami et un allié plus sincèrement attaché que
nous. »

Restée sans nouvelles depuis deux semaines Marie-
Antoinette se rongeait d'inquiétude. Dès qu'elle a reçu
la lettre de l'Impératrice elle se précipite chez le Roi
qu'elle trouve en conférence avec Maurepas et Vergennes et expose ses desiderata. Elle ne parle plus
d'intervention armée puisqu'elle s'est heurtée à des
refus formels, mais d'une médiation de la France pour
rétablir la paix et arrêter l'effusion du sang.

La Reine ne rencontre plus d'objection dans le conseil
du Roi, cette pensée d'une médiation qui ne compromet
pas la France est conforme à la politique suivie dès le

---

1. *Correspondance* de Mercy, III, 231, 234 ; — Marie-Antoinette
à Marie-Thérèse. — Marie-Thérèse à Marie-Antoinette. — Vergennes à Bombelles (Arch. de Versailles). — *Maria Theresa und
Joseph II*, II, 345.

commencement de l'affaire ; Vergennes y fait d'autant moins d'objections qu'il n'y a plus de temps à perdre. A Bombelles il ne dissimule par le déplaisir que le refus de Frédéric II a causé à la Cour de Versailles[1].

Marie-Thérèse écrivait lettre sur lettre à sa fille, insistant pour un arrangement immédiat. Le temps devenait mauvais, la neige commençait à couvrir les montagnes, Maximilien était très malade, les armées souffraient... On pouvait tout craindre tant que ces malheureuses circonstances dureraient. « Tâchez, ma chère fille, de les faire finir au plus tôt ; vous sauverez une mère qui n'en peut plus, et deux frères qui, à la longue, doivent succomber, votre patrie, toute une nation qui vous est si attachée... Il faut beaucoup de fermeté et égalité de langage et ne pas perdre un seul instant... Quel bonheur si vous pouvez faire vos couches en paix et de nous l'avoir procurée si glorieuse pour le Roi, en serrant de plus en plus les nœuds de notre alliance, la seule nécessaire et convenable pour notre sainte religion, pour le bonheur de l'Europe et de nos maisons. » Par le baron de Pichler l'Impératrice-reine fait dire de plus à Mercy : « Non seulement le bien de la monarchie mais ma propre conservation en dépend[2]. » Il faudrait citer toutes les lettres où Marie-Thérèse insiste, harcelant sa fille pour obtenir cette paix à laquelle Joseph II n'est plus hostile.

Marie-Antoinette envisage maintenant les événements avec calme : son ennemi, le baron de Goltz,

---

1. Vergennes à Bombelles (archives de Seine-et-Oise).
2. *Correspondance* de Mercy, 9 et 17 septembre.

avouera plus tard qu'aiguillonnée par les sollicitations réitérées de la Cour de Vienne elle ne pouvait agir autrement qu'elle n'avait fait. D'ailleurs le moment ne devenait-il pas favorable pour terminer cette guerre, qui jusqu'alors s'était passée en mouvements de troupes et en escarmouches sans importance ? Avec le mauvais temps qui accourt les hostilités vont se trouver forcément suspendues ; déjà deux corps prussiens ont dû se retirer en arrière.

S'il surgit des difficultés pour la conclusion de cette paix désirée par l'Autriche et par la France, elles viennent maintenant du côté de la Prusse. Bombelles mande, en novembre, de Ratisbonne, que les agents de Frédéric répandent les bruits les plus tendancieux, faisant entendre « qu'aussitôt la Reine accouchée le Roi ferait marcher 40.000 hommes sur le Rhin au secours de l'Autriche si le Roi de Prusse ne renonçait pas à réunir les margraviats à sa couronne ».

On parlemente, on discute à Versailles et à Vienne les clauses d'une paix possible, Marie-Antoinette menant les négociations, réclamant la pacification de l'Allemagne, parce qu'elle est convaincue « qu'il y va de la gloire du Roi et du bien de la France, non moins que du bien-être de sa chère patrie ». Au début de l'affaire de Bavière on a vu avec quelle ardeur un peu inconsidérée, la Reine, stimulée par les instances de Vienne, réclamait de sa seconde patrie — la vraie — une intervention effective en faveur de la première. Dès qu'elle a compris où étaient les véritables intérêts de la France Marie-Antoinette se montre moins Autrichienne, plus modérée dans ses réclamations. Obéit-elle aux conseils suggérés par Maurepas évoquant les nouveaux devoirs que lui imposerait sa prochaine maternité, comme l'ont raconté le baron de Goltz et le comte de la Marck[1], se rendit-elle compte d'elle-même, qu'elle ne pouvait pas entraîner la France dans une nouvelle guerre au moment où ses armes étaient engagées contre l'Angleterre en Amérique? Il faut lui rendre cette justice qu'elle sut faire taire ses sentiments intimes contre la Prusse et se montra partisan sincère de la médiation proposée par elle-même. Dans son ardent désir d'obtenir une paix honorable, tout en sauvegardant l'alliance austro-française, elle sut refouler ses premières pensées, et, loin de contrarier l'action diplomatique, elle l'aida de toutes ses forces.

Pendant ce temps Frédéric II restait menaçant. Si l'hiver devait fatalement interrompre les hostilités, il avait pris ses mesures de manière qu'à l'ouverture de la campagne suivante il pourrait attaquer partout, et porter la guerre de Silésie en Moravie. Sa manière d'être indisposait contre lui ceux-là mêmes qui en France s'étaient jusque-là montrés hostiles à l'Autriche et admirateurs des novations prussiennes. Quelques-uns meilleurs prophètes que les autres ne voyaient pas sans inquiétude ce constant grandissement d'une puissance nouvelle. La protégée d'hier, car la Prusse avait été protégée par la France contre l'Autriche, ne pouvait-elle devenir sa rivale de demain? Bombelles, dont les sympathies au début de l'affaire n'étaient guère du côté de l'Autriche, qui avait souligné auprès du Cabinet français l'arbitraire ingérence de Joseph II dans

---

1. *Corresp.* de Mirabeau et de la Marck, Introduction; — *Corresp.* du baron de Goltz, dans Bancroft, t. III.

la succession de Bavière, qui s'était par là attiré le mécontentement et peut être le long ressentiment de la Reine, Bombelles commençait à trouver gênantes, déplacées et dangereuses les prétentions de Frédéric II. Il ne se contentait pas d'écrire à Vergennes, le 14 décembre : « La Prusse envoie des notes blessantes à l'Autriche au moment où cette puissance serait disposée à la paix », il jugeait impartialement le différend, et ne se laissait plus aller à aucune récrimination contre le Cabinet de Vienne. L'Impératrice de Russie, par l'organe de M. de Panin a fait dire « qu'elle a foi dans les lumières du roi de France qui accorde depuis si long-temps sa protection à la cour germanique » : c'est un bon son de cloche, car, d'autre part, on croyait la Russie désireuse de prendre, le cas échéant, le parti de la Prusse.

Avec son ami le baron de Breteuil, ambassadeur à Vienne[1], Bombelles s'ouvre davantage : tout en confessant ses anciennes sympathies et sa rancune contre l'orgueilleuse Autriche qui trouble par son ambition la paix de l'Europe centrale, il conclut : « Nous ne pouvons plus, comme autrefois, revenir systématiquement à l'alliance du roi de Prusse. Ce prince et ses successeurs seront trop puissants pour porter dans cet accord l'esprit de déférence qu'il nous convient de trouver. » Après un siècle on trouve justes les prévisions de Bombelles, et l'on ne fera plus un crime à Choiseul d'avoir inventé l'alliance autrichienne, à Marie-Antoinette de s'être efforcée de la maintenir.

Dans la médiation, Bombelles voyait encore un moyen

---

1. 21 décembre. — Archives de Versailles, E. 449.

de rétablir notre influence en Allemagne et de montrer au roi de Prusse, « ce qu'un mot de nous met dans la balance de l'Europe ». L'Empereur n'était pas désireux de revoir cette influence : il fallait « ramener à la modération un prince, qui s'en était écarté contre le vœu de son auguste mère et de tous les gens sensés de son empire ». Joseph II, en effet, ne cacha pas son mécontentement de l'attitude de la France, il en voulut à sa sœur qui avait fait passer les intérêts de la France avant ceux de l'Autriche. Ne dira-t-il pas, même au comte de la Marck : « La conduite politique du Roi en cette occasion est bien éloignée de celle que j'aurais dû attendre d'une Cour alliée et qui se disait amie. »

De ce qu'il appelait de la mauvaise volonté, l'Empereur devait se souvenir moins de deux ans après, lors des affaires de Hollande.

Les négociations furent longues, mais une fois commencées au début de janvier 1779, elles suivirent leur cours. La question des margraviats de Bayreuth et d'Anspach que la Prusse aurait volontiers convoités[2], le mécontentement initial de la Saxe, dont les compensations étaient minimes, le grand déplaisir de Joseph II qui n'ignorait pas que la paix le forcerait à renoncer à la presque totalité de ses prétentions sur la Bavière, les exigences de la Prusse qui se sentait au fond soutenue par la Russie, surtout après qu'une convention eût été signée le 21 mars à Constantinople entre les Russes et les Turcs, ce qui

---

1. Bombelles à Vergennes, 2 décembre (Arch. de Versailles).
2. Bombelles à Vergennes, 23 décembre (Arch. de Versailles).

rendait à Catherine sa liberté d'action pour appuyer Frédéric, tout cela rendit assez pénibles les préliminaires et les pourparlers. Enfin le Congrès se réunit à Teschen en Silésie, et la paix fut signée le 13 mai. La Reine ne s'en était pas mêlée, Mercy n'avait pas cru même nécessaire de la faire intervenir. La maison d'Autriche renonçait en faveur de l'électeur palatin à la succession de Bavière et obtint pour dédommagement cette portion de la régence de Burghausen qui, comprise entre le Danube, l'Inn et la Saltza, faisait communiquer directement l'archiduché d'Autriche avec le Tyrol. Le Palatin dut indemniser en argent l'électeur de Saxe, qui revendiquait les *alleux* de la Bavière [1].

L'Empereur était fort mécontent; l'Impératrice, soulagée par une solution qu'elle désirait ardemment, marqua au Roi et à la Reine toute sa reconnaissance, et, rendue au sentiment de justice avec la fin de ses inquiétudes, elle convint que la France avait fait tout ce qu'on était en droit d'attendre d'elle pour la pacification.

Ainsi notre diplomatie heureusement dirigée en la circonstance avait sauvé l'Allemagne de l'embrasement qu'elle redoutait et conservé à la France la libre disposition de toutes ses ressources pour la guerre d'Amérique. Ce double échec était grave pour l'Angleterre : cette puissance devait bientôt en éprouver de plus désavantageux encore [2].

---

1. Frédéric II, *Œuvres posthumes*, t. V; — Flassan, *Hist. de la diplomatie*, t. VII, liv. VII.

2. Pour la guerre d'Amérique, outre les *Mémoires* de Ségur, l'ouvrage de Bancroft, on devra consulter les *Histoires* de

Après ce rapide exposé que nous étions tenu de faire, puisque Bombelles jouait un petit rôle dans les négociations, nous avons hâte de retourner à Versailles où nous avons laissé l'aimable Angélique auprès de Madame Élisabeth.

Louis XVI, etc., de Droz, de Todières, et un excellent livre récent de M. le vicomte de Noailles : *la Marine française en Amérique*.

CHAPITRE IV

1778-1780

Madame Élisabeth n'est guère musicienne, mais pour
ses petites soirées intimes elle entend posséder un instrument de son choix. S'aventurer à parler des clave-
cins de Ratisbonne a été une imprudence que sans
doute M. de Bombelles regrettera, car ce seront des
demandes perpétuelles de Versailles... et que d'ennuis
pour les choisir, les envoyer... et se faire rembourser.
C'est d'abord Madame Élisabeth qui demande un clavecin, et celui-là, le marquis le choisira avec amour,
l'expédiera dès qu'il sera prêt, et il n'en reçoit que
des compliments. Le paiement sera lent, mais enfin
la comtesse Diane finira par s'exécuter. Autres commandes sont celles de Mme de Canillac « qui meurt
d'envie d'en avoir un », de Mme de la Rochelambert,
d'autres dames encore.

On ne parlait que de cela le soir du 1er novembre
à Saint-Hubert. Tous les princes assistaient à la

chasse ; le Roi était de belle humeur, le comte
d'Artois, galant comme à l'ordinaire, s'est montré
empressé auprès de Mme de Bombelles ; la Reine,
très grosse et bien plus près d'accoucher qu'on ne
croit, a dîné de fort bon appétit dans le bois. En
somme, Angélique se serait plue à ce déplacement
de Saint-Hubert, si elle n'avait eu pour compagne
une partie du temps la respectable Mme de Sérent[1],
dont « le ton pédant et l'humeur *indécrottable* » l'ennuient à mort.

Le lendemain, à Versailles, en outre des confidences
habituelles et des protestations d'amitié de Madame
Élisabeth dont elle ne saurait se lasser (Mme de Soucy,
sous-gouvernante des Enfants de France et sœur de
Mme de Mackau, s'étant permis de dire que la princesse aimait mieux Mme de Canillac qu'Angélique,
Madame Élisabeth se montrait fort en colère et
s'empressait de se défendre auprès de son amie),
Mme de Bombelles recevait une assez singulière proposition. On s'avisait un peu tard que Madame Élisabeth n'avait pas eu de vrais maîtres et que ce qu'elle
avait appris, enfant, était fort peu de chose. Le
style charmant dans sa naïveté et la syntaxe fantai-
siste de la princesse ne nous laissaient aucun doute à
cet égard, mais nous en avons la confirmation dans
le désir de Madame Élisabeth de prendre des leçons
de son aumônier, l'abbé de Montaigu, et d'associer
son amie à ces petits cours complémentaires. On
lui avait demandé d'assister à la première leçon ;
Angélique comprit qu'avec une élève aussi primesau-

---

1. Dame d'atours de Madame Élisabeth.

tière et difficile à appliquer que la princesse, elle faci-
literait la tâche de l'abbé en assistant à toutes les
leçons. Elle le dit à Madame Élisabeth qui eut l'air
transporté, disant « que rien ne pouvait lui faire tant
de plaisir, parce qu'elle ne se sentait pas la force de
prendre une leçon toute seule ». L'abbé de Montaigu
se confondait en remerciements, répétant que c'était le
seul moyen de ramener la princesse à l'application.

Ce qui fut fait pour l'instruction religieuse et les
cours de français fut également organisé pour les
sciences. Là, on aura l'occasion de le souligner, s'offrait
un terrain mieux préparé. La petite princesse montrera
une vraie facilité pour les sciences physiques et mathématiques, et la botanique deviendra sa passion.

Pendant ce temps, le chevalier de Naillac ne perdait
pas de vue ses intérêts diplomatiques, et malgré les
prières de Mme de Bombelles avait chargé la duchesse
de Mailly de demander pour lui une augmentation de
traitement. C'était aller contre les projets des Bombelles, comme on l'a vu précédemment, et causer bien
des désagréments à la marquise. A la Cour et chez
Mme de Guéménée on s'occupe fort de la maison à
constituer pour le futur enfant de France; chez Madame Élisabeth on monte une comédie, *Nanine*, où la
princesse a le principal rôle et où Angélique joue en
travesti. Le tout entremêlé des cours de l'abbé de
Montaigu, des promenades à cheval et des leçons de
guitare; le temps passe vite pour Mme de Bombelles,
mais ses lettres n'en sont ni moins fréquentes ni
moins tendres.

L'innocente comédie — qui contrariait bien un peu
le marquis — fut jouée le 17 novembre avec succès na-

turellement, malgré le peu de pratique des acteurs. A la
fin deux des actrices chantaient un petit duo où elles
priaient le ciel de veiller sur les jours de Madame
Élisabeth et demandaient à celle-ci de les aimer toujours. La Princesse se leva et répondit aussitôt avec
la plus tendre vivacité : « Oh! vous pouvez en être bien
sûre, je vous aimerai toujours ! » Tout le monde s'attendrit, et ce fut « la scène la plus touchante ».

On ne jouait pas, à l'époque, de comédie à Ratisbonne, mais on sacrifiait au goût des associations
badines en attendant de s'enrôler sous la bannière des
Loges écossaises. Vous souvenez-vous de l'Ordre des
Lanturelus fondé par la marquise de La Ferté-Imbault
en analogie avec l'Ordre de la *Mouche à miel* de la
duchesse du Maine, et l'association de la *Calotte*. On a
consacré des livres entiers à l'énumération de ces *Sociétés badines*, Ordres, Cercles, Associations de toute
espèce qui, sous les noms les plus étranges et sous le
couvert de la philanthropie, parfois avec des prétentions politiques et littéraires (témoin le *Cercle de la
Paroisse* tenu chez Mme Doublet et d'où sont sortis les
mémoires secrets de Bachaumont), n'avaient en réalité
d'autre but que de distraire leurs adeptes, désœuvrés
ou blasés de l'aristocratie et de la bourgeoisie. Eh
bien, la société de Ratisbonne avait voulu, elle aussi,
posséder une société badine, qui n'avait aucune
prétention à faire partie des *Loges d'adoption*[2] et

---

1. Voir A. Dinaux, *Histoire des Sociétés badines*, 2 vol. in-f°;
— et M. de Ségur, *le Royaume de la rue Saint-Honoré*, C. Lévy,
1897.

2. Sur les loges d'adoption admises par le Grand-Orient et dont
faisaient partie en France, à la même époque, la duchesse de

avait reçu le nom d'*Ordre du Canapé*. M. de Bombelles ayant été initié à l'association, nous allons le laisser raconter une des séances. « Avant-hier, 23 novembre, la princesse Thérèse de Tour et Taxis m'a admis au vénérable Ordre du Canapé. Le secret est une des qualités premières de cette société... c'est pourquoi j'ai promis après ma réception de te conter toutes nos folies... Écoute donc bien :

« Tu connais la chambre où j'ai pratiqué un cabinet à la princesse Henriette : c'était dans cette chambre qu'était la loge. Deux chambres plus loin se tenaient les profanes. J'ai été reçu le premier parce qu'on avait besoin de mes talents supposés pour recevoir après d'autres chevaliers ou, pour mieux dire, d'autres frères et sœurs. Un laquais tenait un vieux sabre rouillé pour garder la porte. On m'a bandé les yeux ; je suis entré, conduit à reculons. Ensuite j'ai essuyé des épreuves terribles, telles que sauter à pieds joints sur un coussin et de me sentir approcher la barbe d'un réchaud à esprit de vin. Cela fait, j'ai répondu à trois questions. La première était : « Ce que j'avais le mieux aimé de ma vie ? » — De bonne foi, ma femme. — La seconde : « Qui j'avais aimé avant elle ? » — Caroline [1]. — La troisième : « Ce que je regrettais le plus dans l'absence de ma femme ? » — Sa société. Après ces questions on m'a lu les statuts de l'Ordre. J'ai reçu le « restaurant » qui est une cuillerée à café de mauvaise moutarde dont le souvenir me fait encore mal au cœur. J'ai baisé

Chartres, la princesse de Lamballe et presque toute l'aristocratie, voir un très curieux chapitre de *Mᵐᵉ de Lamballe*, par G. Bertin, 1888.

1. Mˡˡᵉ de Schwartzenau, dont il a été question, chapitre ɪ.

la sainte de l'Ordre qui était une petite figure de Sèvres,
et j'ai eu les yeux débandés. Alors la grande-maîtresse
et la sœur assistante m'ont fait asseoir entre elles
deux, et cet honneur m'a mis... par terre, parce que
les deux chaises sont à distance d'une place. Un
grand tapis les couvre et l'on croit, dans le milieu,
s'asseoir sur un vrai canapé, qui échappe dès que les
deux assistants se lèvent. Alors, on est comme quelquefois dans la vie, entre deux selles, le derrière à terre;
mais ici, pour sa peine, on est agrégé au vénérable
Ordre du Canapé et l'on jouit ensuite du plaisir de se
moquer des nouveaux récipiendaires... Après moi ont
été reçus MM. de Karg, de Hatzfeld, de Tzerclas et
d'Auersperg, ainsi que les sœurs Henriette de la Tour,
de Leschenfeld et de Bernclau. La richesse de mon imagination a mis une grande variété dans les épreuves
des néophytes qui m'ont succédé. Le ton pathétique,
la voix entrecoupée, dont je les effrayais des dangers
qu'ils encouraient, ajoutait beaucoup de charmes à ces
pompeuses réceptions. Elles nous ont aidé à connaître
au milieu de cette innocente plaisanterie les différents
caractères. »

M. de Bombelles passe alors en revue attitudes et
réponses des différents adeptes. La plupart nous étant
peu connus, nul n'est besoin d'y insister. L'un d'eux
pourtant, le baron de Karg, à qui l'on demandait s'il
n'aimerait jamais d'autre femme que la sienne, répondit: que ce ne serait qu'en cas qu'elle mourût. Le marquis en tire cette réflexion, où il montre son peu de sympathie pour les Allemands : « C'est prévoir de loin que
de prendre si bien ses précautions pour le cas de veu-
vage. Je sens, mon ange, qu'on ne peut jamais répondre

de soi ; je sens encore mieux qu'on n'aime bien qu'une fois, mais pour cela il faut savoir aimer ; et ces êtres apathiques qui courent la surface de la Germanie ne sont que les mauvais singes des passions qu'ils imitent sans les éprouver jamais. » La sentence est sévère et sans doute injuste ; on ne saurait généraliser d'après des individus ; et les exemples qui se présentaient aux yeux du marquis n'entraînent en rien une règle générale, mais, amoureux, comme il l'était, de cœur et d'esprit, il planait dans une sphère à laquelle ne prétendaient nullement les chevaliers du Canapé. Un autre adepte ayant déclaré qu'il ne s'était jamais soucié d'une femme dont on le croyait épris et qu'il avait failli épouser, le mari modèle s'écrie : « Insensé ! et tu voulais te lier à elle pour la vie : Voilà ce que fait l'ignorance, le mépris du plus doux, du plus respectable des liens, voilà ce qui le rend le plus affreux des engagements. » Sans chercher longtemps on peut supposer qu'en France, autour de lui, le sévère moraliste aurait aisément trouvé des unions conclues sous d'aussi douteux auspices.

Le tour des dames est venu. Beaucoup ont des aveux à faire, même la petite princesse Henriette. Quant à la comtesse de Neipperg, « comme elle n'avait rien de caché pour ses amis », le marquis la dispensa des confessions et de bien des épreuves. « Cette gaieté, ajoute-t-il, nous tint de neuf heures du matin jusqu'à une heure de l'après-midi. Si jamais il te prenait fantaisie de t'en divertir, tu en vois le cérémonial et d'ailleurs, quelque positives que soient les règles, elles souffrent quelques légers changements. »

L'Ordre du Canapé dura-t-il ? Peu de jours après la

réception du marquis, la princesse Thérèse, « que cette occupation tirait de sa léthargie », recevait la nouvelle de la maladie mortelle d'une de ses petites sœurs de Prague. « Adieu l'Ordre du Canapé, dit en terminant M. de Bombelles. Ainsi passe la gloire du monde ! Triste devise qui fut celle de nos Révérends Pères Jésuites. »

Pendant cet automne un grand événement se prépare à Versailles : l'accouchement de la Reine. Chacun remarque les attentions du Roi qui « marque à son épouse les égards les plus tendres et les plus galants ». De ce qu'elle avait dit quelques semaines auparavant, en pensant à ses couches : « Le carnaval ne sera rien pour moi cet hiver, et je ne verrai que des masques découverts », le Roi voulut la surprendre agréablement. En vingt-quatre heures de temps, et dans le plus grand secret, à l'aide du magasin des Menus-Plaisirs, toute la Cour a été déguisée et masquée. Le Roi se couchait d'ordinaire à minuit ; mais, pour cette fête exceptionnelle, il décida de prolonger sa veillée. A onze heures on vint prévenir la Reine. Le Roi entra, vêtu de son habit ordinaire, suivi des ministres, des courtisans, des dames attachées à la Cour. Tous étaient en habits de caractère très brillants. « Il y en avait de galants, de bizarres et de risibles. » La liste, fort longue, en est donnée par Métra. Qu'il nous suffise de savoir que le vieux Maurepas était déguisé en *Cupidon*, et sa femme en *Vénus*; que le maréchal de Richelieu, déguisé en *Céphale*, conduisait, habillée en *Huronne*, la vieille maréchale de Mirepoix, l'ancienne complaisante des favorites de Louis XV : « ce couple dansa un moment avec autant de grâce et de légèreté que des enfants de vingt ans ». A M. de Sartine habillé en Neptune, trident en main, faisait vis-à-vis M. de Vergennes, globe sur la tête, carte de l'Amérique sur la poitrine, carte de l'Angleterre sur le dos. Puis c'est encore la princesse de Chimay et d'autres dames de la Cour en *fées*, le maréchal de Biron en *Druide*, le duc de Coigny en *Hercule*, Lauzun en *Sultan*, le duc d'Aumont en *Suisse*, « sans compter les quadrilles de matelots, de *Coureurs*, de *Chasseurs*, tous les pages en *Jockeys*... La Reine s'amusa fort à reconnaître ses courtisans. » Quand une heure sonna, le Roi donna le signal de la retraite, et « chacun fut régalé de chocolat chaud et à la glace ».

L'impromptu eut grand succès.

Tous les soirs d'ailleurs la Reine restait debout presque jusqu'à minuit avec les personnes favorisées,

Maintenant on comptait les jours.

Qui sera envoyé à Vienne pour annoncer la nouvelle ? D'abord il avait été question du comte d'Esterhazy et c'est Marie-Antoinette qui en avait eu l'idée, non pas sans sentir que « cette commission distinguée, qui relève des premières charges de la Cour », ne saurait être donnée au comte sans exciter les plaintes et les réclamations. Aussi avait-elle chargé M. de Mercy d'exprimer à l'Impératrice « le désir qu'elle aurait que l'Impératrice daignât, comme de son propre mouvement, demander que le comte d'Esterhazy fût choisi pour la mission susdite ». Avec quelles réticences le pauvre ambassadeur — partagé entre le désir de ne pas mécontenter l'Impératrice et celui de ne pas s'attirer les reproches de la Reine — a exposé une requête qu'il juge inopportune et dont il devine la réponse. Durement en effet, Marie-Thérèse écrivait : « Esterhazy ne convient nullement pour être envoyé ici avec une si grande nouvelle. » Si très sagement, elle déclare « qu'un beau nom serait à préférer et un Français, point d'étranger », c'est sous l'empire de la colère qu'elle ajoute injustement : « Sa maison n'est pas illustre et il est toujours regardé comme un réfugié. » Marie-Thérèse oubliait sa bienveillance d'antan : elle oubliait aussi que le prince Nicolas Esterhazy, chef de la maison, protecteur d'Haydn, était un des plus grands seigneurs d'Europe.

Pourtant bientôt l'ambassadeur put respirer. D'elle-même Marie-Antoinette changea d'avis, et il ne fut plus question d'Esterhazy pour porter le message. Ce sera le prince de Lambesq, de la maison de Lorraine, qui, le 24 décembre, partira pour Vienne.

Le 18 décembre, la Reine s'était couchée à onze heures, sans ressentir aucune souffrance, mais à une heure et demie tout le château était en rumeur : les douleurs commençaient. La princesse de Lamballe et les *honneurs* avertis accourent peu après. A trois heures, la princesse de Chimay va chercher le Roi; une demi-heure après, les princes et princesses présents à Versailles sont avertis, tandis que des pages courent prévenir ceux qui sont à Paris et à Saint-Cloud. Toute la Cour est sur pied à partir de trois heures. La famille royale, les princes et les princesses du sang, les *honneurs* et Mme de Polignac se tiennent dans la chambre même de la Reine, autour du lit dressé en face de la cheminée[1]; la maison du Roi, celle de la Reine, les

---

1. On sait que la chambre où Marie-Antoinette accoucha de Madame Royale et de ses trois autres enfants était celle qu'avaient

grandes entrées, dans les petits cabinets ; le reste de
la Cour dans le salon de jeu et la galerie. Un ancien
usage, qui avait sa raison d'être au temps où les Rois
étaient affranchis de tout contrôle, veut que les Reines
accouchent en public ; on se conforme jusqu'à l'abus à
cette barbarie. Au moment où Vermond crie : « La
Reine va accoucher ! » un tel flot de monde se précipite
dans la chambre royale qu'elle est remplie en un instant. Sans la précaution prise pendant la nuit d'attacher avec des cordes les paravents de tapisserie qui
entouraient le lit, la Reine était écrasée. Impossible de
remuer ; on se serait cru sur une place publique ; deux
Savoyards montent sur des meubles pour mieux voir
la Reine. Outre l'inconvenance que voulait l'antique
coutume, tout était donc conjuré pour rendre l'accouchement périlleux : pas d'air, un jour insuffisant, le
risque de voir la malheureuse princesse écrasée par les
curieux.

La Reine s'est contrainte de façon surprenante et a
dissimulé une partie de ses souffrances, ne criant qu'à
la fin, assez pourtant pour que quelques femmes se
trouvent mal. Toute frissonnante, Mme de Bombelles
assiste à l'accouchement, mais fait bonne contenance.
L'enfant vient au monde à onze heures et demie. C'est
une fille. On la transporte immédiatement dans le

occupée, depuis Louis XIV, les Reines et les Dauphines. Dessus
de portes signés Natoire, Boucher, de Troy ; magnifiques
Gobelins tendant la pièce entière… Cette chambre, placée près
du salon de la Paix et contiguë à la pièce des Nobles, est aujour-
d'hui défigurée. Le grand portrait en robe blanche, toque et
manteau bleus, par Mme Vigée-Lebrun, peint en 1788, rappelle
seul le souvenir de la Reine. Cf. P. de Nolhac, *Marie-Antoinette
reine de France.*

grand cabinet pour l'emmailloter et la remettre à la gouvernante, princesse de Guéménée. Le Roi a suivi le porteur pour voir son premier-né ; bien que désappointée de n'avoir pas de Dauphin, la foule suit le Roi, passe devant l'enfant.

Louis XVI n'a donc pas été témoin de l'effrayante révolution qui survient à ce moment et met les jours de la Reine en danger. A ce mouvement convulsif il y avait plusieurs causes : les efforts faits pour ne pas crier, la peur que l'enfant qui n'avait pas crié fût mort[1], enfin le mauvais air et peut-être une faute de l'accoucheur. Les suites naturelles de l'accouchement cessent brusquement, le sang lui monte à la tête avant qu'elle soit délivrée ; la bouche se tourne, la Reine perd connaissance. Autour du lit on crie : « De l'air, de l'eau chaude, il faut une saignée au pied. » Un frissonnement terrible court parmi les assistants ; la princesse de Lamballe s'évanouit. On se précipite aux fenêtres collées de bandes de papier dans toute leur étendue ; on les ouvre vivement ; les huissiers chassent les curieux qui sont encore dans la chambre, mais l'eau chaude n'arrive pas. Il n'y a pas une minute à perdre. Avec une grande présence d'esprit Vermond donne l'ordre au premier chirurgien de piquer à sec ; le sang jaillit avec force ; la Reine ouvre les yeux, elle est sauvée. « Elle était morte, dit Mme de Bombelles, si on la saignait cinq minutes plus tard... Cela fait frémir, car il est bien rare qu'une femme qui a eu cet accident en revienne...» Et de

---

1. Mme Campan assure que le désappointement d'avoir une fille entra pour beaucoup dans cette crise. Ceci parait controuvé par la lettre de Mercy écrite à midi trois quarts, où il est dit qu'à ce moment la Reine ignorait le sexe de l'enfant,

là des réflexions sur sa grossesse retardée à souhait. Si
rapidement s'est passé l'accident qui eût pu être fatal,
que le Roi ne l'apprend que tout danger disparu. Quant
à la Reine, elle ne s'était pas sentie saigner et demanda
pourquoi elle avait une bande de linge à la jambe. Mais,
pendant ce temps, quelle angoisse parmi les assistants,
quels transports de joie quand la Reine est revenue à
la vie ! On s'embrasse, on se félicite, on pleure et l'on
rit.

Ceux qui manifestèrent la plus grande joie furent
le prince de Poix et le comte d'Esterhazy qui « inon-
dèrent de leurs larmes » Mme Campan, quand celle-ci
leur annonça que la Reine pouvait parler. La journée
se passe en cérémonies. Tandis que des courriers
extraordinaires partent pour Vienne et pour Madrid,
l'enfant est baptisée dans la chapelle du château par
le cardinal de Rohan, grand-aumônier, en présence du
Roi et reçoit les prénoms de Marie-Thérèse-Charlotte :
Monsieur représente le roi d'Espagne, parrain, Madame, l'Impératrice, marraine. Au moment du baptême, le comte de Provence donna la preuve de son
manque de tact et de son aversion pour la Reine sous
forme de plaisanterie ; en effet, comme le grand-aumônier lui demandait quel nom il fallait donner à l'enfant,
il dit : « Ce n'est pas par là que l'on commence : la première chose est de savoir quels sont les père et mère
de l'enfant ; c'est ce que prescrit le rituel. » La plaisanterie courut la Cour et la Ville ; on la commenta malicieusement. Ceux qui colporteraient plus tard méchamment, qu'aucun des enfants de Marie-Antoinette n'avait
Louis XVI pour père, devaient en avoir beau jeu pour
appuyer leurs dires.

Le Roi, tout entier à sa joie, l'exprimait hautement après le *Te Deum* célébré dans la chapelle, à la réception qui suivit où deux cent cinquante dames vinrent faire leurs révérences. La journée se terminait par une fête populaire ; un magnifique feu d'artifice était tiré sur la place d'armes, et la ville était illuminée[1] en attendant les fêtes de Paris.

La Reine se rétablit beaucoup plus rapidement qu'on n'eût osé l'espérer.

Dès le 29, elle recevait la duchesse de Mouchy, son ancienne dame d'honneur, et la duchesse de Cossé, puis les dames du palais et les grandes entrées, et se montrait calme et enjouée. A sa première tristesse d'avoir mis au monde une fille, avait succédé une grande satisfaction qu'entretenait la joie manifestée par le Roi. Quant au public, confiant dans la jeunesse de la Reine, il reportait aussi ses espérances vers une nouvelle grossesse et se montrait, faisant un instant trêve aux médisances, respectueux et discret.

Pas d'attentions que n'ait le Roi pour l'auguste accouchée : le matin, il est le premier à son chevet, il passe chez la Reine la moitié de la journée et toute la soirée ; à l'occasion de ses couches, il lui fait un présent en or qui monte à la somme de 102.000 livres. Quant à sa fille, qui se présente « avec des traits réguliers », de grands yeux et « le teint de la meilleure santé », le Roi ne se lasse pas de l'admirer ; il la voit plusieurs fois par jour, rit tout haut de ce qu'il croit être des gentillesses

---

1. Lettre du 21 décembre. — *Journal* du Roi ; Couches de la reine. — *Journal* de Papillon de la Ferté. — *Correspond.* du comte de Mercy. — *Mémoires* de Mme Campan.

et un jour, l'enfant lui ayant serré le doigt, il en fut
« dans un ravissement » qui ne se saurait rendre. Le
caractère du Roi s'en ressent ; il se montre affable avec
la princesse de Guéménée et Mme de Mackau qui sont
installées auprès de l'Enfant de France. Mme de Bombelles, en revanche, se plaint de ne plus voir sa mère ;
la consigne est formelle, elle n'a le droit de recevoir
personne, et sa fille ne peut lui parler que dans l'antichambre. Mme de Mackau ne peut même pas écrire à
son gendre qu'elle fait embrasser par sa fille, étant
une princesse prisonnière ».

Ce grand événement auquel elle a assisté, et dont
ses fonctions auprès de Madame Élisabeth lui permettent de voir la suite intime, n'empêche pas
Mme de Bombelles de s'occuper des affaires de famille
qu'elle a à cœur et qui intéressent particulièrement le
marquis. Le chevalier de Naillac, qu'on croit si près
d'épouser Mlle de Bombelles, qui s'avance, puis recule,
qu'on désire d'un côté, qu'on redoute de l'autre, ne va
plus être le seul candidat à la main de Henriette-Marie.
A un certain moment le marquis semble céder au
désir d'abord exprimé par sa sœur et se décider à
donner son consentement à certaines conditions, celle
par exemple que le chevalier montre des égards « au
vieillard » et s'engage à mener sa femme à Ratisbonne,
à la condition aussi que M. de Naillac s'explique clairement sur sa fortune, chose qu'il a jusqu'alors éludé
de faire.

Le chevalier a beau écrire à Mlle de Bombelles
des lettres où « règnent les expressions d'amour et
de la liberté » qui la compromettent et lui font avouer
qu'elle « s'est conduite en tout comme une étourdie »,

la marquise n'est pas convaincue que le mariage se fera. Elle regrette une affaire qui, mal emmanchée et singulièrement conduite, traîne en longueur et ne se soutient que par l'espèce de fascination qu'exerce le chevalier sur la jeune fille, elle ne croit pas du tout les choses conclues ; elle écoute même une autre proposition qui lui est faite pour sa belle-sœur. Elle a semblé se laisser prendre à la fortune annoncée de M. d'Orsay, puisque loyalement le marquis la met en garde contre une combinaison qu'il ne se croit pas en droit d'étudier pour l'instant. «Je reconnais ton amitié pour ma sœur, écrit-il le 27 décembre, dans ton idée pour M. d'Orsay, mais gardons-nous de varier sur le compte du chevalier. L'honneur, la convenance, tout nous engage à lui et, s'il fallait encore choisir, je le préférerais aux cent mille écus de M. d'Orsay. Ce dernier est un honnête garçon, mais, malgré ses titres et sa richesse, il n'en est pas moins M. Grimod par le fait. »

Le gentilhomme pauvre, mais de vieille souche, regarde d'assez haut les écus des d'Orsay qui, en effet, étaient de finance, et cela pas plus loin que la génération précédente. Le père de ce comte d'Orsay, Grimod Dufort, seigneur d'Orsay, fermier général, intendant des postes, était frère de Laurent Grimod de la Reynière, un des administrateurs généraux des postes, si célèbre par son faste, ses goûts artistiques..... et gastronomiques.

Ce qui rehaussait les Grimod c'était leurs alliances ; la mère du d'Orsay présenté était une Caulaincourt[1]

---

et lui-même était veuf d'une princesse de Croy, que
M. de Bombelles a connue chanoinesse à Maubeuge ;
« elle avait du mérite et donnait quelque considération
à son mari ». « Lui-même, insiste le marquis, est singulier et surtout singulièrement tourmenté du chagrin
d'être un bourgeois ; ce qui fait que M. le comte d'Orsay est cent fois moins heureux que son cousin M. de
la Reynière... L'idée de M. d'Orsay, quand elle pourrait s'effectuer, ne remplirait point celle que Bombon a
du bonheur... Elle n'est nullement d'un caractère à mener qui que ce soit, et elle gênerait, sans y pouvoir re-
médier, des ridicules qu'elle partagerait. » Il ne fut plus
question de M. d'Orsay ; cherchant une femme de haute
noblesse, il épousa, en 1784, une princesse de Hohen-
lohe [1], et pour le moment les Bombelles en restèrent au
chevalier de Naillac.

Tandis que le marquis s'efforçait de marier sa jeune
sœur, la plus âgée, Mme de Reichenberg, était sur le
point d'être veuve. L'année se terminait mal. Dans une
même lettre, Mme de Bombelles annonçait à son mari
que le « sentiment de Mlle de Bombelles pour le chevalier baissait beaucoup » et que le vieux landgrave
était à toute extrémité. « Il respire encore, écrit la comtesse de Reichenberg à son frère, le 26 décembre, mais
tout espoir est perdu ; nous regardons comme un miracle qu'il puisse conserver un souffle de vie, mais,

bonne heure, était belle, aimable et spirituelle. Voir les *Mémoires*
de Dufort de Chevernin.

1. Il fut le père du célèbre comte d'Orsay, le roi de la mode
sous le règne de Louis-Philippe et de la belle duchesse de Guiche,
puis de Gramont, mère du ministre et ambassadeur.

hélas! ce ne sera pas long. Votre sœur est la plus malheureuse des femmes. »

Au reçu des nouvelles de la Cour, données par sa femme, le marquis s'est réjoui sans réticences. L'heureux accouchement de la Reine le comble de joie et il le dit bien haut ; plus bas, il rit des frayeurs de la marquise au moment de l'événement, et, s'il n'ose se plaindre de ne pas être encore père, c'est qu'il a la sagesse de savoir être patient. Pour le moment, il se contente d'entendre de tous côtés les louanges de sa femme et une lettre de sa sœur Bombon le ravit à l'extrême.

Les petits nuages, bien petits, qui avaient existé entre les deux femmes semblent s'être dissipés, et c'est sur le ton lyrique que Mlle de Bombelles, qui vient d'être souffrante et affectueusement soignée par sa belle-sœur, exprime sa reconnaissance. « Les attentions, les caresses m'ont persuadée plus que jamais que je n'ai pas de meilleure amie... Elle a bien joui de ma reconnaissance. Dans un de mes moments d'attendrissement, je lui ai fait de mauvais couplets de chanson, mais leur expression lui a suffi... Je l'adore, mon ami, et ce qui m'en plaît le plus, c'est que tout le monde en parle. Tous les jours, à notre réveil, c'est à qui l'embrassera la première. Je me réjouis, en voyant le jour, de penser que mon ange est à côté de moi... Cette Angélique, si froide autrefois, est tendre, vive dans ses caresses ; elle est tout ce qu'on peut être de plus aimable. »

Pour ce qui regarde le chevalier Naillac, Mlle de Bombelles ne semble pas du même avis que sa belle-sœur. Elle se préoccupe, en apparence au contraire, du moyen d'arranger toutes choses pour que le ménage puisse s'établir chez le marquis. Elle craignait d'abord les inconvénients qui peuvent résulter de cette liaison étroite, mais « la douceur, la raison et l'expérience du chevalier lui font espérer que son frère s'applaudira tous les jours de l'avoir reçu chez lui. Si nous avions le bonheur d'y rester, et si je voyais qu'il eût la moindre disposition à abuser de ta confiance, tu penses bien qu'aidée de tes conseils j'arrêterais le mal dans sa source. » Voici maintenant ce qui pouvait expliquer les réticences de Mlle de Bombelles : « Je ne suis point dégoûtée de lui, mais le peu d'éclaircissement qu'il m'a donné jusqu'à présent dans ses affaires m'avait effrayée et par conséquent modérée, de peur que, le mariage n'ayant pas lieu, j'eusse la douleur, tout d'un coup, de renoncer à un être auquel je me serais trop attachée. C'est d'après tes arguments que j'ai raisonné. » Elle a si bien fait passer la raison avant l'amour qu'elle croyait éprouver pour le chevalier que la pratique petite personne ajoute : « ... S'il ne nous donne pas par écrit et bien signé les assurances de bien, que son père doit lui laisser et lui donner de son vivant, il serait imprudent de faire le mariage sur une simple parole. Après demain je compte qu'il répondra clairement... Cette incertitude, accompagnée de l'incertitude où je le voyais de suivre ses intérêts, m'avait fait faire des réflexions. » Au fond, quoi qu'elle en dise, Mlle de Bombelles n'est plus qu'à moitié éprise du chevalier, lui-même hésite; des difficultés de carrière et de fortune se mettent en travers de leurs projets. Pourront-ils jamais aboutir?

Au milieu de ses tracas, Bombon n'oublie pas ceux autrement plus graves qui vont assaillir Mme de Reichenberg. La mort du landgrave qu'elle ignore encore, mais dont elle n'est pas sans escompter les effets, est chose bien grave pour la situation de sa sœur. Dès maintenant Mlle de Bombelles en a référé à M. de Vergennes. Celui-ci s'est montré plus que froid, disant « des choses très plates » au sujet du mariage, prétendant qu'on ne l'a pas consulté, exprimant la crainte que la famille ne fasse un procès à Mme de Reichenberg au sujet de son douaire. Il a pourtant consenti à demander au Roi un congé conditionnel pour le marquis dans le cas où le landgrave mourrait. Ce ne serait pas trop en effet de la présence de son frère pour étayer la pauvre veuve dont la situation deviendrait intenable et qui sans doute commencerait par se réfugier à Ratisbonne.

Mme de Reichenberg, si peu sérieuse qu'elle soit, a envisagé la question de ses intérêts avec soin. Elle a supplié sa belle-sœur de voler chez M. de Vergennes. « Sa lettre m'a fait une peine affreuse, écrit la marquise le 5 janvier... Son mari est à toute extrémité. Il faut que je tâche d'obtenir que tu viennes la chercher, car sa fortune, son honneur, sa vie même, m'écrit-elle, y étaient engagés. » Angélique a fait ce qu'on lui demandait, mais l'on sait le peu d'encouragements donnés par Vergennes.

Restait la question du deuil, si importante en l'espèce. Si par testament Mme de Reichenberg n'était pas déclarée princesse, comme le landgrave l'avait formellement promis par lettre, il serait sans doute ridicule de porter le grand deuil, c'est-à-dire la laine. Ceci était d'abord l'avis de Mme de Bombelles ; c'est encore plus l'avis de M. de Vergennes, qui bien froidement lui déclare que Mme de Reichenberg ne sera reconnue princesse ni en Allemagne, ni en France, qu'il est donc plus qu'inutile de songer à porter son deuil. Et le ministre semble avoir raison ; d'autres personnes consultées ont fait la même réponse : si l'Empire ne reconnaît pas Mme de Reichenberg comme princesse, le Roi ne lui concédera pas davantage ce titre.

Que la veuve du landgrave n'en prenne pas son parti aussi aisément que sa belle-sœur et que son frère, qu'après les premières larmes versées sur le défunt mari, dont la vieillesse affectueuse avait adouci pour elle les tristesses d'une vie monotone, elle se préoccupe avant tout de la position fausse qui lui est faite : qu'après avoir loué l'attitude correcte de ses beaux-enfants elle se plaigne du landgrave de Cassel qui, en envoyant faire ses compliments de condoléance, « ne l'a pas comprise dans la liste des visites », parce qu'il n'admettait nullement « sa fantaisie d'être princesse » et révoquait en doute le codicille du landgrave de Hesse, tout cela était à prévoir, et la question toujours actuelle des mariages inégaux en Allemagne ne devait pas de sitôt être résolue pour ce qui regardait Mme de Reichenberg. Du moins, à force d'insistance, à force de persévérance à défendre et à faire défendre une cause que les vrais juges déclaraient entendue d'avance, elle croyait, sinon fléchir le Conseil de l'Empire, du moins obtenir la condescendance du Roi : vivre en France avec le titre de princesse et un douaire suffisant était l'objet de ses désirs restreints aux circonstances.

Un instant M. de Bombelles avait partagé les illusions de sa sœur. Se référant à ce qu'avait promis le landgrave au moment du mariage, à ce qu'il avait toujours répété devant ses enfants, et enfin avait rappelé dans son testament, le marquis envoyait à Paris les pièces qui prouvaient la volonté du feu landgrave. Il se leurrait au point de croire que MM. de Maurepas et de Vergennes s'emploieraient utilement en la cause et ne refuseraient pas leur concours à l'obtention de lettres royales, et prenait des engagements conditionnels pour la veuve morganatique du prince de Hesse : sa sœur resterait dans les premiers temps en Alsace, par là son titre ne gênerait personne. « Il ne peut d'ailleurs, ajoutait-il, porter ombrage qu'à Mme de Bouillon [1], et je me flatte qu'une injuste vanité de cette princesse ne l'emportera pas sur la justice d'honorer, sans inconvénient, la sœur de plusieurs bons serviteurs du Roi et la fille d'un ancien militaire estimé. »

Il y avait des précédents en effet à la reconnaissance en France d'un titre non déclaré en Allemagne. La femme du prince Louis de Würtemberg [2], n'a-t-elle pas été admise comme princesse en France, malgré la défense faite par le duc régnant de Würtemberg de lui donner ce titre dans ses États ? Le prince Charles-Othon de Nassau-Siegen [3] ne porte-t-il pas ce nom en France, malgré le stathou-

---

1. Fille du landgrave.

2. La comtesse de Beichlingen était en effet inscrite dans l'*Almanach* de Gotha, comme princesse de Würtemberg, ainsi que la comtesse de Waldgrave, femme du duc de Glocester, la comtesse d'Irhham, femme du duc de Cumberland, et Mme de Villabrisa qui avait épousé un frère du roi d'Espagne ; mais ces exemples n'avaient pas convaincu le landgrave, qui n'avait pas osé donner ce mécontentement à sa famille.

3. Ce prince de Nassau-Siegen qui fut l'ami, en même temps, de la Cour de France et de Catherine II, fut chargé de missions pendant l'émigration. Ce ne fut que plus tard que le besoin de son crédit lui valut le titre de cousin du prince de Nassau-Saarbrück.

der de Hollande et malgré la maison de Nassau? La
comtesse de Forbach n'est-elle pas reconnue comme
douairière des Deux-Ponts[1]? Voilà les arguments non
négligeables que met en avant M. de Bombelles, pour
soutenir que, « le landgrave ayant reconnu sa femme
princesse de Hesse, cette reconnaissance suffit pour
mériter à la veuve, sous ce titre, l'appui de Sa Majesté ».
N'ajoute-t-il pas, comptant trop bénévolement sur la
bonne foi de ces principicules : « Vu que ma sœur est
sans postérité, il est positif que le landgrave de Cassel,
le seul qui puisse avoir quelque influence en France ne
fera aucune démarche contraire à la veuve de son cousin pour laquelle il est foncièrement pénétré d'estime. »
Par ce landgrave de Cassel, au contraire, avaient surgi
les premières difficultés, et M. de Bombelles aura beau
dire : « S'il le fallait, j'ai de quoi, en vingt-quatre heures,
t'envoyer un mémoire plein de solides raisons pour nous,
mais je ne veux rien presser pour voir venir les princes de
Hesse et surtout ne montrer leur turpitude que dans le
cas où ils me pousseraient à bout. » C'est la lutte d'une
étrangère mal secondée, contre des règles féodales indé-
racinables en principe, et ce n'est pas le timide ministère de Louis XVI, qui se hasarderait à proposer un
système d'exception, dont l'utilité était plus que contes-
table[2].

De son côté, Mme de Bombelles n'a négligé aucune des
démarches qu'elle croyait nécessaires, et cette question

---

1. Titre parfaitement usurpé du reste.
2. Il a été fait bien des travaux sur les mariages inégaux en
Allemagne. Au dossier Bombelles, figure un traité qui résume les
articles sur lesquels pouvait s'appuyer Mme de Reichenberg. E. 397.
Voir aussi l'*Intermédiaire des Chercheurs*, 1er semestre 1901

du deuil, qui dans les circonstances prend une exceptionnelle importance, elle l'a fait porter devant la Reine, elle en a écrit à la princesse de Bouillon. Mme de Bouillon ne manquait pas de jouer un double rôle, semblant acquiescer à la demande de Mme de Bombelles, quitte à critiquer hautement après une prise de deuil qu'elle jugeait inconvenante. Quant à la Reine, après avoir répondu d'abord évasivement au comte d'Esterhazy « qu'elle ne pouvait rien décider et désirait en parler à Madame », elle fit rendre une réponse définitive par Madame Élisabeth, qui l'annonça en ces termes à son amie : « La Reine a dit qu'il fallait que tu prisses le deuil ; elle m'a dit avec toute sorte de grâces qu'elle en avait fait la politesse à Madame, qu'elle lui avait dit que tu ne voulais point prendre le deuil, de peur que cela ne lui déplaise et que Madame avait dit qu'il fallait que tu le prennes. »

Le deuil de Mme de Bombelles, si occupant qu'il soit en apparence, n'est pas de ceux qui troublent une existence, et si, pendant quelques jours, elle s'abstient de grandes réunions, elle n'en remplit pas moins son « doux service » auprès de Madame Élisabeth. Un tant soit peu musicienne, elle s'est mise dans la tête d'amener la princesse à jouer en mesure. C'est, paraît-il, chose très difficile, et le concerto joué à quatre mains devant le comte d'Artois, certain soir de janvier, n'aurait pas réjoui l'oreille très fine du marquis. La musique amena une petite scène que Mme Bombelles conte gentiment. Elle vient dans sa lettre du 17 de faire un portrait d'elle qui n'est nullement flatté : le physique n'est pas en progrès, loin de là : « Ta femme n'est pas jolie, mais pas du tout ; aussi, quand tu me reverras, tu

me trouveras enlaidie. » En revanche, le moral s'amé-
liore tous les jours : « Tu me trouveras un caractère
charmant, je deviens douce et complaisante, je n'ai
presque jamais d'humeur. Si je rêve que j'ai une querelle avec toi, c'est toujours moi qui reviens la première, et pour cela je me dépêche, de peur que tu ne
prennes les devants. » Enfin vient la nomenclature
gaiement énoncée des talents : « J'en acquiers tous les
jours…; enfin, quand tu me reverras, tu me trouveras
laide, mais une femme parfaite. Ainsi fais des vœux au
Ciel pour que je ne change pas, car, si par malheur je
deviens jolie, je ne réponds plus rien… »

Voici l'histoire de la harpe : « A propos, Madame
Élisabeth m'a ôté cette harpe dont je t'ai parlé, qui
m'avait fait tant de plaisir. Je lui ai dit ce que le saint
homme Job dit au Seigneur quand il lui ôta ses
biens, et j'ai su depuis qu'elle l'avait donnée à ta
sœur. Tu juges de ma colère. Enfin, après avoir
subi des épreuves teribles, j'ai vu paraître la plus
jolie harpe qui ait jamais été, depuis que le monde
est monde. Après avoir partagé mes chagrins, j'espère
que tu partages ma joie, elle a été extrême. Mais,
comme j'étais en peine de sa cherté, je fis part à Madame Élisabeth de mon inquiétude. Elle me rassura en
me disant qu'elle ne lui coûtait rien, que M. le duc de
Villequier s'était chargé de l'acheter et la comtesse
Diane de la payer, de sorte que mon plaisir en fut
encore plus vif. »

Il est une musique qu'elle brûlerait d'entendre :
ce sont les douces paroles de son mari, et, comme
le 19 est l'anniversaire de leur mariage, c'est un flux
d'amoureux propos et de souvenances attendries.

Le marquis n'est pas non plus homme à oublier cette date. Avant de donner les impressions de son voyage à Nuremberg où il va chercher sa sœur, il a soin, dans sa lettre du 23 janvier 1779, de rappeler que, le 19, il avait « célébré avec des amis l'anniversaire du beau jour, depuis lequel il n'a cessé de dire : Non, Colette n'est point trompeuse, elle m'a donné sa foi ». De là à des rappels d'heures amoureuses il n'y a pas loin : « Ne pouvant me résoudre à me mettre au lit sans toi, j'ai préféré voyager toute la nuit pour que, les cahots d'une assez mauvaise voiture et le froid excessif m'ôtant le sommeil, je pusse penser à toi, mon Angélique, pendant toute l'*annuelle* de cette nuit où je la fis tant souffrir, où elle me devint si chère, où j'eus tant de sujets de m'applaudir d'être ton trop heureux mari. »

Il est donc parti à une heure du matin le mercredi 20 et à une heure après midi il était rendu à Nuremberg.

« Comme ma dignité se cachait sous nombre de pelisses, il m'a paru gai de dîner à table d'hôte. M. l'aubergiste m'ayant reconnu, je l'ai prié de ne me point nommer. Malgré cela j'ai eu le haut bout de la table entre un prince du Mont-Liban et un officier du louable cercle de Franconie. Plus loin étaient des officiers recruteurs de tous les princes de l'Europe, et chacun parlait de la guerre et surtout de la politique d'une manière bien plaisante pour un auditeur passif. Entre ces officiers étaient encore deux ou trois dames, qui m'ont paru enlevées et se laissant volontiers enlever. Notre hôte, à l'autre bout de la table, avait à son côté droit sa chère moitié, qui, ne se levant pour personne (je ne sais si c'est de même pour se coucher), m'a apporté ma première portion. Cette attention a attiré les regards de l'auguste assemblée; chacun alors a chuchoté en italien, en danois, en mauvais français, en anglais et en allemand. On se demandait pour qui ce pouvait être que la Frau Werthin s'était mise en mouvement. Pendant ce temps je mangeais et buvais comme un charretier affamé. »

Le voyageur est parti pour Erlang où il a projeté de voir Mlle de Schwartzenau. Il était muni d'une lettre du frère de celle-ci pour l'aînée de ses sœurs. En arrivant, il l'a envoyée en faisant demander la permission de « faire sa révérence à ces dames ». On lui a répondu que, l'une d'elles étant incommodée, elles ne pourraient le voir que le lendemain. Il a envoyé chez Mme la margrave : « elle était en trop grand négligé pour le recevoir » ; une autre dame avait la colique ; une autre n'était pas encore remise des fatigues du bal de la veille; de dépit il s'est couché et il a dormi le mieux du monde.

« A mon réveil, continue le marquis, Mlles de Schwartzenau m'ont fait souhaiter bon voyage. Ce n'était pas mon compte : je voulais, je te l'avoue, voir Caroline, je lui ai donc écrit... D'après sa réponse, je me suis rendu chez ces dames; la visite s'est passée très honnêtement. Caroline n'a point été embarrassée, la conversation a été générale. Je suis retourné à mon auberge après trois quarts d'heure d'entretien; on m'a envoyé une réponse par M. de Schwartzenau. Il paraît que l'on a été content de moi; ainsi s'est terminé enfin un roman assez ridicule, et je puis te dire, avec la bonne foi que tu me connais, que, sans insulter au malheur de Caroline qui mène une vie assez douce près de ses tantes, j'ai remercié plus vivement que jamais la Providence qui a permis que tu voulusses bien de moi. »

A une heure, le même jour, un « carrosse de bon goût » vient chercher le marquis et le conduit chez la fameuse margrave de Bayreuth, sœur de Frédéric II. « Elle est d'une belle figure, se coiffe, se met à merveille ; sa table est servie parfaitement et sa conversation est celle d'une femme d'esprit. » Après être demeuré avec la margrave jusqu'à cinq heures, M. de Bombelles repart pour Nuremberg ; il va y retrouver Mme de Reichenberg, dont il trace ainsi le portrait :

« Ma sœur, qui était au *Coq-Rouge* une demi-heure avant mon arrivée, m'a reçu avec plus de raison que je ne m'en flattais. Pendant plus de quatorze heures de route, elle m'a conté tout ce qu'elle a voulu ; je ne puis assez admirer le courage avec lequel elle alimente une triste conversation sans exiger qu'on réponde... C'est un ensemble de prodigalité et de parcimonie inconcevable ; elle a répandu plus qu'il ne le fallait l'or et les présents à Rotenburg. Elle est tentée de pleurer à chaque poste de l'argent que coûtent les chevaux. Elle ne sait ce qu'elle veut. Hors Paris, point de salut pour elle... Je l'aime, rien ne me fera abandonner ses intérêts ; son cœur est foncièrement bon, mais l'excès du désir de l'indépendance et l'amour des moyens de jeter l'argent par les fenêtres l'aveuglent souvent... Elle a bien dormi de son aveu, quoiqu'elle crût qu'elle ne fermerait pas l'œil... Sa douleur est touchante par sa sincérité, mais il faut que je me tienne à quatre pour ne pas rire lorsqu'elle compare feu son mari à toi pour me persuader qu'elle doit

bien regretter un objet qui devrait lui être aussi cher
que tu me l'es. »

Finalement, le marquis espère avoir un congé au
mois d'avril. Il viendra en France pour veiller aux
intérêts de sa sœur et la mettre, en passant, dans un
couvent de Nancy. Elle se défend comme quelqu'un qui
est bien fâché de céder, mais qui sent qu'il n'y a pas
moyen de s'y refuser.

Suivent des considérations sur la situation future de
sa sœur à laquelle ni le roi de France, ni le landgrave
de Hesse ne sauraient s'opposer sérieusement, et ce
sera là, demandes et réponses, objections et ripostes, le
principal sujet des lettres suivantes. Nous connaissons
les illusions de tous les Bombelles à ce sujet, et il est
inutile d'y revenir. Mme de Reichenberg n'obtiendra
rien ni en France ni en Allemagne et ne sera jamais
titrée princesse. Comme tout a une fin, même les illusions, elle finira par avoir les yeux dessillés et se con-
tentera de chercher un mari. En son temps, nous verrons quel singulier choix elle sera amenée à faire.

Au milieu de ces alternatives de crainte ou d'espoir
au sujet de la « principauté » de Mme de Reichenberg,
Mme de Bombelles donne son bulletin de semaine :
quelques menus détails offrent leur intérêt. Les relevailles de la Reine ont naturellement occupé la Cour
et la Ville. Angélique n'oublie de mander à son
mari ni les aumônes remises entre les mains des deux
curés de Versailles, ni les dots consenties à cent
jeunes ménages de Paris unis par l'archevêque, le jour
même de l'entrée de la souveraine. Lorsque le cortège
royal parut dans la cathédrale, le 8 février, pour y assister au *Te Deum*, ces cent jeunes hommes et ces cent

jeunes filles, « qu'on avait choisies parmi les plus jolies », étaient rangés dans l'église pour saluer la Reine au passage. Ce sont, le soir, des feux d'artifice, des illuminations, des fontaines de vin, des distributions de pain et de cervelas, des spectacles gratuits à la Comédie-Française et à l'Opéra [1].

La Reine avait eu soin de ne pas gâter ce jour de fête religieuse par des plaisirs profanes, et, quittant Paris aussitôt terminés les services de Notre-Dame et de Sainte-Geneviève, elle était rentrée à Versailles après avoir soupé à la Muette. Mme de Bombelles est très émue en racontant les différentes phases de cette imposante journée; accompagnant sa petite princesse, « toute joyeuse », elle a mis sa plus belle robe et ses diamants. Ces diamants dont elle taquine son mari, et qui feront faire à celui-ci des remarques malicieuses, sont ceux de sa mère et de sa tante, car la fée qui a présidé à son mariage a négligé d'orner sa corbeille de gemmes précieuses.

À côté de ce grand événement, il est de petites nouvelles : M. de Maurepas a des accès fréquents de goutte; il souffre beaucoup, et « tout le monde en est aussi inquiet qu'affligé ». La comtesse Diane fait l'aimable. « Je suis comme un ange avec elle, observe la marquise qui a lieu de s'en étonner, connaissant la fausseté de la dame d'honneur; si je ne savais ce que je sais, je la croirais ma meilleure amie, mais je me garde bien de

---

1. Les charbonniers occupaient la loge du Roi, les poissardes celle de la Reine. Les spectateurs entonnèrent en masse avec les acteurs le chœur : « Chantons, célébrons notre reine. » — *Mémoires secrets*, t. XII. — *Histoire de Marie-Antoinette*, par Montjoye.

l'imaginer, et ses manières avec moi me donnent souvent envie de rire. »

Comme, tous les huit jours, elle donne un concert en l'honneur de Madame Élisabeth, elle engage Mme de Bombelles, « croyant que son peu d'usage du monde l'empêche de voir qu'elle tâche adroitement de détacher Madame Élisabeth du désir d'aller s'amuser chez Mme de Mackau ». — « Je ne le vois que trop, dit au contraire la jeune femme et j'en suis vraiment affligée pour maman à qui cela fait de la peine. »

Aussi est-ce avec joie que, dans une lettre suivante, elle mande à son mari que Mme de Mackau [1], elle aussi,

---

1. Dans une lettre de Mme de Mackau à Madame Clotilde, nous trouvons quelques détails sur Madame Elisabeth qui « se fait aimer de tout le monde; elle est exacte à tous ses devoirs essentiels sans que personne l'y excite comme si elle était encore à l'éducation ». Sur la petite princesse qui vient de naître et sur les enfants du comte d'Artois, Mme de Mackau écrit les impressions suivantes :

« Il faut que j'entretienne ma chère Reine [1] de Madame sa nièce : elle vient à merveille et est extrêmement forte pour son âge; elle a les plus beaux yeux possible, et un petit visage bien arrondi, une très jolie bouche, et je trouve que, du bas du visage, elle ressemble beaucoup à Madame sa tante, la Princesse de Piémont : je le faisais remarquer tantôt à ces femmes qui ont été de mon avis; jugez, ma chère Reine, combien cette idée redouble mon intérêt pour cette auguste enfant. Tout ce que je désire est qu'elle conserve cette ressemblance, que j'avais trouvée dans Mademoiselle, et qu'elle a perdue en grandissant. Elle est pourtant régulièrement belle, mais elle a un sérieux dans la physionomie qui n'a nul rapport avec l'air gracieux et plein de bonté de ma chère princesse; monsieur le duc d'Angoulême, sans être beau, est un charmant enfant plein d'esprit, fort doux et toujours gai; pour monsieur le duc de Berri, on n'en peut encore rien dire, car il a un terrible masque sur le visage, cependant on aperçoit de beaux traits, et je crois que, lorsqu'il sera guéri, il deviendra le plus beau des trois; la Reine est parfaite-

1. Mme de Mackau nommait ainsi la princesse de Piémont.

a donné un concert que Madame Élisabeth a trouvé
« charmant », ajoutant même tout bas « qu'elle s'y était
infiniment amusée, qu'elle l'avait trouvé bien plus joli
que ceux de la comtesse Diane ».

Le cardinal de Rohan[1] est mort au commencement
de mars. « Il ne laisse que huit cent mille livres de
rente au cardinal de Guéménée, une terre de cinquante
mille livres de rente à M. de Guéménée ; enfin, par son
économie, il n'a pas eu la consolation d'être regretté
d'un de ses parents ; ils sont tous charmés de sa mort et
encore plus aises d'en hériter : il n'a pas fait de testament. J'ai soupé hier chez Mme de Guéménée qui m'a
fait tout plein d'amitiés. »

Du 20 mars : « Madame Élisabeth s'est trouvée fort
incommodée avant-hier : elle eut une très forte fièvre
pendant la nuit, et hier, à trois heures et demie, la rougeole a paru. Tu imagines bien que je ne l'ai pas quittée. Cette nuit-ci a été très bonne, elle a peu de fièvre
ce soir, et les médecins assurent qu'il n'y a pas la
moindre inquiétude à avoir. »

Une lettre suivante donne de la santé de Madame
Élisabeth un bulletin tout à fait satisfaisant et en
même temps des nouvelles désastreuses des Indes :
« Pondichéry est pris et encore d'autres villes dont je
ne me souviens plus. Ce qu'il y a de sûr, c'est que nous

ment rétablie et plus belle que jamais. » (Archives de la maison
royale de Savoie, aimable communication de M. G. Roberti.)

1. Louis-Constantin de Rohan, né en 1697, élu évêque de Strasbourg à la mort du cardinal de Soubise, en 1756, cardinal
en 1761, mort le 11 mars 1779. Comme ses prédécesseurs et
comme son fameux successeur, le cardinal Louis, il habitait à
Paris l'hôtel de Rohan, rue Vieille-du-Temple, où se trouvait en
dernier lieu l'Imprimerie nationale.

n'avons plus de possessions aux Indes et qu'en général nos affaires vont très mal. M. le vicomte de Noailles,
le beau Dillon [1] et M. Arthur Dillon [2] ont pris congé
ce matin et partent pour la Martinique avec le plus
grand désir de bien faire, ainsi bientôt ils feront parler d'eux. »

La rougeole ne tarde pas à sévir à Versailles;
en même temps que la Reine, Mme de Bombelles
est atteinte. Jeanne-Renée en informe son frère le
14 mars. « Il fallait que ta femme partage les peines de
sa princesse, ce n'est pas faute que sa maman se soit
bien opposée à ce qu'elle reste auprès d'elle. Tu ne
peux condamner son attachement, il est malheureux
que le résultat en soit aussi triste, mais juge par là de
ce qu'elle ferait pour toi. »

« Notre ange a bien reposé cette nuit, écrit Mlle de Bombelles le 3 avril, les rougeurs se passent, elle a dormi
au moins quatre heures dans la matinée. Elle est très
gaie, nous avons été obligées toute la journée de l'empêcher de sortir ses bras, tant elle était disposée à
gesticuler. Elle se lèvera demain; nous sommes tous
heureux et tranquilles. Jouis avec nous du plaisir de
la voir bien portante. Elle sera plus fraîche encore à
ton arrivée, si cela est possible. »

Le chevalier de Naillac a écrit une lettre très touchante en réponse à celle de Mlle de Bombelles : « Il

---

1. Le comte Édouard Dillon, Irlandais d'origine, très infatué
de sa personne, faisait partie de l'intimité de la Reine. Il se distingua en Amérique.

2. Arthur Dillon commandait le régiment Dillon et se distingua, en 1792, à la tête d'un corps d'armée; mort révolutionnai-
rement sur l'échafaud.

me dit qu'il mourra de douleur si je l'oublie, qu'il ne lui est pas possible, après six mois qu'il s'est habitué à m'aimer, de renoncer à ce sentiment; mais il ne me parle plus de l'épouser. Ainsi, mon ami, quoiqu'il m'en coûte beaucoup, je ne lui écrirai plus rien de consolant ni de fâcheux. J'aurais été heureuse avec lui, je le regrette infiniment. »

Le 5 avril, nouvelle lettre : « Je suis trop bonne, mon cher ami, de vous écrire encore aujourd'hui, car votre femme se porte aussi bien que vous et moi. Cependant elle ne peut vous le dire elle-même, ses yeux étant encore trop faibles. »

Malgré la défense faite, Angélique ne peut résister à écrire un mot à son mari : « Quelle affreuse maladie que celle qui empêche d'écrire à ce qu'on aime le mieux ; oui, mon petit chat, c'est ce qui m'a le plus tourmentée depuis que je suis malade. »

Le 6 avril, Angélique a repris posément la plume. Elle a vu le comte d'Esterhazy qui a promis de s'occuper des affaires de M. de Bombelles pendant le voyage de la Reine à Trianon[1]. Il s'agit de faire changer de

---

1. C'est le fameux voyage de Trianon qui fit tant crier. Pour achever de se remettre, la Reine avait décidé ce petit déplacement dont le Roi était exclu comme n'ayant pas eu la rougeole. Le Roi, « accoutumé à ne se refuser à rien de ce qui peut plaire à son auguste épouse, avait approuvé que les ducs de Coigny et de Guines, le comte d'Esterhazy et le baron de Bezenval restassent auprès de la Reine ; le consentement avait été provoqué par cette princesse, qui n'en sentit pas d'abord les conséquences ». (*Correspondance* de Mercy.) Les mauvais propos ne manquèrent pas, et l'on mit en question de savoir « quelles seraient les dames choisies dans le cas où le Roi tomberait malade ». Ces gardes-malades improvisés n'eurent-ils pas la prétention de veiller la Reine, pendant la nuit ? Il fallut l'intervention de Mercy pour obtenir que ces galants chevaliers sortissent de chez la Reine à onze heures

résidence M. de Bombelles et « de ne pas le laisser
vieillir sous l'ennuyeux harnais de la Diète ».

Le 8 avril, la petite malade est arrivée à Montreuil
et y est fort bien accueillie par sa mère et par Mlle de
Bombelles. Souffrante et obligée de se soigner, elle
est environnée d'une touchante sollicitude. « Je ne sais
comment faire pour leur témoigner l'étendue de ma
reconnaissance. Madame Élisabeth m'a fait l'honneur
de venir me voir hier, et je crains qu'elle ne soit pas
contente de mon séjour ici... D'ailleurs elle va partir
incessamment pour la Meute (Muette) avec la Reine,
car c'est changé, le voyage à Trianon est remis. Il n'y
aura pas de voyage de Compiègne. »

Du 16 avril... « Le chevalier de Naillac est venu nous
voir cet après-dîner ; après avoir dit plusieurs lieux
communs, ta sœur étant sortie, il m'a dit qu'il était au
désespoir, qu'il n'avait pas encore eu le courage de
t'écrire et qu'il était bien malheureux. Je lui ai répondu
tout ce que j'ai pu pour le consoler, et je ne savais pas
trop comment m'y prendre. Ta sœur étant revenue, nous
avons parlé raison, c'est-à-dire je voulais la faire parler, car ils ne disaient pas grand'chose tous les deux,
et le chevalier m'a réellement fait pitié, car il a l'air
abattu sous le poids du malheur. Mais cependant je
t'avouerai que, l'aimant autant qu'il en a l'air et ayant
une fortune indépendante des événements, j'ai été étonnée qu'il ne lui eût pas proposé de l'épouser, malgré le
refus de la place (il avait été question pour le chevalier

---

du soir et ne fussent qu' « externes », c'est-à-dire ne logeassent
pas à Trianon. Cette idée étrange de la Reine eut le plus fâcheux
effet, et, si l'on en croit Mercy, de mauvaises conséquences au
point de vue des intrigues de cour.

de Naillac d'un poste diplomatique en Allemagne qu'il n'obtint pas) ; c'était à elle à voir si elle le voulait ou non. Mais je n'entends pas qu'on se désole et qu'on ne fasse rien, quand on en a la possibilité, pour satisfaire son inclination. Ainsi je serais presque tentée de croire qu'il regrette pour le moins autant l'assurance de la place que ta sœur, quoiqu'il l'aime beaucoup... Quant à ta sœur, elle est fort raisonnable, elle aurait été fort aise qu'il fût son mari, mais elle se console de ce qu'il ne le sera pas. »

Par la suite, Mme de Mackau pria le chevalier de rendre ses visites moins fréquentes; il finit par comprendre, et le roman ébauché en resta là, malgré la « désolation » de M. de Naillac.

Le 22 avril, Mme de Bombelles rend compte d'une visite de Madame Élisabeth à son retour de Trianon. « La Reine en est enchantée, elle dit à tout le monde qu'il n'y a rien de si aimable, qu'elle ne la connaissait pas encore bien, mais qu'elle en avait fait son amie, et que ce serait pour toute la vie. »

Une grave question à cette époque était l'inoculation pour combattre les ravages de la petite vérole. Bien qu'ayant eu récemment la rougeole Mme de Bombelles s'est mise dans les mains du célèbre chirurgien Goetz. Un régime sévère et de grandes précautions précédaient alors cette légère opération qui, depuis, est passée dans les mœurs.

Au commencement de mai, tout est terminé et Mme de Bombelles, d'abord assez souffrante, reprend peu à peu sa correspondance. Ses premières lettres, roulant uniquement sur des questions de santé, ou sur l'affaire du chevalier de Naillac, ne sauraient nous retenir, et nous arrivons droit aux lettres de juin qui nous apportent des nouvelles de la Cour.

« Tout le monde fait l'éloge de la conduite du baron de Breteuil, écrit Mme de Bombelles, le 18. Tu sais sûrement qu'il a refusé le titre de prince, en disant qu'un gentilhomme français ne devait recevoir de grâce que de son souverain. Le Roi, en conséquence, lui a accordé la première place vacante au Conseil d'État. Toutes ces circonstances me font le plus grand plaisir ; ses ennemis n'auraient sûrement pas manqué de le narguer sur sa principauté et, n'ayant point d'enfants, elle ne pouvait pas lui être d'un grand agrément... Je te dirai, pour nouvelle, que M. de Gramont[1] épouse la fille de la comtesse Jules et qu'en faveur du mariage il a la survivance de capitaine des Gardes de M. le duc de Villeroi. A vingt-deux ans, c'est une jolie fortune... Tu sais sûrement que nous avons pris un bateau de six millions. Le duc de Coigny vient de s'embarquer avec son régiment, je lui souhaite un bon voyage, car je l'aime beaucoup... Bombon (Mlle de Bombelles) n'est pas encore revenue de Paris, son absence me paraît bien longue... L'armée de M. le prince de Condé a été nommée hier au soir, elle ira en Flandre : ce sera une armée d'observation contre les Hollandais. M. de Chabot sera le second du prince. T'avouerai-je ma folie ! On parle tant d'armée, qu'il y a des moments où je suis véritablement affligée de n'être pas homme. Je ne sache que toi qui puisse me consoler d'un mal sans remède. Mais je

---

1. Le comte de Gramont, titré duc de Guiche à l'occasion de son mariage avec Mlle de Polignac. Il était le neveu du duc de Gramont et le frère de la comtesse d'Ossun qui devint dame d'atours de la Reine.

me trouve une ardeur pour la guerre qui n'a pas le sens
commun. Je me condamne bien en y réfléchissant, car je
regarde la guerre comme une frénésie malheureuse
pour les peuples, dont les suites peuvent être terribles,
mais mon premier mouvement est toujours le désir de
la gloire; puisque le Ciel m'a faite femme, pourquoi
n'a-t-il pas achevé son ouvrage en me rendant un peu
poltronne ?... »

M. de Bombelles s'apprête à revenir en France en
vertu d'un congé. Il laissera à Ratisbonne sa sœur, la
comtesse de Reichenberg, qui se désole de cet abandon.
Sans doute elle reviendra un peu plus tard en France.
Son frère voudrait la voir s'établir pendant quelques
années à Provins, en ne passant que deux ou trois mois
à Paris où sa situation de fortune ne lui permettrait
pas de vivre agréablement toute l'année.

Comme distraction il a des comédies allemandes de
société et les juge « bêtes, ennuyeuses et impertinentes ».
Il pourrait ajouter : inconvenantes à faire jouer par de
jeunes acteurs, étant donnée l'héroïne de la pièce qui
ne se refuse aucune fantaisie amoureuse. Le mot de la
fin de la pièce est celui-ci qui fit sourire : « En vérité,
il faut convenir que mon ménage est en bien mauvais
désordre. »

La nouvelle qu'annonce Mme de Bombelles, le 25 juin,
est que la grossesse de la Reine semble officielle
(c'était du reste un faux bruit). « J'ai vu la Reine, il y a
trois jours, chez Madame Élisabeth, qui m'a traitée avec
tout plein de bontés ; elle m'a fait plusieurs questions
sur mon inoculation avec un air d'intérêt qui m'a fait
grand plaisir... Tout est bien arrangé qu'il n'y ait point de
Compiègne, car tu serais arrivé pendant ce temps-là...

Cela aurait retardé d'un jour le plaisir de te voir... De plus, Compiègne a le mérite d'être un endroit fort mal sain et fort ennuyeux...

« N'oublie pas de dire à la princesse Thérèse (de Tour et Taxis) qu'il n'est que trop vrai : les coiffures ont encore changé à un point incroyable, depuis que je n'ai eu l'honneur de la voir ; elles sont fort baissées et les formes de chapeaux tout à fait différentes, de sorte que je crains fort que dans toute sa garde-robe elle n'en ait pas un qui soit encore à la mode. Annonce-lui cette nouvelle avec ménagement ; je partage la consternation que cette affreuse nouvelle va lui causer, mais le destin l'a voulu ainsi. Je ne sache d'autre parti que de s'y soumettre, quoique Mme Juhet soit venue prendre d'autres instructions chez Mme Bertin et chez Mme Beaulard. »

M. de Bombelles partage les idées belliqueuses de sa femme ; ses goûts militaires se sont réveillés. Il espère être en France avant le 10 août : « Eh bien, si, le 20, je savais qu'on tirât des coups de fusil en Flandre ou ailleurs, je suis sûr que tu me permettrais, si cela peut s'arranger convenablement, de m'y trouver. Je reviendrais à la mi-novembre, ayant fait trois mois de campagne : ces trois mois me remettraient au courant d'un métier que je n'ai pas cessé d'aimer. Peut-être trouverais-je le moyen de me distinguer et d'autoriser le Ministre de la Guerre à me faire brigadier [1]. L'estime que j'acquerrais dans le public rejaillirait sur toi... On a quelquefois eu des idées plus singulières et qui ont réussi. Je ne veux pas faire le Don Quichotte, mais tu ne m'en

---

1. Le marquis avait été nommé maréchal de camp, deux ans auparavant.

voudras pas, j'en suis sûr, d'avoir l'envie d'employer trois mois à une démarche qui peut-être serait décisive pour notre fortune et notre considération. Ne parle qu'à ta mère de mon idée ; les femmelettes te feraient peut-être un crime d'y donner les mains... Si le comte d'Esterhazy est à Versailles, tu peux aussi t'ouvrir à lui ; il saura où tendent nos préparatifs de guerre et nous conseillera bien... Je ne ferai rien qu'avec son agrément... »

Cette fois le congé de M. de Bombelles n'a pas été retardé. Il arrive en France dans le milieu d'août, passe deux mois avec sa femme qu'il emmène, en octobre, dans un état de grossesse très avancée. Pendant ce séjour, il a été question d'un mariage entre Jeanne-Renée de Bombelles et le marquis de Travanet, mestre de camp de dragons. La comtesse Diane semble s'en être occupée et avoir triomphé des hésitations de M. de Travanet en lui faisant promettre de l'avancement par le prince de Montbarrey. M. de Travanet était un homme charmant, maître d'une belle fortune, possesseur d'une terre à Viarmes près de Chantilly, mais c'était un joueur incorrigible, et nous verrons les grands ennuis qu'il donna à sa femme. Le contrat fut signé le 17 novembre ; le mariage eut lieu le lendemain, en l'église Saint-Louis.

Une lettre de Madame Élisabeth du 27 novembre contient ces mots au sujet du mariage :

« Dis à Mme de Travanette que je meure d'envie de la voir. Mande-moi toutes les grimasses qu'a fait ta belle-sœur pendant le mariage et toutes les bêtises, qu'elle aura dit qui certainement t'ont beaucoup ennuyée si tu les a écoutées, et qui m'amuseront beaucoup en les lisant... » **Cette** lettre badine se termine ainsi : « Adieu, ma petite sœur Saint-Ange, il me paroit qu'il y a mille ans que je ne t'ai vue, je t'embrasse de tout mon cœur et suis de

Votre Altesse,

« La très humble et très obéissante
servante et sujette,

« ÉLISABETH DE FRANCE
DITE LA FOLLE. »

Et maintenant quittons un moment la Cour de France ; suivons par la pensée Mme de Bombelles à Ratisbonne où elle est allée, à la fin de l'automne, rejoindre son mari. Figurons-nous cette vie paisible du ménage, imaginons les soins et la tendresse dont le marquis entoure sa jeune femme attendant un premier enfant.

Après les émotions de l'année précédente la ville impériale est toute au recueillement ; un progressif apaisement est venu succéder aux agitations produites par l'affaire de la succession de Bavière. On doit supposer que nombreuses sont les soirées intimes où M. de Bombelles est instamment prié de chanter en s'accompagnant sur le clavecin. Tout occupée d'une grossesse dont le terme approche, la marquise ne prend qu'une part modérée à ces « dissipations » mondaines. Une correspondance régulière avec les parents de France, et sans nul doute avec la Princesse [1], la tient au courant de ce qui se passe à cette Cour de Versailles que, sans les soins attentifs et pieux de son

---

1. Bien que, de cette année 1780, on ne possède nulle lettre de Madame Elisabeth.

mari, elle pourrait être en situation de regretter. Elle
aura été informée du départ de Rochambeau pour
l'Amérique avec un corps de troupes..., elle aura suivi
par la pensée les événements de Cour...

Le 1er juillet [2], Angélique a mis au monde ce
premier-né, Louis-Philippe, dont le surnom de Bombon
revient à chaque instant dans ses lettres. Comme elle
l'avait déclaré d'avance, elle nourrit son enfant; sa
mère, ses belles-sœurs s'inquiètent de savoir si elle n'en
est pas fatiguée. « Tu es charmant, écrit la marquise
de Travanet à son frère, au commencement de juillet,
de nous avoir exactement envoyé des nouvelles de la
petite maman. Pourra-t-elle achever sa nourriture? Si
elle ne pouvait continuer, je partagerais sa peine, car
elle attachait un grand prix à donner à son enfant ce
lait charmant qui nous les rend encore plus chers.
Toi-même tu en serais contrarié, parce que tu es un
mari admirable et que ton « Ange » est ton idole. »

Mme de Travanet est prolixe dans les élans de sa
gratitude, elle aura à témoigner à son frère une reconnaissance à laquelle, au reste, il a tant de droits... « Tu
entends les expressions de ma joie de vous voir heureux. Ah! que j'aime à prononcer ce mot, moi qui
aurais désiré que ton premier mouvement le soit. Enfin

---

1. La date nous est donnée par une lettre de Mme de Mackau à
la princesse de Piémont. Elle reçoit chaque jour des nouvelles
par son gendre; du bonheur ressenti à Ratisbonne, du contentement de sa fille Soucy, qui a été nommée sous-gouvernante de
la gentille petite princesse, Mme de Mackau se réjouit d'autant
plus que, d'autre part, son fils lui a donné les plus grands chagrins : santé détraquée par les excès et dépenses exagérées, qui
ont forcé la baronne à demander le concours de Madame Clotilde.
(Lettre du 13 juillet. Archives royales de Turin.)

plus tu as souffert dans ta vie, plus tu sens le prix des jouissances que tu donnes, car c'est toi qui es l'auteur de tout le bien qui t'arrive ; au lieu que, moi, c'est à toi que je dois celui que j'éprouve. Je suis bien reconnaissante aussi, et tu peux te dire : ma sœur est bien, bien heureuse. Les petits nuages qui ont noirci, pendant quelque temps, les flambeaux de l'hymen sont entièrement dissipés. Je respire sous un ciel pur et serein. Je mène (à Viarmes) une vie très agréable. S'il n'y avait pas toujours deux cent lieues à franchir pour arriver jusqu'à toi, elle le serait encore plus. Ma sœur, la comtesse de Matignon et moi nous sommes seules ici, depuis trois semaines, sans nous être nnuyées un moment. La comtesse de Matignon [1] est charmante : au village ses goûts sont aussi simples qu'elle est élégante à la ville. Nous lisons, chantons, travaillons toutes trois ; nous allons voir les châteaux voisins à âne, ce qui nous amuse considérablement. Nous avons passé une journée à Chantilly : c'est le plus beau lieu de la nature. »

En excellentes dispositions ce jour-là — Mme de Travanet se loue de sa sœur « qui s'accommode très bien avec elle ; une attention de ma part est un bienfait pour elle ».

Quant à son mari, elle en a d'excellentes nouvelles, et il semble, « par le détail qu'il me rend de sa conduite, que le comte de Broglie [2] en fera des éloges mérités. Il passe sa matinée à voir manœuvrer, dîne presque tous les jours au Gouvernement, et, après avoir fait la partie de tric-trac du comte, le soir, il soupe à l'Inten-

---

1. Fille du baron de Breteuil.
2. Alors à Metz où il dirigeait des exercices militaires.

dance... » Le marquis néglige-t-il un peu sa sœur ? Celle-ci, du moins, dans une lettre suivante de septembre se plaint d'un long silence. Du moins se plaint-elle avec grâce. « Ainsi tu es un petit folâtre qui m'a plantée là depuis que tu as eu un petit garçon plus joli que moi. »

Voici des nouvelles de Madame Élisabeth et des impressions recueillies sur Mme de Bombelles : « Madame Élisabeth m'a traitée au mieux. Si tu n'étais pas aussi fat que tu l'es, je te dirais que l'enlèvement de ta femme pour aller à la Diète, qui a tant fait crier nos élégantes, ne produira d'autre effet, sinon que Madame Élisabeth aimera un peu plus ma belle-sœur, à son retour, qu'auparavant. Tu sais que dans le fond de mon âme je trouvais ce procédé bien naturel, et tu as eu autant de raison que de courage en ne te laissant pas effrayer par les propos. »

Mme de Travanet s'étant rendue à Villiers, chez la comtesse de Bombelles, sa belle-sœur, y a été reçue « comme un cœur ». « Il est vrai, ajoute-t-elle, que ma voiture était comble de gibier; mais je ne sais pas si ma faveur n'a point baissé, parce que j'ai fait un petit tour de passe-passe que la rusée belle-sœur, malgré toute ma discrétion, a su deviner. C'est qu'avant d'arriver chez elle j'ai été dîner chez l'abbé(?) à Brunoy pour voir sa petite maison, afin d'en pouvoir faire l'éloge avec connaissance de cause. Je l'ai trouvée très joliment arrangée, et le maître du château m'a nourrie, ainsi que ma suite, parfaitement. J'ai vu aussi les belles folies de M. de Brunoy[1] en ornements, ce qui m'a fait passer le

---

1. Le marquis de Brunoy était fils de Pâris de Montmartel, un des frères Pâris qui s'enrichirent dans les fournitures sous le

temps très agréablement. De là je suis arrivée assez tard à Villiers pour qu'on puisse croire que je venais directement de Paris ; il est vrai que, de peur de suivre la route qui mène clairement de Brunoy à Draveil, j'ai allongé la mienne de deux lieues. Mais j'en étais consolée en pensant que cette peine me vaudrait la douceur d'avoir attrapé ma chère belle-sœur. Non, non, la petite peste l'a déterrée et m'a écrit là-dessus une phrase bien maligne, mais j'ai un *État;* ainsi, si l'on veut m'attaquer, il faut venir me trouver dans ma terre, et mes vassaux me défendront. Pour toi qui es toujours le maître de ce que tu m'as donné, à la bonne heure, je consens à te céder sur tous les points parce qu'avec toutes les richesses du monde je ne me reconnaîtrais pas encore de droits vis-à-vis de toi. »

Et, en veine de douce folie et de bavardage, la petite marquise continue : « Tu es un homme qui en fais d'autres, tu es nécessaire pour la conservation du genre humain et surtout pour celle de la petite Travanet, qui t'aime à la folie et qui voudrait bien te voir, car il y a déjà une éternité qu'elle ne t'a embrassé. Mon mari est revenu, le 2 de ce mois, de Metz, en très bonne santé et bien pénétré des bontés de M. de Broglie qui a écrit au baron de Breteuil et à mes amis beaucoup de bien sur son compte. »

Sur la carrière de son mari, néanmoins, la marquise

---

ministère du duc de Bourbon, puis sous Mme de Pompadour. M. de Brunoy avait épousé Mlle des Cars. Il dépensa dix millions dans le château, le parc et l'église. Le château fut acheté un peu plus tard par le comte de Provence qui y donna une grande fête en l'honneur de Marie-Antoinette. Léon Gozlan donne d'amusants détails sur Brunoy et ses habitants dans *les Châteaux de France*.

ne se fait guère d'illusions : « Je suis sûre qu'il ne
sera peut-être jamais colonel en second. Je n'ai pas les
moyens qui mènent aujourd'hui à la fortune, ni ne veux
les acquérir. Dans le vrai, comme il serait le premier
puni, je crois qu'il se résignera à subir le sort de ceux
qui ont une femme maladroite, mais bien occupée de
ses devoirs. Je voudrais qu'il soit très heureux, parce
que je le suis infiniment avec lui et qu'il m'aime tendrement. Il vient de passer huit jours à Paris où il n'a
pas hasardé un petit écu ; j'avoue que cette conduite au
milieu d'une société qui aurait pu le corrompre m'a
touchée infiniment. Je voudrais être sûre que pendant
l'hiver il soit aussi sage, mais c'est trop espérer : con-
tentons-nous du présent. »

Elle a raison, la jeune femme, de n'être pas trop exi-
geante, car elle n'obtiendra jamais la complète guéri-
son de son mari : il est joueur invétéré ; il compromettra
sérieusement sa fortune, et les nuages écartés pour le
moment ne tarderont pas à s'amonceler plus épais et
plus noirs, au point que Mme de Travanet devra se décider à se séparer du marquis.

Quelques jours après, encouragée par une longue
lettre de M. de Bombelles, Mme de Travanet reprend
la plume de façon enjouée :

« Heureusement, mon cher ami, les entrailles que
j'ai pour ton fils ressemblent si fort à celles de la plus
tendre des mères, que cela m'empêche de me désoler,
car, en lisant la description des charmantes fêtes que
tu a données à notre « Ange », on voudrait avoir accou-
ché six fois, si l'on était sûre d'éprouver de son mari les
marques de tendresse que ma belle-sœur a reçues de
toi. M. de Travanet a pleuré les chaudes larmes en les

écoutant ; je suis bien sûre qu'une pierre en serait attendrie, parce qu'il n'y a rien de plus touchant et de plus joli. Mais je t'assure que ta bien-aimée petite sœur a épousé un homme charmant et qui gagne tous les jours à être connu. Pour moi, je l'aime parce qu'il m'adore, et qu'après ta femme je suis la plus heureuse de toutes. »

Déroulant le chapelet des illusions, elle continue : « Je finirai par où les autres commencent ordinairement, car il a débuté un peu maussadement, craignant de s'attacher trop légèrement ; mais aussi aujourd'hui qu'il a logé aussi parfaitement dans sa tête qu'au tric-trac qu'il avait épousé le bonheur, il me le répète mille fois par jour, et ses soins et ses ivresses augmentent à chaque instant. Je suis bien la maîtresse chez moi, et Monsieur ne trouve plus pénible de se gêner pour Madame... »

Après cette déclaration d'affection conjugale, Mme de Travanet se reporte en gamme attendrie du côté du bonheur sans mélange qu'éprouvent son frère et sa belle-sœur. Il lui manque quelque chose, et elle regrette « ce bonheur d'élever un enfant à qui je ne voudrais d'autre précepteur que celui de mon neveu ».

Elle ne se refuse pas les puérilités, quand elle ajoute : « Bon Dieu ! comme je regrette de n'avoir pas été témoin des hommages rendus à notre jolie nourrice. Car Angélique a aussi été la mienne, j'ai sucé le lait des conseils qu'elle m'a donnés, et j'avoue que j'ai l'air d'en avoir eu la crème, car je me conduis assez bien..... »

Les relevailles de Mme de Bombelles ont été fêtées de façon touchante à Ratisbonne. On a représenté

Annette et Lubin ; les couplets sur les enfants ont été soulignés, un transparent laissait même entrevoir un de «ces gages de tendresse », et ce qui a eu un succès fou à Ratisbonne a ému jusqu'aux larmes la sensible Mme de Travanet. Elle se rappelle l'époque où elle aussi jouait le rôle d'Annette avec l'avantage de plus que j'étais la « décente ». Je n'aurais pas osé montrer le berceau, et comme dit le bailli en parlant de vous deux : « O temps, ô mœurs! » Comme mon règne de pudeur est fini, je voudrais, à présent, que mon *Lubin* me fasse aussi un petit poupon, car, dans le vrai, la pièce avec cet accessoire est plus jolie, *depuis trois ans que je possède Annette,* et le couplet : *Ce berceau nous présage* fait faire dix enfants pour les entendre chanter. Tu vois que j'ai une grande vocation, mais, en conscience, si tu pouvais voir l'effet que nous ont produit à l'un et à l'autre les expressions de ton sentiment, tu aurais été forcé toi-même d'admirer ton ouvrage... Mon vieux curé et sa vieille nièce ont pleuré aussi ; tous ceux qui viennent me voir prétendent que le récit de cette fête devrait être imprimé... Vous êtes des amours de me l'avoir envoyé sur-le-champ... »

A lire ces démonstrations de joie on devine ce qu'avaient pu être les débordements de tendresse manifestés par Bombelles à la naissance de ce fils tant désiré, on pressent dans quelle mesure les amis de Ratisbonne avaient tenu à s'associer à son bonheur exultant.

Pendant ce temps Mme de Mackau a éprouvé une grande joie dont elle s'est empressée de faire part à sa chère « Reine », la princesse de Piémont. Elle a marié le fils qui, peu de mois auparavant, lui donnait tant de soucis : le baron de Mackau a épousé au milieu d'octobre Mlle Alissan de Chazet, d'honorable famille, et destinée à posséder une jolie fortune. « Au moment où je m'y attendais le moins, écrit-elle le 22 octobre, cet homme si redoutable (le père de la jeune fille [1]), qui ne voulait se prêter à rien, a changé de ton, a consenti à ce que je lui demandais. Aussi la baronne a-t-elle conclu le mariage tout de suite, de peur de dédit. Il y a quatre jours qu'il est fait. » Après avoir recommandé la jeune femme à la bienveillance de Madame Clotilde, Mlle de Mackau ajoute : « La jeune personne associée au sort de mon fils est aimable et est assez heureuse pour avoir le suffrage de Madame Élisabeth qui la comble de bontĕs. »

Ayant invoqué le nom de l'aimable princesse, la baronne sait être agréable à la princesse de Piémont, en ne lui taisant pas ce qu'on dit de sa sœur. « Elle est toujours la même pour moi, elle est réellement adorée de tout le monde, elle n'écoute que les conseils de celles qui ne peuvent lui en donner que de bons, et a le tact infiniment juste pour les personnes qui lui sont attachées. »

Voici d'autres détails sur la Cour. On attend le retour de voyage de la comtesse Diane qui s'est hâtée de revenir, car « les absents ont toujours tort ». Je ne la vois pas, mais Dieu m'est témoin que je ne lui veux aucun

---

1. Alissan de Chazet, moraliste et auteur dramatique à ses heures, a laissé des *Mémoires* et des *Portraits*. Il n'était pas sans raisons pour se défier de la sagesse de M. de Mackau. Par le fait, le ménage marcha très bien, grâce surtout à la bonne influence de la jeune femme sur son mari. Le marquis de Bombelles nous dira plus tard que sa belle-sœur était un trésor.

mal, et je crois que Madame, d'après ce que j'ai eu l'honneur de lui confier, approuvera que je ne fasse pas société avec elle, puisque je suis moralement sûre que je ne lui ferais nul plaisir. Madame Élisabeth ne m'en traite pas moins bien, ainsi je dois être parfaitement contente. « Sur la comtesse Diane, on le voit, Mme de Mackau a les mêmes idées que Mme de Bombelles ; non sans raison, sans doute, elles se défient toutes deux de la dame d'honneur. »

La Cour est à Marly où il y a fastidieuse alternance de jeu et de spectacle. — Quant à la petite Madame Royale, elle a été très malade, au point d'inquiéter : « Le Roi, pendant cette maladie, lui a donné les plus grandes marques de tendresse, et son attachement pour cette enfant est réellement attendrissant. La Reine l'aime certainement autant, mais les caresses d'un homme en général et surtout d'un Roi frappent, à ce qu'il semble, davantage. »

La lettre de Mme de Mackau se termine par des nouvelles de famille qui nous intéressent : « Ma fille Bombelles est toujours à Ratisbonne, gaie et heureuse par son mari, autant que femme peut l'être. Je l'attends, ce printemps, avec son petit garçon qu'elle nourrit. Mon fils part ces jours-ci pour un court voyage, il commence par Ratisbonne..... »

Une lettre du commencement de décembre donne encore à Madame Clotilde des détails sur l'arrivée à Ratisbonne du jeune ménage de Mackau. La dernière ligne sonne comme un glas : « Le courrier arrivé ce matin (le 5) nous apprend que l'Impératrice est très mal [1]. »

---

1. Archives royales de Turin.

La grosse nouvelle de la mort de Marie-Thérèse
parvenait peu de jours après. On sait par le récit de
l'archiduchesse Marie-Anne quelle fut la fin admirable
de la grande souveraine. A la nouvelle de sa mort,
il n'y eut qu'un cri de vénération dans le monde.
Frédéric II lui-même sut trouver une expression admi-
rative. « J'ai donné des larmes sincères à sa mort,
écrivait-il à d'Alembert ; elle a fait honneur à son sexe
et au trône. Je lui ai fait la guerre et n'ai jamais été
son ennemi. » Sincère ou non, l'oraison funèbre est
belle.

La douleur de Marie-Antoinette fut immense et
démonstrative. « Oh, mon frère, écrit-elle à Joseph II,
il ne me reste donc que vous dans un pays qui m'est
et me sera toujours cher... Souvenez-vous que nous
sommes vos amis, vos alliés ; aimez-moi... » Pendant
près de deux semaines elle ne vit que la famille royale,
la princesse de Lamballe et Mme de Polignac, ne parlant que des vertus de sa mère, ne voulant pas être
distraite. De ce déchirement profond, réel, un seul événement pouvait la consoler. Plusieurs fois on avait annoncé à tort une seconde grossesse de la Reine ;
l'hiver précédent, elle avait fait une fausse couche ; au
début du printemps, le bruit se répandait de nouveau
que Marie-Antoinette était grosse, et déjà chacun escomptait la venue du Dauphin tant attendu.

CHAPITRE V

1781

L'hiver a passé... L'enfant est en état de voyager, Mme de Bombelles ne saurait prolonger davantage son séjour à Ratisbonne. Il lui faut rejoindre la princesse dont l'impatiente amitié a été mise à si longue épreuve.

Au mois d'avril 1781, la marquise a quitté son mari non sans de grandes démonstrations de regrets et de tendresse, et elle accomplit son long voyage avec Bombon sans péripéties notables. Elle arrive à Versailles le 30 avril, à onze heures du soir. « On nous a arrêtés dans les avenues, écrit-elle à son mari, pour nous dire que le plafond de l'*hôtel d'Orléans* était tombé et qu'il fallait aller loger à l'*hôtel des Ambassadeurs*. Moi qui n'étais occupée que de ne pas réveiller Bombon, je ne disais autre chose sinon qu'il ne fallait pas faire de bruit.

Maman était furieuse de ma tranquillité, je ne savais à quoi attribuer son humeur; enfin nous sommes arrivés à l'hôtel, toute une famille était à la porte pour nous recevoir... Après avoir établi mon fils, je me suis aperçue que j'étais dans un appartement véritablement charmant. Tu ne peux imaginer ma surprise, car je ne me doutais pas du tout de ces nouvelles marques de bonté de la part de Madame Élisabeth. J'ai eu un plaisir à me trouver bien logée que je ne puis t'exprimer surtout à cause de Bombon, qui pourra se promener journellement dans les avenues de Sceaux et sur la place, sans que je le perde des yeux. »

Ce n'est pas tout. Mme de Bombelles va trouver là encore d'autres preuves des attentions affectueuses de la princesse. Lorsqu'elle s'est mise à table, elle aperçoit un service de porcelaine blanc et or, des couverts, une écuelle d'argent, le tout à ses armes. Elle croit rêver, et tout cela lui donnait envie de pleurer. « Pourquoi n'est-il pas là ? » disait-elle à sa tante en se jetant dans ses bras... Et l'on devine le chapelet de choses tendres dont elle émaille son petit récit intime. Madame Élisabeth ne s'est pas contentée de gâter son amie à son arrivée, elle a grande hâte de la voir et la fait demander dans la matinée du lendemain. Mme de Bombelles ajoute, aussitôt l'entrevue finie, un long postscriptum à sa lettre.

« ... Tu ne peux te faire une idée de la joie qu'elle m'a témoignée au moment où elle m'a aperçue. Nous avons ri et pleuré tout à la fois.

« Mmes de Sérent et de La Rochelambert, qui ont déjeuné avec la princesse, sont parties et ont laissé les deux amies deviser à leur aise.

« Après les premiers témoignages d'amitié, je lui ai dit combien tu lui étais attaché, combien tu m'avais rendue heureuse, toutes les raisons que j'avais pour te regretter. Ensuite je me suis mise à pleurer; elle s'est jetée dans mes bras, m'a priée de pleurer à mon aise, en m'assurant que personne ne partageait mieux qu'elle mes regrets et qu'ils étaient bien fondés. Là-dessus nous sommes entrées dans beaucoup de détails à ton sujet. Je te manderai demain en chiffres ce que nous aurons dit. »

Madame Élisabeth a promis d'intercéder en faveur de M. de Bombelles pour l'ambassade de Constantinople, but de ses désirs [1].

Dans les témoignages affectueux de Madame Élisabeth, Bombon n'est pas oublié : « Elle l'a comblé de caresses, il a été gentil au possible ; il s'est endormi ce matin chez elle en tétant, elle voulait le faire mettre dans un de ses entresols, mais Mme de Sérent, que nous avons consultée, *nous a dit de n'en rien faire à cause de son sexe*, nous assurant qu'on ne manquerait pas de se servir de ce prétexte pour dire que je faisais habiller et déshabiller l'enfant devant Madame [2]. Nous avons pris le parti de le faire transporter chez maman, où il a dormi deux heures et demie... J'ai vu, ce matin, Mme de Travanet qui m'a dit qu'hier la Reine lui avait demandé plusieurs fois si j'étais arrivée... Aussitôt (qu'elle l'avait su) elle avait couru à Madame Élisabeth lui en porter la nouvelle avec toutes sortes de grâces, en lui

---

1. Lettre chiffrée du 10 mai.
2. C'eût été en effet un beau chef d'accusation au procès de Madame Elisabeth !

disant qu'elle voulait qu'elle passe toute la journée avec moi et qu'elle prenait bien part à sa joie. J'irai vendredi dîner avec Madame Élisabeth, et samedi j'irai à Villiers voir ton frère. »

Le lendemain, Mme de Bombelles a dîné chez sa mère avec sa belle-sœur Mackau[1] et Mme de Chazet; puis, avec sa mère, elle a rendu visite à Mme de Vergennes, « qui l'a traitée très honnêtement », et à la princesse de Guéménée à Montreuil. Celle-ci les a reçues « ni bien ni mal »; ensuite elle s'est déridée et a promis de témoigner son amitié à M. de Bombelles; la princesse Charles de Rohan a été plus expansive.

« On ne meurt pas de joie, mon petit chat, écrit la marquise à son mari le 12 mai, car je ne serais plus de ce monde, après avoir reçu ta lettre de Langres[2]. On me l'a apportée hier, au moment où j'allais partir pour Marly. Je l'ai lue avec précipitation pour savoir comment tu te portais; après l'avoir baisée, je l'ai fait baiser à petit Bombon; j'ai pleuré enfin, j'étais comme une folle de joie. Je recommençais ta lettre quand elle était finie, et, si mon fils ne m'avait interrompue, je n'aurais vu qu'elle toute la journée... »

Mme de Bombelles a vu M. de Vergennes, qui lui a fait force compliments sur la manière d'être de son mari et lui a fait entrevoir un rayon d'espoir pour son

---

1. La baronne de Mackau, qui n'avait pas seize ans, avait été présentée à la Cour peu de temps auparavant. On la trouvait généralement jolie, et sa belle-mère ne tarit pas d'éloges sur son compte (Lettre à Madame Clotilde, *loc. cit.*).

2. Datée de Langres, le 8 mai, cette lettre, comme toutes celles du marquis après séparation d'avec sa femme, est fort triste et d'une tendresse très expansive.

avancement... Puis elle est partie pour Marly en sortant de chez le ministre.

... « Bombon s'est endormi en chemin, j'ai fait demander la permission à Mme de Bourdeilles de le déposer chez elle. Elle m'a reçu avec la plus grande amitié... Je suis venue par le jardin chez Madame Élisabeth. La Reine, qui loge au-dessous d'elle, s'est mise à la fenêtre dès qu'elle m'a eu aperçue, m'a appelée, m'a demandé comment je me portais, où était mon fils... Elle m'a ajouté qu'elle était charmée d'avoir le plaisir de me voir. Je lui ai fait une belle révérence et je suis partie. Le soir, en sortant de chez Madame Élisabeth avec Bombon, j'ai encore rencontré la Reine avec Madame et Mme la comtesse d'Artois ; elle s'est arrêtée pour le voir, m'a dit qu'elle le trouvait charmant. Le petit lui a arraché son éventail des mains, cela l'a fait beaucoup rire ; elle lui a dit qu'il était un petit méchant, a encore joué avec lui et puis est partie. Madame Élisabeth, avec laquelle j'ai dîné, m'a comblée encore de bonté...

« J'ai aussi été faire une visite à la comtesse Diane ; elle m'a reçue avec la plus grande honnêteté, m'a demandé de tes nouvelles. La duchesse de Polignac qui y était m'a aussi fort bien traitée. Le comte d'Esterhazy m'a fait dire par Faverolles qu'il viendrait me voir mercredi matin et qu'il avait des choses fort intéressantes à me communiquer. Je suis bien curieuse de savoir ce qu'il a à me dire, je te le manderai tout de suite.

« ... Je n'ai pas encore vu Rayneval... Tu ne sais peut-être pas que M. de Lamotte-Piquet a pris 22 bâtiments marchands qui venaient de Saint-Eustache... »

De retour à Versailles, Mme de Bombelles récrit à son

mari, le 15 mai, sous l'impression d'une grande joie, causée par le portrait de son mari. Rien de plus charmant que l'expansion de cette tendresse sincère, juvénilement exprimée.

« J'ai eu hier un grand plaisir, mon petit chat, ton portrait m'est arrivé à six heures du soir, j'ai sauté de joie en voyant la caisse ; je croyais qu'on ne l'ouvrirait jamais assez tôt... Lorsque j'ai aperçu ta figure, je me suis mise à pleurer de joie ; je t'ai embrassé, caressé ; j'ai poussé la folie jusqu'à te parler. Je t'ai couché sur mon lit, ensuite sur le canapé, véritablement ma tête était un peu tournée. La seule chose qui m'a contrariée, c'était que Bombon dormait ; mais, en revanche, ce matin, il t'a bien accueilli : il voulait à toute force te prendre le nez, il disait *papa* et retournait le cadre, croyant de bonne foi que tu étais derrière la glace. Il est bon que tu saches qu'il a actuellement le talent le plus décidé pour jouer du clavecin, il donne de grands coups de poing sur le clavier, cela fait bien du bruit, ce qui le charme et le fait rire de tout son cœur. Il devient tous les jours plus gentil, je crois pourtant que ses dents viendront bientôt. »

Mme de Bombelles est aussi bonne mère qu'elle est tendre épouse, aussi prodigue-t-elle les détails sur la dentition des enfants, sur les conseils qu'on lui a donnés au point de vue du sevrage. Elle semble très moderne dans ses idées, puisqu'à l'enfant qui n'a pas encore percé sa première dent elle fait prendre panades et soupes, en attendant qu'il puisse se passer d'elle et soit sevré.

Suivent les détails de Cour : Madame Élisabeth est venue de Marly la voir avec la comtesse Diane et l'a

invitée, de la part de la Reine, à se rendre à Marly, où il
y avait grand déjeuner et partie de barres. Mme de
Bombelles hésite à accepter parce qu'elle attend la
visite du comte d'Esterhazy ; elle se préparera à partir ;
en tout cas, si elle ne peut se rendre à l'invitation,
Madame Élisabeth l'excusera en disant que l'enfant est
souffrant. La comtesse Diane lui a fait « tout plein
d'honnêtetés ; elle va partir pour Passy où elle prendra
les eaux pour un embarras d'estomac et serait charmée d'y recevoir sa visite à dîner : nous sommes comme
des sœurs, c'est touchant ». Mme de Bombelles termine
sa lettre par des informations de « Carrière », ayant vu
M. de Rayneval, et elle annonce le mariage du fils de la
princesse de Guéménée avec Mlle de Conflans [1].

Pendant ce temps, M. de Bombelles continue fort
tranquillement son voyage. De Besançon, le 16 mai, il
félicite sa femme du bon accueil fait par la princesse ;
il serait fort aise d'avoir des détails sur son installation
dans son nouveau logement. « Comme je dois croire,
je suis autorisé à penser qu'il sera bien souvent question de moi dans ce petit asile, j'en veux donc connaître tous les contours. »

En route il a trouvé ses chevaux venus au-devant de
lui avec un de ses serviteurs, et Follette, la chienne
fidèle, « qui sait si bien se coucher à tes pieds ; comme
tu la traitais bien en disant : C'est la chienne de mon
ami. » Son beau-frère Mackau est son compagnon de

---

1. Le prince Charles-Alain-Gabriel de Rohan, duc de Montbazon,
épousa en effet, le 29 mai 1781, Louise-Aglaé de Conflans d'Armen-
tières, sœur de la célèbre marquise de Coigny, l'amie plus ou
moins platonique de Lauzun.

route, il peut donc échanger des idées sur l'antique Besançon qu'il vient de visiter avec soin.

Il est triste pourtant sans sa femme, sans Bombon. Un charretier qui passe avec son enfant sur les bras lui fait envie ; il pense à son Bombon dormant dans son berceau de Ratisbonne. « A une extrémité de la ville, dans un faubourg sur le Doubs, il a vu une femme qui caressait un enfant. Il n'a pu s'empêcher de s'approcher, de questionner la mère et, de là, des points de comparaison avec son Bombon et celui des autres. Le marquis a l'âme « sensible » et exprime sa « sensibilité » en termes un peu précieux qui sont bien de leur époque. On aime mieux les naïvetés, les sincérités sans apprêt dont sa jeune femme émaille sa correspondance. C'est pourquoi nous ne nous attarderons pas aux impressions de voyage ni aux attendrissements du marquis, pour reprendre les lettres de sa femme où il est toujours quelque chose à glaner.

Quelques nouvelles politiques d'abord : « M. Joly de Fleury [1] a refusé d'être contrôleur général, mais il a gardé le portefeuille jusqu'au moment où le Roi en aurait nommé un autre. Je frémis en pensant à tous les changements qui vont encore se faire, à tous les impôts que nécessairement on va lever sur le peuple, au peu d'exactitude avec laquelle peut-être nous allons être payés. Dieu veuille que tous ces malheurs n'arrivent pas, mais je les crains fort : ils me paraissent inévitables, parce que nous perdons tout notre crédit avec M. Necker. On n'a plus aucune confiance dans les

---

1. Fils et petit-fils de magistrats connus ; conseiller d'État en 1781, eut l'administration des finances après Necker.

billets d'escompte et la Caisse va être ruinée, parce que tout le monde veut avoir l'argent de ses billets. On dit que ce sera M. Foulon qui va être nommé, il est porté par le duc de Choiseul et Mme de Brionne, cela la rendrait pour le coup bien fière. M. de Maurepas va beaucoup mieux, je l'irai voir dès qu'il pourra me recevoir. »

Après le paragraphe sur Bombon, sur son avenir, sur les bonnes promesses de Madame Élisabeth de seconder les Bombelles dans leurs projets de carrière, quelques anecdotes. Mme de Bombelles a demandé à dîner à la duchesse de Montmorency, puis n'est pas venue, son fils étant souffrant. Elle écrit à la duchesse une lettre que celle-ci ne reçoit pas à temps, d'où bouderie piquée que Mme de Bombelles espère éteindre par une seconde lettre d'excuses.

« Il faut que je te compte un bon trait du Roi. Il y avait un monsieur, dont je ne sais plus le nom, qui avait un procès avec lui de plus d'un million. Les papiers ont été brûlés lorsque M. Nogaret a perdu sa maison. On est venu dire au Roi ce désastre ; il a tout de suite répondu : « Ses papiers sont brûlés, mon procès est perdu. » Cela n'est-il pas charmant ? » Et, en fait, voilà un beau geste à l'actif de Louis XVI.

La politique reprend : il paraît dans ce moment-ci un projet d'administration qu'avait donné M. Necker au Roi, il y a trois ans, qui est parfaitement fait. On ne peut encore concevoir comment ce mémoire a pu être connu, car il n'y avait que le Roi et M. de Maurepas qui l'eussent. On prétend que c'est cet ouvrage-là qui a déterminé sa chute, parce qu'au Parlement beaucoup de personnages fort maltraités se sont déchaînés contre lui. Je ferai tout ce que je pourrai pour te l'envoyer... »

Entre temps Mme de Bombelles a pu voir le comte d'Esterhazy et se rendre tout de même à Marly. Ce qui concerne le comte Valentin est chiffré non sans impatience, car son écriture, d'ordinaire très régulière, est toute tremblée. Esterhazy a abordé franchement la question avec la Reine, parlant de Bombelles avec chaleur. Marie-Antoinette n'a pas dissimulé certaines préventions contre le marquis : on s'était plaint à elle qu'il avait contrarié l'Empereur en se mêlant de choses qui ne le regardaient pas et qu'elle désirait ardemment que, hors ce qui était de son devoir, il ne fît rien qui pût déplaire à son frère.

Esterhazy avait répondu vivement que c'était précisément là la condition tenue par Bombelles depuis qu'il était à Ratisbonne, que la Reine était trop juste pour savoir mauvais gré à un honnête homme de remplir sa charge. La Reine en était convenue, et le comte devenu plus confiant rassurait la jeune femme, certifiant que Marie-Antoinette n'était nullement aigrie contre son mari, qu'il devait avant tout ne pas faire parler de lui ; que, lorsqu'une occasion se présenterait de lui faire changer de poste, non seulement elle n'y mettrait pas d'opposition, mais qu'elle userait de son influence. Tout ceci, semble-t-il, a redonné du courage à Mme de Bombelles qui craignait beaucoup d'hostilité de la Reine.

A Marly, où elle s'est décidée à aller, bien que son fils fût souffrant, Mme de Bombelles a trouvé accueil charmant. « La Reine n'a cessé de s'occuper de moi, de me parler de mon fils, combien elle l'avait trouvé beau, de me plaisanter sur la peur que j'avais eue

d’entrer dans le salon ; enfin elle m’a traitée comme si
elle m’aimait beaucoup. Elle a été hier matin à la petite
maison (de Montreuil) et a dit à Mme de Guéménée
et à ma sœur qu’elle était fort aise de mon retour,
qu’elle m’avait trouvée blanchie, parlant beaucoup
mieux et un maintien charmant. »

Tous ces petits succès flatteurs n’empêchent pas
Mme de Bombelles de regretter la vie douce et tranquille qu’elle a menée à Ratisbonne. Puisqu’elle doit
son bonheur à son mari, c’est à lui qu’elle pense sans
cesse. « Rien ne peut combler le vide que j’éprouve
depuis que nous sommes séparés ». Elle est nerveuse,
un rien l’émeut. La santé de Bombon est un objet de
perpétuelle inquiétude, mais c’est en même temps sa
consolation. Souffre-t-il des gencives? elle est plus
malade que lui ; sourit-il? elle est folle de joie.

Mme de la Vaupalière est venue la voir avec ses
enfants : elles ont trouvé Bombon charmant ; quant à
Madame Élisabeth, il n’est pas d’attention qu’elle
n’ait pour le fils de son amie. Elle vient d’envoyer
chercher de ses nouvelles : « Mon Dieu! qu’elle est
aimable, s’écrie Mme de Bombelles. D’honneur, je
l’aime à la folie ! Si tu avais vu combien elle était contente de mes petits succès d’avant-hier ; comme elle
est venue tout doucement m’arranger mon fichu, afin
qu’il eût meilleure grâce, me dire la manière dont il fallait que je remercie la Reine de ce qu’elle m’avait
invitée à cette partie. Réellement j’étais attendrie de
son intérêt pour moi, et je voudrais avoir mille manières
de lui marquer ma reconnaissance. »

Le marquis continue lentement son voyage. Il s’est
rendu de Pontarlier à Salines-de-Chaux ; il a noté les

moindres incidents de route, dont la gamme un peu monotone est coupée par une série de projets de carrière et de rappels amoureux : amour conjugal et ambition, l'un devant venir à l'aide de l'autre, tout M. de Bombelles est là.

A cause du voyage même, ses lettres n'arrivent pas régulièrement. C'est de quoi se plaint sa femme dans sa lettre du 24 mai. Après le paragraphe régulièrement consacré aux gentillesses de Bombon, quelques nouvelles : M. Joly de Fleury prend la place de Necker, dont le départ est salué avec joie ; on attend l'empereur Joseph II qui, allant installer sa sœur la duchesse de Saxe Teschen à Bruxelles, viendra passer quelques jours à Paris. Elle a été voir Mme de Maurepas qui a voulu la retenir à souper ; elle a rencontré Mme de Vergennes chez la Reine et s'est fait inviter à aller la voir à sa petite maison de campagne; ceci n'est pas précisément pour son plaisir, mais par intérêt pour son mari. Mme de Mailly a quitté le service de la Reine et c'est Mme d'Ossun qui la remplace[1] ; M. de Chaulnes se meurt... Bombon a fait de nouvelles connaissances : Mme de Lordat, Mme d'Imécourt, le comte de Coigny l'ont trouvé charmant.

Quant à Madame Élisabeth, elle est toujours tendre et affectueuse, mais elle a des dettes, et Mme de Bombelles se charge de la mission délicate d'aller trouver M. d'Harvelay ; il lui faudra attendre, mais ses

---

1. Geneviève de Gramont, sœur du duc de Guiche, comtesse d'Ossun, se montra très dévouée à la Reine, revint de Mayence en 1792 pour ne plus la quitter jusqu'au Temple : emprisonnée et morte sur l'échafaud en 1794. Sa fille unique devint la duchesse de Caumont La Force.

dettes montant à environ 2.000 louis seront payées.

Les lettres du commencement de juin n'apportent aucun fait nouveau : visites rendues ou reçues, vie de famille ou de Cour sans incident.

Le 10 juin, Mme de Bombelles fait le récit de sa visite à Mme de Vergennes, elle a reçu chez elle le baron de Breteuil, et naturellement il a été fort question des ambassades à pourvoir : Constantinople semble échapper pour le moment, le poste ne pouvant être libre avant deux ou trois ans ; peut-être serait-il plus facile, si la Reine voulait s'en occuper, d'obtenir Berlin. Mme de Bombelles est fort peu satisfaite de ces exceptions dilatoires ; du moins M. de Breteuil est-il disposé à appuyer auprès de M. de Vergennes une demande de gratification.

Un événement plus grave a émotionné la Ville et la Cour : « M. de Maurepas a pensé être brûlé à l'Opéra[1] avant-hier ; un instant après qu'il en était sorti, la toile s'est allumée par un lampion, le feu a gagné aux décorations et au reste du théâtre avec une si grande promptitude qu'au bout de vingt-cinq minutes la voûte est tombée avec un fracas épouvantable. Heureusement l'Opéra était fini quand l'accident a commencé, tout le monde était parti ; néanmoins, il y a eu neuf personnes de brûlées. On a bien vite coupé toute communication, de sorte que tout ce qui environne l'Opéra n'est pas en-

---

1. Cette salle avait été organisée par Lulli en 1673, dans l'ancienne salle des Comédiens français, joignant le Palais Royal à l'est, à peu près où est la cour des Fontaines La salle de Lulli brûla une première fois en 1763 ; une seconde, le 8 juin 1781. L'Opéra fut alors transféré où est aujourd'hui le théâtre de la Porte-Saint-Martin.

dommagé. Le feu était si fort que mes gens l'ont vu d'ici en soupant. On pouvait lire sur le pont de Sèvres; ainsi tu peux juger de la clarté que cela donnait à tout Paris.

Deux jours après, Mme de Bombelles, en écrivant à son mari, semble toute joyeuse. Elle a reçu de longues lettres de Lausanne et des extraits d'un *Journal en Suisse* que le prolixe marquis lui a envoyés [1].

« J'ai été avant-hier au concert de la Reine avec Madame Élisabeth. La Reine m'a demandé comment je me portais, ainsi que mon enfant, et si cela ne le dérangeait pas que je vinsse au concert. Je lui ai dit qu'il venait de téter. Elle a repris : « Mais, si vous vouliez, on pourrait l'amener ici. » J'ai paru confondue de ses bontés, et lui ai répondu que je craindrais d'en abuser, qu'il attendrait fort bien mon retour. Effectivement cela ne lui a pas fait de mal. Je suis rentrée à neuf heures chez moi, il a tété et s'est endormi tout de suite... Le feu de l'Opéra dure encore, il brûle dans les souterrains où étaient les machines; mais on a grand' peur qu'il ne gagne les caves du Palais Royal où il y a trois cents toises de bois, beaucoup d'huile et d'eau-de-vie. On n'ose toucher à rien et on craint une explosion qui ferait peut-être sauter le Palais Royal, cela serait effroyable. Ce qu'il y a de certain, c'est que, si j'y avais un appartement, rien dans le monde ne m'y ferait rester. »

Le 14 juin, Mme de Bombelles annonce l'arrivée de l'Empereur à Paris. « Je suis étonnée qu'il ne soit pas

---

1. Ce journal existe dans le dossier de Bombelles aux Archives de Seine-et-Oise, mais il n'offre qu'un intérêt secondaire.

venu tout de suite à Versailles. J'imagine que la Reine l'attend avec beaucoup d'impatience... La procession du Saint-Sacrement qui s'est faite ce matin était superbe, il faisait le plus beau temps du monde. J'ai été la voir passer d'une fenêtre, Madame Élisabeth m'ayant dispensée de l'accompagner... Le feu de l'Opéra dure toujours. Mme la duchesse de Chartres a quitté prudemment le Palais Royal et est établie à Saint-Cloud. »

Décidément l'Empereur n'est pas arrivé à Paris; c'était une fausse nouvelle. La Reine était partie pour Trianon avec Madame Élisabeth, le 25 juin. Mme de Bombelles y va tous les jours. Le 27, elle écrit : « J'ai été à Trianon ce matin, petit chat, voir Madame Élisabeth avec quelque curiosité, parce que tout Paris disait que l'Empereur y était et qu'il allait l'épouser. C'est qu'il n'en est pas un mot, il est toujours à Bruxelles, et il n'est pas sûr même qu'il vienne ici; aussi ma tête a bien trotté inutilement. J'ai été souffrante depuis que je ne t'ai écrit, j'ai été avant-hier dîner chez la duchesse de Montmorency avec mon Bombon, qu'elle a trouvé charmant. Avant de partir de Paris j'ai été voir le baron de Breteuil qui est malade. Il a eu la goutte et une grosseur à la gorge qui le fait souffrir beaucoup. Il est d'une impatience que tu imagines... Il vient de faire une succession qui sera considérable. Mme de Louvois, une Hollandaise [1], que tu as beaucoup vue à la Haye, qui l'aimait à la folie et qu'il n'a pas voulu épouser, parce qu'elle était trop laide, vient de mourir et de lui

---

1. Née baronne de Wrierzen d'Hoffel. Son mari, le marquis de Louvois, devait épouser peu après la sœur de M. de Bombelles, veuve du landgrave.

laisser tout son bien à lui, à sa fille et à tous les enfants qu'elle pourra avoir. Ce sont les propres paroles de son testament, cela n'est-il pas bien heureux ? Jamais tu n'auras l'esprit d'en conter assez bien à une femme, pour qu'elle te laisse un million de bien. Pauvre petit Bombon, cela lui irait à merveille.

« ... J'allais oublier de te dire la nouvelle que M. de Castries est venu annoncer ce matin à la Reine : il y a eu un combat entre l'amiral Rodney et M. de Grasse ; l'amiral a eu cinq de ses vaisseaux coulés à fond, deux, de plus, en fort mauvais état. Le convoi est arrivé sans le plus petit accident, et M. de Grasse a perdu peu de monde. Mon regret est qu'il n'ait pas pu prendre l'amiral, cela aurait mis le comble à ses exploits. Je voudrais bien que quelques affaires de ce genre forçassent les Anglais à faire la paix...

« Mon chat, ce mariage de Madame Élisabeth m'a beaucoup occupée, car enfin, si elle était heureuse, quel bonheur ce serait pour moi de la savoir contente et de ne plus te quitter. Quant à la fortune, elle pourrait y aider encore davantage étant impératrice et, ne plus te quitter, mon petit chat, ne comptes-tu cela pour rien ? Mon Dieu, cela n'arrivera jamais, ma destinée est de ne te pas voir la moitié de ma vie, c'est affreux ; cette perspective me cause un chagrin que je ne puis te rendre. Il y a des moments où je pleure, je me désespère, où je suis tentée de laisser ma place, tout ce que je puis espérer, pour m'en aller avec toi. La raison, la reconnaissance que je dois à Madame Élisabeth me font revenir de cette espèce de délire, mais la raison empêche de faire des sottises et ne rend pas plus heureux pour cela ceux qui l'écoutent. C'est l'effet qu'elle produit sur moi.

Je m'ennuie prodigieusement, je ne te le dissimule pas, et si le bon Dieu et toi ne m'avaient donné Bombon, je t'assure que je ne resterais pas ici, car nous aurons toujours de quoi vivre nous deux... mais cet enfant il ne faut pas qu'il soit malheureux... »

L'ambassade de Constantinople hante toujours les rêves de M. de Bombelles, aussi a-t-il chargé sa femme de tenter de nouveau tout ce qu'elle pourra pour que Madame Élisabeth agisse sur la Reine.

« J'ai parlé ce matin à Madame Élisabeth, écrit-elle le 30 juin, et lui ai bien fait sa leçon ; elle m'a promis de recommander cette affaire à la Reine avec la plus grande chaleur, et le plus tôt sera, je crois, le mieux... Le comte d'Esterhazy est à Rocroi, il reviendra le mois prochain à ce que j'imagine, je le verrai dès qu'il sera de retour, et il te servira sûrement bien. J'ai vu hier Mme de Guéménée qui m'a parlé de toi avec le plus grand intérêt. Je lui ai parlé de notre affaire et de l'entrave que le baron de Breteuil craignait qu'il n'y eût. Elle m'a dit qu'il fallait que je misse tout de suite l'amitié de Madame Élisabeth pour moi en jeu vis-à-vis de la Reine, qu'il fallait que cette dernière l'emportât et qu'elle, de son côté, lui dirait tout ce que tu valais, ton esprit, tes talents, qu'il n'y avait enfin que ce moyen là d'assurer une fortune à ton enfant, et qu'il fallait absolument que cela fût. Si Madame Élisabeth nous seconde, j'ai encore quelque espoir. J'ai vu ce matin la Reine à Trianon qui m'a traitée à merveille, tout cela me rend du courage ; pourvu que Madame Élisabeth n'aille pas encore nous faire languir ! J'ai imaginé, pour l'aider, qu'il faudrait que je fasse un petit mémoire que je la prierais de lui donner. Je dirai à

maman, lorsque j'en aurai fait le brouillon, de le corriger, et je t'en enverrai la copie... Si Madame Élisabeth
y met de la chaleur sans dire que ce soit de toi, je dirai
au baron de Breteuil que j'ai résolu de tenter vis-à-vis
la Reine, si elle voulait se charger de notre affaire, et,
quant à ce qu'il me dira sur la fâcherie de M. de Vergennes, je lui répondrai que je suis censée ignorer ses
projets, qu'ainsi il ne pourra jamais raisonnablement
t'en vouloir de ton ambition. Je l'engagerai à passer
par Ratisbonne... Tout ceci n'empêche pas Madame Élisabeth de travailler à l'acquittement de tes dettes...

« M. le maréchal de Soubise est fort mal, il a la
gangrène à une jambe. Hier Mme de Guéménée le
croyait hors d'affaire, et aujourd'hui on se désespère.
La Reine et Madame Élisabeth reviennent après souper de Trianon, très fâchées de le quitter. »

M. de Breteuil s'apprête à partir pour Vienne, tout
en promenant sa grosseur à la gorge, « qui pourrait
bien lui jouer un mauvais tour ». Mme de Bombelles
n'a pas manqué de lui faire une foule de recommandations, mais elle n'a pu le déterminer à allonger son
voyage pour passer par Ratisbonne.

Il y a eu quelque distraction au château. Le 2 juillet,
au soir, en en revenant, Mme de Bombelles griffonne un
post-scriptum : « Ah ! mon chat, je me suis bien amusée ce soir. J'ai été avec ma petite belle-sœur et
Mme de Clermont à la Comédie où Madame Élisabeth
était avec la Reine. On a donné *Tom Jones* et *l'Amitié
à l'épreuve*. Mme Saint-Huberti [1], une fameuse de

---

1. Antoinette-Cécile Clavel, dite Saint-Huberti, née en 1756,
assassinée près de Londres en 1812 avec son mari, le comte

l'Opéra, a fait les deux principaux rôles. Je me suis en allée au commencement de la seconde pièce endormir mon petit Bombon qui est actuellement paisiblement dans son berceau. J'avoue que, si la crainte que Bombon n'eût trop envie de dormir ne m'avait distraite du plaisir que j'avais au spectacle, rien dans le monde n'eût pu m'en arracher, car le commencement de *l'Amitié à l'épreuve*, que je ne connais pas, m'a paru charmant, mais j'ai été bien dédommagée en voyant mon petit enfant qui était fort content de mon retour... »

Bombon a enfin sa première dent si lente à percer! « Ce n'est plus un rêve, ce n'est plus une illusion! une dent blanche comme du lait; c'est à deux heures hier que nous en avons fait la découverte! » C'est en ces termes que Mme de Bombelles tout émue, tout en larmes et reconnaissante au Ciel qu'un tel bonheur soit arrivé sans douleur, annonce le grand événement à son mari le 14 juillet. Elle est si sincère dans ses joies comme dans ses peines, si profondément mère, qu'on ne se sent nullement disposé à l'ironie. Pour naïfs qu'ils puissent sembler aux sceptiques, ces sentiments sont vrais, éternellement vrais et dignes d'approbation. L'amour maternel, de génération en génération, recommence son poème auprès de tous les berceaux, et nul n'a le droit de railler le plus beau joyau de l'écrin féminin. Mme de Bombelles, sûre d'être comprise par son mari, lui donne le plus de détails possible dans les lettres qui suivent.

---

d'Antraigues. Ce fut une artiste aimée et acclamée dans les opéras de Gluck, de Piccini. Elle ramena le costume à la vérité historique. Elle a laissé un grand nom dans les fastes de l'Opéra.

Bombon va être sevré. « C'est demain le grand jour, écrit-elle, le 22 juillet. L'enfant se porte à merveille, mais je ne suis pas tranquille. Je crains que d'être sevré ne le rende malade, et, si j'eusse été absolument maîtresse, je ne m'y serais pas encore résolue ; mais maman le désire si fort, craint tant que cela n'attaque ma santé, que je n'ai pas osé reculer... Je ne sais ce que je donnerais pour ne pas le sevrer, et, quand une fois ce temps-là sera passé, je serai bien contente... » Bombon se porte à merveille le 4 août. « Il a parfaitement bien dormi l'autre nuit et celle-ci ; mais celle d'auparavant qui était la seconde après notre séparation, ce pauvre petit avait bien du chagrin. Il voulait absolument téter ; il pleurait, il appelait : Maman ! maman ! me cherchait partout, et ensuite faisait de grands soupirs et se remettait à pleurer. Cela n'est-il pas touchant au possible ? A présent, il n'a plus de chagrin ; mais, malgré cela, il parle de moi toute la journée, me cherche et fait signe avec son doigt qu'il faut aller à la porte du jardin, que j'y suis. J'ai pleuré quand on m'a donné ces détails. J'adore cet enfant, et les marques d'attachement qu'il m'a montrées dans cette occasion ne s'effaceront jamais de mon cœur ni de ma mémoire. J'irai aujourd'hui à Montreuil, le cœur m'en bat d'avance. Je verrai mon bijou, mais il ne me verra pas, il est trop occupé de moi, cela renouvellerait tous ses chagrins, et je l'aime trop pour désirer des jouissances aux dépens de sa tranquillité. Ainsi j'attendrai encore quelques jours pour l'embrasser. Je te réponds bien, que, cette besogne faite, rien dans ce monde ne pourra m'en séparer que le moment où tu t'en empareras... »

D'autres événements plus importants que le sevrage

de Bombon ont pris place en ces derniers jours. Nouvelles d'Amérique : on dit que M. de Grasse a repris Sainte-Lucie et coulé deux vaisseaux. L'abbé de Breteuil est mort ; le baron est dans un grand chagrin. Arrivée et court séjour de l'Empereur Joseph II : « Je n'espère plus que l'Empereur l'épouse. Il part aujourd'hui (4 août), et, si on avait eu quelques idées, on aurait cherché à les faire causer, à les rapprocher. Au lieu de cela la Reine a paru peu occupée de Madame Élisabeth, pendant le séjour de son frère ici et ne lui a rien dit qui eût le moindre rapport à ce sujet ; ainsi sûrement cela ne se fera pas [1].

Du 6 août : « L'Empereur n'est parti qu'hier à cinq heures du matin. On dit qu'il a fait ses dévotions avant de partir, cet acte de dévotion m'étonne, car tout le monde dit qu'il n'y croit pas. Madame Élisabeth avait soupé la veille avec lui et toute la famille royale. La Reine se cachait sous son chapeau pour pleurer et elle avait l'air fort affligée du départ de son frère. Pour

---

1. On se rappelle l'important voyage politique de Joseph II en 1772. En 1781, il vint incognito, et son séjour fut très court. La Reine se montra très heureuse de le voir, car avec lui elle put parler de sa mère qu'elle regrettait toujours profondément. Elle témoigna une grande émotion du départ de son frère, on la vit même se cacher sous son chapeau pour pleurer. L'Empereur parut fort content de sa visite, constatant chez le Roi et la Reine « un changement en mieux considérable » (Joseph II à Marie-Christine, 6 août). L'Empereur et la Reine allèrent ensemble à Trianon dans le plus modeste appareil, sans gardes et sans suite, la Reine en lévite de mousseline avec une ceinture bleue, les cheveux relevés par un simple ruban. « L'Empereur, dit à ce propos M. de Kageneck, est venu recevoir les embrassements d'une sœur digne de toute sa tendresse et qui a de commun avec lui *le bonheur de jouir de l'amour de ses sujets* (lettres de M. de Kageneck, citées par M. de la Rocheterie). Il y eut souper à Trianon le 1er août. (Voir le *Petit Trianon*, par Desjardins, 210, 211.)

dire quelque chose, elle a demandé à Madame Élisabeth si ce n'était pas avec moi qu'elle avait péché ; elle lui a répondu que non, que je ne pouvais pas sortir parce que je sevrais mon enfant. L'Empereur lui a expliqué que j'étais à Madame Élisabeth qui avait beaucoup d'amitié pour moi, et l'Empereur a repris : « On dit qu'elle est fort jolie. » Là-dessus il y a eu dissertation sur ma figure... »

Quand l'Empereur est parti, il n'y a plus de doute possible sur ces projets de mariage qui n'ont jamais été sérieux [1]. « J'en suis bien aise et fâchée : c'est peut-être fort heureux pour elle, cela ne l'est pas tant pour moi, puisque j'aurais toujours été avec toi si ce mariage s'était fait ; mais je lui suis si attachée qu'il m'aurait été impossible de jouir tranquillement de ma liberté si cela n'avait pas fait son bonheur. »

Du 12 août : « ... La Reine continue toujours à me fort bien traiter, je viens de conduire Madame Élisabeth chez elle ; elle m'a demandé comment se portait mon fils et m'a dit que sa fille avait de la passion pour lui, qu'elle en parlait toute la journée. Je t'enverrai cette certaine bourse que je t'ai mandé que je faisais. Je me flatte que tu seras content des coulants, ils sont des plus à la mode et ils te seront encore bien plus précieux lorsque tu sauras que c'est Madame Élisabeth qui me les a donnés et qu'elle trouve très bon que je te les envoie... Tu auras été bien désolé lorsque tu auras appris la mort de l'abbé de Breteuil. Le baron ne peut s'en consoler et je crois que, de sa vie, il n'a

____

1. Marie-Thérèse avait dit avec raison : « L'Empereur ne se remariera pas. »

éprouvé une peine aussi forte. Cette mort-là m'a fait
faire bien des réflexions ; cet abbé a vécu comme s'il
n'eût dû jamais mourir ; ses plaisirs sont passés, le
voilà mort, Dieu seul sait à quoi il était réservé, et ce
qu'il est devenu. En vérité, quand on calcule bien la
courte durée de cette vie et la longueur de l'éternité,
on apprécie bien à sa juste valeur les objets de son
ambition, et on prend une grande indifférence pour
tous les événements de ce monde. »

« ... J'ai soupé hier au soir chez Mme la princesse
de Lamballe, la Reine y est venue avec Madame Élisabeth et m'a fort bien traitée. Je me suis couchée à une
heure du matin, ce qui ne m'était pas arrivé depuis
longtemps. Je tâche de faire ma cour et, comme mon
intention est que cela te soit utile ainsi qu'à Bombon,
cela me donne du courage, et j'en ai besoin, car tu sais
à quel point le grand monde m'intimide... Si le baron de Breteuil ne change pas d'avis, il t'ira voir en
allant à Vienne. »

Toujours poussée par son mari qui, entre deux paragraphes d'amour tendre et d'un lyrisme soutenu, a
soin dans ses lettres de parler de sa carrière, Mme de
Bombelles ne perd pas une occasion de favoriser les
intérêts de l'ambitieux diplomate. Elle a vu le comte
d'Esterhazy, toujours difficile à saisir à son passage à
Versailles. Lui seul est capable, d'après elle, de suivre
utilement l'affaire et d'en référer à la Reine au moment
opportun. Il est hors de doute que personne n'a plus de
facilités pour parler à la Souveraine qui l'écoute très
volontiers et lui accorde fréquemment ce qu'il demande.

« Il m'a dit qu'il avait causé de toi hier avec la Reine

et qu'il n'en avait pas été fort content, écrit Mme de Bombelles, le 15 août; que la Reine, en lui disant beaucoup de bien de moi, lui avait dit que tu désirais l'ambassade de Constantinople, qu'elle voudrait bien que tu l'eusses, mais que cela lui semblait bien difficile, que d'ailleurs M. de Saint-Priest ne quitterait pas encore de sitôt. Le comte m'a dit qu'en un mot elle lui avait paru singulièrement refroidie sur cet objet et qu'il fallait que quelqu'un eût cherché à l'en dégoûter, que cependant il avait vu qu'elle avait le désir de t'obliger et qu'elle n'avait personne pour cette place. Après y avoir réfléchi, j'ai dit au comte d'Esterhazy qu'il ne pouvait y avoir que le comte de Coigny [1] qui en eût parlé à la Reine. J'ai prié le comte de tâcher d'en recauser avec la Reine, de lui dire que tu n'avais jamais eu l'intention de faire ôter à M. de Saint-Priest sa place, que toute ton ambition était de le remplacer lorsqu'il la quitterait. Je l'ai prié de représenter à la Reine que c'était le seul moyen d'assurer de la fortune à notre enfant; que lorsque M. de Vergennes avait eu cette ambassade, il n'était pas plus avancé que tu ne l'es actuellement; que tu as tous les talents nécessaires pour cela, et que, si la Reine avait de la bonté pour moi, comme elle le faisait paraître, elle ne pouvait m'en

---

1. Augustin-Gabriel de Franquetot, comte de Coigny, frère du duc, chevalier d'honneur de Madame Elisabeth. Propriétaire de la belle terre et du château de Mareuil-en-Brie, dont les jardins avaient été dessinés par lui dans un goût tout nouveau. De son mariage avec Josèphe de Boissy, morte en 1775, il avait eu une fille unique, Aimée de Coigny, duchesse de Fleury, « la jeune Captive » de Chénier, dont M. Etienne Lamy vient de publier les *Mémoires* avec une longue et très intéressante étude bibliographique.

donner une marque plus sensible qu'en procurant à mon fils une existence qu'il n'aura jamais si tu n'allais pas à Constantinople. Le comte m'a promis de tâcher de découvrir ce qui avait autant refroidi la Reine et d'employer tout son crédit pour lui bien faire entrer dans la tête qu'il fallait absolument que tu succèdes à M. de Saint-Priest. Ce tendre intérêt qu'il prend à toi a remonté mon courage et j'ai encore beaucoup d'espérances... Pour en revenir au comte de Coigny, ce qui me persuade que c'est lui qui t'a desservi, c'est qu'il n'y a que lui de la société de la Reine qui ait su notre projet, et je vais te dire comment.

Mme de Guéménée qui en est folle et qui vit avec lui d'une façon indécente m'a une fois parlé devant lui de tes affaires; il s'est fait expliquer quel était l'objet de ton ambition, et, lorsque Mme de Guéménée lui a dit que tu désirais avoir l'ambassade de Constantinople, il a repris avec un air goguenard, en me regardant : « Madame, je vous dirai comme M. de Vilpatour : « Vous « n'êtes pas dégoûtée ! » Je lui ai dit : « Je le sais bien, mais, sans prétendre trop, je puis désirer une place pour laquelle M. de Bombelles est fait plus qu'un autre. » Là-dessus il commença des raisonnements qui n'avaient pas le sens commun pour me persuader que je devais employer le crédit que j'avais sur Madame Élisabeth pour t'avoir quelques gratifications, mais non pour avoir une place à laquelle beaucoup de gens avaient plus de droits que toi et que d'ailleurs M. de Saint-Priest resterait encore longtemps à Constantinople [1], et qu'il ne

---

1. Le comte Guignard de Saint-Priest resta à Constantinople jusqu'en 1783. Il y rédigea un projet de descente en Egypte, qui,

fallait pas avoir une ambition aussi éloignée. Je lui ai
répondu avec infiniment de douceur que, parmi les personnes qui désiraient Constantinople, aucune n'avait
plus de droits que toi, qu'au reste tel était mon plan et
que je ferais tout ce que je pourrais pour le faire mettre
à exécution. J'étais si piquée que j'en avais envie de
pleurer. Mme de Guéménée s'est rangée tout de
suite de l'avis de son impertinent amant. Cependant
nous nous sommes quittés bons amis, et comme, depuis,
il n'est sortes d'honnêtetés qu'il ne m'ait faites, j'étais à
mille lieues d'imaginer qu'il allait de gaieté de cœur
changer les bonnes dispositions de la Reine. Mais,
d'après ce que m'a dit le comte d'Esterhazy, je n'en
puis plus douter, puisqu'il m'a répété tous les sots raisonnements que m'avait faits le comte de Coigny. Aussi,
ce matin, lorsque je l'ai vu chez Madame Élisabeth me
faire des agaceries ordinaires, je ne puis te rendre ce
qui s'est passé en moi. J'aurais voulu lui égratigner
les yeux. Le comte d'Esterhazy en a été furieux, mais
point étonné. Il m'a recommandé de ne plus dire un
mot à Mme de Guéménée de ce qui se passerait. Je
n'avais pas besoin qu'il m'en pressât : c'est une fière
leçon que celle que je viens d'éprouver, et je te donne
bien ma parole que voilà la dernière fois que je parlerai de ce qui m'intéresse à des gens dont je ne serai
pas persuadée de l'honnêteté. Au reste, mon petit chat,

---

dit-on, ne fut pas inutile au Directoire et à Bonaparte. Il fut en
suite ambassadeur en Hollande; ministre de l'Intérieur après la
prise de la Bastille, et dans les journées d'octobre, il conseilla à
Louis XVI de repousser la force par la force. Il émigra en 1790 et
fut chargé de missions auprès des cours étrangères. M. de Bombelles le retrouvera en Russie en 1791. Rentré en France seulement en 1818, M. de Saint-Priest mourut en 1821.

ne t'afflige pas, il n'y a encore rien de perdu. La Reine
nous veut du bien, ainsi on aura bien moins de peine
à la faire revenir des sottes préventions qu'on lui a données. Madame Élisabeth nous soutiendra de son côté
et tout ira bien... » Et en effet, dans la lettre suivante,
Mme de Bombelles est tout à fait remontée parce que
Madame Élisabeth, le baron de Breteuil et surtout Esterhazy lui ont affirmé que l'affaire était en bonne voie.

Mme de Bombelles n'est pas au bout de ses illusions !
Bien des mois, bien des années se passeront avant que
son mari n'obtienne cette ambassade but de ses désirs,
couronnement de son ambition légitime de diplomate
consciencieux et ponctuel. Malheureusement il n'appartient pas à ces quelques familles, que leur propre
situation pousse tout naturellement en avant ; ses frères,
ses proches, les parents de sa femme bien posés, mais
sans fortune, sont eux-mêmes des fonctionnaires d'État
ou de Cour, mais ne jouissent d'aucune influence. Ils ne
font pas partie de la société de la Reine, sont à peine
admis par les Polignac, sont traités par les Rohan en
protégés subalternes. Mme de Bombelles est pour ainsi
dire seule à quêter des protections efficaces. Qu'est-ce
que des promesses vagues de M. de Vergennes, des
recommandations sans puissance de Madame Élisabeth, une obligeance réelle, mais peu efficace peut-être
du baron de Breteuil ? La Reine seule et sa coterie
omnipotente font et défont les ambassadeurs ; le comte
d'Adhémar [1] s'en ira plus facilement à Londres qu'un

---

1. Il faisait partie de la « coterie ». Ayant épousé une veuve
riche, Mme de Valbelle, il se piqua d'ambition. Ami intime
du comte de Vaudreuil et poussé par la duchesse de Polignac, il
finit par obtenir l'ambassade de Londres en 1781.

vrai diplomate de carrière ne sera nommé à Constantinople. A M. de Bombelles, pour réussir d'attaque, il eût fallu non pas ses chefs directs, mais les meneurs de la coterie Polignac, un Vaudreuil, un Bezenval. Il s'est rabattu sur Esterhazy fort bien en Cour et qui n'hésite pas à parler à la Reine directement : mais le comte a tant demandé et tant obtenu pour lui-même[1] ! N'est-il pas un peu « brûlé », et son influence en décroissance? Quoi qu'il en soit, nous le verrons souvent plaider la cause de M. de Bombelles : de ses entretiens avec la Reine, à la jeune marquise, il ne donnera que la substance, ne se croyant pas tenu à marquer les gestes d'ennui que vient d'esquisser Marie-Antoinette. Personnellement Mme de Bombelles est sympathique à la Reine, qui voit avec grand plaisir auprès de sa belle-sœur cette jeune femme recommandable de tous points ; Marie-Antoinette lui dira à l'occasion mille choses aimables sur elle ou son enfant, mais là s'arrête sa bienveillance. Elle n'essaiera pas de l'attirer dans son intimité plus brillante et moins sérieuse, la jugeant bien à sa place là où elle est. Quant au mari, elle lui garde rancune d'avoir mécontenté l'Empereur, son frère : ce grief « autrichien » ne sortira pas de sitôt de sa mémoire; nulle intervention ne parviendra à la convaincre que la personne de M. de Bombelles est de celles qui s'imposent pour les plus hauts postes diplomatiques.

Un événement de famille va distraire un instant Mme de Bombelles de ses préoccupations d'avenir.

---

1. Voir *les Esterhazy à la cour de Marie-Antoinette* (*Fantômes et Silhouettes*, Emile-Paul, 1903).

La sœur de son mari, Mme de Reichenberg, veuve du landgrave de Hesse, est sur le point de se remarier avec le marquis de Louvois[1], veuf de deux femmes, grand dissipateur devant l'Éternel et dont la conduite passée est moins que rassurante pour l'avenir. La manière dont se fit ce singulier mariage est assez curieuse pour que nous entrions dans quelques détails.

Mme de Bombelles est fort effrayée de ce projet qui semble tant réjouir sa belle-sœur qui veut se marier à tout prix... Ce serait peut-être un beau mariage par les agréments qu'il lui donnerait dans ce moment-ci, mais le sujet me fait trembler, et j'avoue que le moment où elle l'épousera sera affreux pour moi, car je l'aime de tout mon cœur et je crains qu'elle ne se prépare des chagrins de tous les genres, car M. de Louvois est un bourreau d'argent et peut-être se verra-t-elle mère sans fortune à donner à ses enfants et sans ressource du côté de la considération de leur père. Toutes ces réflexions me font horreur, et je ne sais, en vérité, si à la place de ta sœur j'eusse accepté ce parti. »

Mme de Reichenberg dont nous connaissons le tempérament ardent, l'imagination vive et le jugement impondéré, n'envisageait pas les choses de cette façon, comme le prouve la longue lettre adressée à son frère qui vient de rentrer à Ratisbonne.

Voici, d'après Mme de Reichenberg, comment les

---

1. Il avait épousé en premières noces Mlle de Logny, en secondes, une hollandaise, la baronne de Wrierzen d'Hoffel qui, on l'a vu plus haut, avait laissé sa fortune au baron de Breteuil. Sur ses folies de jeunesse et sa prodigalité, voir les *Mémoires* de la baronne d'Oberkirch (t. I, chap. x), qui contiennent, de plus d'ailleurs, plusieurs erreurs, dont l'une, en note, sur la famille de Bombelles.

choses s'étaient passées : « Peu de jours après la mort de M. de Courtanvaux dont M. de Louvois a hérité, la marquise de Souvré, mère de ce dernier, vint me trouver et m'offrit la main de son fils. Je tombai de mon haut d'une pareille proposition, et, loin d'avoir l'air d'en être charmée, je lui dis que, malgré la reconnaissance que je ressentais du désir qu'elle me marquait de m'avoir pour belle-fille, il était si dangereux de confier son bonheur à M. de Louvois que je ne me sentais pas assez de courage pour cela. Elle ne se rebuta pas : tous les jours, nouvelles visites, nouvelles prières, toujours même refus de ma part. Le baron de Breteuil à qui je confiai l'aventure me disait qu'il ne fallait pas refuser absolument, que cet homme pouvait se corriger, qu'il avait une grande fortune, etc... Enfin, Mme de Souvré crut qu'elle me déterminerait mieux lorsque son fils serait ici. Elle le fit revenir de Hollande, elle vint chez moi me le présenter : jamais homme ne me déplut autant. Je lui trouvai le ton d'un roué, d'une mauvaise tête, etc. Je fus obligée de souper chez sa mère ce jour-là, de dîner dès le lendemain chez Mme de Sailly, sa sœur, et ma répugnance augmenta à un tel point que je prétextai un mal de tête pour me dispenser de passer la soirée avec eux. Je courus chez le baron de Breteuil à qui je dis qu'il m'était impossible d'épouser M. de Louvois. Il me gronda, et ensuite il vint Mme de la Vaupalière dans la confidence afin de voir ce que nous devions faire dans cette occurrence... »

Voilà un beau début, semble-t-il, et une femme moins désireuse que Mme de Reichenberg de se marier coûte que coûte avec un homme riche en fût restée là, puisqu'après tout elle était libre de refuser. Pourtant il n'en fut rien. Elle se montra touchée de l'insistance de Mme de Souvré qui lui assura que son fils ne pouvait être heureux sans elle.

« Elle me demanda une parole formelle d'épouser son fils ; à cette nouvelle persécution je répondis qu'il me fallait encore quelques jours poury réfléchir. J'eus recours à mes conseils et à nous trois nous fîmes les demandes suivantes... »

Suit l'énoncé de ces demandes auxquelles M. de Louvois s'empressa de répondre. Mme de Reichenberg exigeait : 1° que M. de Louvois assurât à Mme de Souvré une fortune plus considérable que celle dont elle jouissait ; 2° que l'état des dettes de M. de Louvois et de ce qui lui resterait de fortune une fois toutes ses dettes payées, lui fût soumis ; 3° qu'un douaire de 20.000 livres hypothéquées sur une des terres de M. de Louvois lui fût assuré, avec cette explication : « M. de Louvois est trop honnête pour ne pas sentir que, si Mme de R... avait le malheur de le perdre, il ne serait pas décent qu'elle traînât dans la misère un nom comme le sien » ; 4° qu'une pension de 12.000 livres lui fût assurée en compensation du douaire de même somme, venant du landgrave, qu'elle perdrait en se remariant ; 5° qu'une somme de 20.000 livres lui fût allouée pour son trousseau.

M. de Louvois acquiesça à toutes les demandes de Mme de Reichenberg. Quant à la fortune, une fois les dettes payées, elle était encore fort belle. Il avait hérité de 4 millions, dont la terre d'Ancy-le-Franc en Franche-Comté, rapportant 110.000 livres, et l'hôtel de Louvois valant 2 millions et qu'on vendrait aussitôt. Il lui restait, de plus, des rentes diverses. En

rachetant un hôtel et des meubles pour 600.000 francs
et en payant ses dettes montant à 1.500.000 francs,
M. de Louvois restait encore à la tête de près de 3 millions et d'environ 120.000 livres de rente.

En envoyant tous ces relevés à son frère, Mme de Reichenberg donnait cette explication : « Tu verras que
j'en agis comme quelqu'un qui apporterait un million
de dot ; mais, comme mon cœur n'est pour rien dans
tou cela, je me suis dit : « Je ne veux changer mon état
« que pour un plus brillant, c'est à prendre ou à laisser,
« ma tête est aussi tranquille que s'il s'agissait d'une
« personne indifférente. » Cependant j'ai été beaucoup
plus contente de M. de Louvois, il m'a parlé avec raison
et esprit... Il demande, pour m'épouser, de rentrer au
service ; il y a de grandes difficultés, cependant depuis
deux jours nous avons quelque espoir de réussir... Tu
sauras, soit par moi, soit par ta femme, les suites de
cette affaire... Ton enfant ressemble à l'amour, il en a
toutes les grâces sans en avoir les caprices... Je suis
enchantée de sa petite maman, et je me trouve bien
heureuse quand je suis près d'elle. »

A cette lettre d'affaires et de raison — et la raison
était peu dans les habitudes de Mme de Reichenberg —
M. de Bombelles répondait posément le 19 août :

« Vous me parlez si sagement de l'affaire présente
que j'ai, ma chère amie, peu de conseils à vous donner. Je vais cependant pour répondre à votre confiance
et au besoin qu'a mon cœur de vous savoir heureuse,
dire à celle qui m'a toujours regardé comme un père
ce que je dirais à ma fille chérie :

« Aucune de vos conditions ne sont exagérées. Il en
est peu de trop fortes, lorsqu'avec une aisance suffi-

sante, un état convenable, on sacrifie sa liberté à une
nouvelle position. Une fille prend tout ce qui peut
honnêtement la tirer d'embarras. Une veuve trouve peu
d'indulgence lorsqu'elle s'est donnée des chaînes dont
elle pourrait se passer.

« Si vous étiez froide, réfléchie, je vous dirais : vos conditions remplies, épousez. Mais vous êtes en possession
d'une âme jusqu'à présent trop faible pour ne pas vous
désoler si votre mari vous néglige, reprend son ancien
train. Je vous ai vue raffoler d'un homme dégoûtant,
d'un insensible, et, ma chère amie, que ne pourra pas
sur vous celui qui pour mieux vous enchaîner prendra
un degré de pouvoir sur vos feux. Les 20.000 francs
qui vous seront assurés peuvent devenir sa ressource
et l'objet de combats auxquels vous succomberiez quand
on vous demandera des signatures. Souvenez-vous de
ce que vous m'avez dit de la faiblesse de votre tempérament. Voilà mes seules craintes. Si M. de Louvois
est corrigé, si 115 ou 120.000 livres de rentes ne sont
pas pour lui un revenu insuffisant, alors j'applaudis de
grand cœur à ce que vous acceptiez un état brillant qui
peut mettre des jouissances à la place des privations ;
mais, ma chère amie, pensez à vous fortifier contre la
peine que vous éprouveriez si une partie de ces jouissances s'en allaient en fumée. Une vie tissue par des
désordres honteux se change rarement en une vie utile
estimable. Vous aurez besoin d'indulgence pour un
enfant récemment prodigue. Si vous pleurez, vous
plaignez, vous fâchez aux signes de nouveaux écarts,
vous éloignerez une conversion dont votre douceur,
votre modération et votre patience assurera la durée et
la consistance. Il faut bien aimer un homme pour le

choyer ; ainsi étudiez-vous, descendez au fond de votre
âme, voyez si elle est capable des efforts auxquels vous
la destinez... »

Après avoir plaidé le pour et le contre dans ce
« scabreux mariage », M. de Bombelles engageait sa
sœur, avant de prendre un parti définitif, à consulter
M. de Breteuil et... le comte d'Esterhazy. Qu'elle ne
mette pas les rieurs contre elle, si elle est trompée, car,
veuve, elle pouvait vivre dans une indépendance honorable. Il terminait ainsi : « Je ne trouve rien de plus
sage que vos précautions. Je ne crains que la bonté
de votre cœur et votre sensibilité aux vœux d'une famille. Il vous paraîtra fort beau d'en faire le bonheur
aux dépens du vôtre, cela me paraîtrait fort triste... »

En attendant, le mariage traîne, car les dettes ne
sont pas payées, et M. de Louvois assez gêné dans le
moment, à ce qu'assure Mme de Travanet, pour essayer
d'emprunter de grosses sommes. Une lettre de
Mme de Bombelles, datée du 24 août, ne nous fixe pas
encore sur le mariage Louvois, mais elle renferme
quelques détails intéressants sur le monde de la Cour.
D'abord le comte de Broglie, frère du maréchal, est
mort d'une fièvre maligne à sa terre de Saint-Jean-
d'Angély. « Sa perte cause des regrets universels : ses
enfants, ses neveux, ses amis, tous sont au désespoir... »

Pour te parler de choses moins tristes, je te dirai que
j'ai été hier à Passy, voir la comtesse Diane ; qu'elle et
la duchesse de Polignac m'ont traitée à merveille, que
le hasard a fait que je me suis trouvée seule avec la
comtesse Diane. La conversation s'est tournée sur la
santé. Elle m'a dit que, malgré l'extrême besoin qu'elle

aurait eu d'aller aux eaux, les propos infâmes qu'on avait tenus sur son compte l'en avaient empêchée, et qu'elle aurait mieux aimé mourir que de faire aucune démarche qui eusse donné la moindre vraisemblance aux torts qu'on lui prêtait[1], que tous ces propos lui avaient causé la peine la plus sensible. Je lui ai répondu qu'ils étaient si dénués de bon sens que je trouvais qu'elle avait tort d'y attacher un si grand prix; que toutes les personnes honnêtes n'avaient pas douté un instant de leurs faussetés. « Je me flatte, a-t-elle ajouté, que Madame Élisabeth ne les aura pas sues. Je crois qu'elle les ignore, ai-je répondu (elle le savait déjà à mon arrivée à Versailles); d'ailleurs elle a une si belle âme et vous rend trop de justice pour jamais les croire si jamais on les lui apprenait. »

« Là-dessus, je me suis fort étendue sur les qualités de ma princesse. « Elle en a une, m'a-t-elle dit, qui me fait le plus grand plaisir, c'est sa constance, et l'amitié qu'elle a pour vous fait son éloge; elle ne pouvait faire un meilleur choix. La Reine, qui vous aime beaucoup, me le disait encore dernièrement. » Je lui ai dit à cela que je savais bien ce qu'elle avait eu la bonté de lui dire de moi ce jour-là, et que j'en étais extrêmement reconnaissante (c'est le comte d'Esterhazy, qui y était, qui me l'a dit). Ensuite elle

---

1. On disait dans le public que la comtesse Diane s'éloignait pour accoucher. De sa liaison avec le marquis d'Antichamps elle eut en effet un fils connu pendant l'émigration sous le nom de marquis de Villerot. On se rappelle que la comtesse Diane avait été imposée par le clan Polignac, comme dame d'honneur de Madame Elisabeth. Le choix était détestable, la comtesse Diane ayant fort mauvaise réputation et n'étant pas sympathique à la jeune princesse.

m'a dit que, pendant mon absence, Madame Élisabeth l'avait traitée avec un froid qui l'avait fort affligée ; alors mon embarras a commencé, je ne savais plus que dire. Elle m'a demandé si je n'en savais pas les raisons. Je lui ai répondu que je croyais qu'on avait fait dire à Madame Élisabeth beaucoup de choses auxquelles elle n'avait jamais pensé, qu'elle ne s'était jamais plainte d'elle, qu'il m'avait paru au contraire qu'elle rendait justice dans toutes les occasions à ses procédés et à ses attentions pour elle. Heureusement Mme de Clermont est arrivée et nous a interrompues, j'en ai été enchantée. Elle m'a fort engagée à la revenir voir, m'a demandé de tes nouvelles, de celles de Bombon, m'a répété plusieurs fois à quel point elle était sensible à ma visite. Je me suis en allée fort contente de ses honnêtetés et de ce que notre tête à tête n'ait pas été plus long. Je crois qu'il sera bien fait que j'y aille encore une fois avant qu'elle revienne à Versailles, et dans le fait son amitié, que je ne conçois pas, me plaît assez, parce que, si elle avait dit du mal de moi à la Reine au lieu de lui en dire du bien, cela m'aurait peut-être fait beaucoup de tort et à nos affaires. Je pars cette après-dîner avec la petite Travanet pour Viarmes. Bombon viendra dans notre voiture. »

Mme de Bombelles part pour Viarmes chez sa belle-sœur. En arrivant, elle a trouvé une lettre de Madame Élisabeth, le surlendemain, elle en reçoit une seconde en réponse à celle qu'elle avait écrite. « Elle me mande qu'elle l'avait reçue à la Comédie, et que, comme elle avait été longtemps à la lire, la Reine lui avait demandé avec le plus grand intérêt, s'il ne m'était arrivé aucun

accident, et qu'elle lui avait répondu qu'elle était trop
bonne, que je me portais fort bien. » J'ai été fâchée,
m'ajouta-t-elle, que ceci se soit passé à la Comédie ; car
sans cela le moment eût été bien favorable pour lui
rappeler notre affaire ; mais tu peux être sûre que la
première occasion où je le pourrai, je ne l'échapperai
pas. »

J'ai été d'autant plus sensible au regret que Madame
Élisabeth m'a marqué que je ne lui avais pas dit un
mot d'affaires, car j'aurais été trop affligée qu'elle
eût pu imaginer que je ne lui écrivais que par intérêt... Le comte d'Esterhazy est de retour, je serai
samedi à Versailles et j'espère que tout ira bien...
M. de Travanet est ici, on ne peut pas dire qu'il soit
aimable ni qu'il fasse aucuns frais pour plaire, mais
il est aisé à vivre, s'arrange de tout ce qui nous
amuse, et il est fort complaisant. Il chasse beaucoup, nous ne le voyons guère avant six heures du
soir, mais le temps qu'il passe avec nous il y est fort
bien, il rend ta sœur très heureuse ; elle est maîtresse
souveraine dans sa maison, il a en elle la plus grande
confiance. »

Le marquis de Bombelles n'est pas sans applaudir
à la petite diplomatie de sa femme avec la comtesse
Diane. Aussitôt reçue la lettre où Mme de Bombelles
lui a conté sa visite à Passy, il lui répond : « ... Je suis
bien de ton avis qu'il faut autant qu'il est possible être
bien avec les personnes dont notre position nécessite
la liaison. Une marche honnête, droite, subjugue jusqu'à
l'envie. On aura vu que tu étais sans inconvénient et que
ta maîtresse appréciait réellement ton cœur et sa can-
deur ; il valait mieux te laisser jouir en paix d'une

faveur qui pourrait être, tôt ou tard, placée sur une tête
remuante. Il est peut-être vrai que, d'après ces réflexions, la comtesse Diane t'aime un peu. Jouis des
avantages de ce sentiment en lui rendant tous les bons
offices convenables et en te prémunissant contre les
légèretés, les humeurs, les caprices qui pourraient revenir... »

A cette même date du 1er septembre, Mme de
Bombelles a quitté Viarmes à regret, parce qu'elle s'y
est reposée et que Bombon, malgré de nouvelles dents
prêtes à percer, s'y est bien porté, et elle s'est arrêtée
à Paris pour voir Mme de Reichenberg dont le mariage
ne se conclut pas, et aussi pour s'entretenir avec
M. d'Harvelay; il s'agit de préparer M. de Vergennes
pour le cas où la Reine se déciderait à lui parler de la
fameuse ambassade. « La duchesse de Montmorency a
grande envie que je l'aille voir à la Brosse. J'irai volontiers, mais je suis retenue par l'argent que cela me
coûtera. Si j'avais pu y aller avec la petite Travanet,
cela aurait été bien différent de toutes manières ; je le
lui ai proposé, elle m'a répondu : qu'elle serait charmée d'avoir Mme de Travanet, mais qu'elle ne se souciait pas de son mari. D'après cela je me suis bien gardée de rien dire à ta sœur, car je sens que je serais
très mortifiée à sa place d'être obligée de me séparer
de mon mari pour être reçue quelque part. En tout
j'aime la duchesse de Montmorency, mais son mari
est d'une hauteur vis-à-vis de moi que je trouve imper-
tinente : jamais, lorsque je dîne chez lui, il ne me donne
le bras. Hier au soir Mme de la Rivière est venue souper
chez lui, il s'est empressé de lui donner son bras pour
la mener à table, j'ai trouvé tout simple que, lorsque je

suis toute seule chez lui, il ne me le fasse pas, et d'après cela je trouve inutile de dépenser bien de l'argent pour aller essuyer ses grandeurs à la Brosse. Dans le fait cela ne peut jamais m'être utile à rien, il crie beaucoup contre la Cour et n'y a aucun crédit, ainsi qu'il aille se promener, et, quand je suis bien accueillie partout, je n'ai pas besoin d'aller chercher ses impertinences. Lorsque je reverrai la duchesse de Montmorency, je lui dirai fort honnêtement, mais simplement ce que je pense...

« La mort de ce pauvre comte de Broglie afflige beaucoup de monde, il est impossible de n'être pas infiniment regretté lorsqu'on est aussi bon qu'il était. Le maréchal, les enfants, toute la famille est au désespoir. »

La lettre suivante est écrite de la Meute (la Muette) où est toute la Cour. « Nous sommes parties à cinq heures ; arrivées ici à six heures et demie, avons fait nos toilettes pour être rendues à huit heures et demie au salon. J'ai été fort bien traitée par tout le monde, le Roi m'a parlé, Monsieur m'a prise à côté de lui à souper et a beaucoup causé avec moi et m'a questionnée sur Ratisbonne, sur toi, etc. J'ai fait après souper une partie de trac avec Madame Élisabeth, le chevalier de Crussol et M. de Chabrillan. Le baron de Breteuil était dans le salon, qui m'a demandé de tes nouvelles. Le comte d'Esterhazy n'est pas encore ici... La Reine est fort occupée de la duchesse de Polignac, on attend d'un moment à l'autre qu'elle accouche. Sa Majesté ira y dîner tous les jours et y passer la journée, elle ne sera ici que pour l'heure du salon. Madame Élisabeth monte à cheval, j'y monterai avec elle, ce sera pour la troisième fois depuis que j'ai sevré Bombon... »

Le 7 : « J'enrage, le comte d'Esterhazy n'est pas
encore venu et, je ne le verrai sûrement pas, car je n'ai
plus que demain à rester ici... Au reste je suis fort contente de mon séjour, je suis fort bien traitée. Hier, pendant le souper, la duchesse de Duras qui était à côté
du Roi a fait mon éloge; le Roi a dit : « J'en pense
beaucoup de bien. » Cela m'a fait plaisir. Demain je
vais avec Madame Élisabeth et la Reine dîner à Belle-
vue et de là à Saint-Cloud... Tu ne sais heureusement pas que M. d'Angiviller [1] a épousé depuis six
jours Mme de Marchais [2]. On dit qu'ils sont charmés
tous les deux, grand bien leur fasse. Mais je ne conçois pas comment on peut être amoureux de Mme de Marchais... M. de Montesquiou m'a priée plusieurs fois de
parler à Madame Élisabeth, pour que sa fille Mme de
Lastic soit surnuméraire. J'y ai engagé ma princesse,
parce que j'ai imaginé que tu serais bien aise qu'il
m'eût quelque obligation, cela pourrait peut-être nous

---

1. Le comte d'Angiviller (Flahaut de la Billarderie), surinten-
dant des Bâtiments, successeur du marquis de Marigny.
2. Mme Binet de Marchais, fille de La Borde, valet de chambre
du Roi, avait été une des actrices du théâtre de Mme de
Pompadour. Personne ne comprenait pourquoi, très fanée et
presque vieille, elle épousait M. d'Angiviller, avec qui elle vivait
depuis près de vingt ans. Dans une lettre du 17 septembre, M. de
Bombelles dira : « Le mariage de M. d'Angiviller me parait bien
ridicule. Est-ce un moyen honnête qu'il a trouvé de rompre
avec Mme de Marchais ? » — Sur Mme de Marchais qui vécut à
Versailles pendant la Révolution et échappa à la persécution,
grâce à des opinions jacobines avancées et au buste de Marat qui
trônait dans son salon, cf., pour la première partie de sa vie :
A. Jullien, *la Comédie à la Cour*; — Laujon, *Spectacles des Petits
Cabinets*, *Souvenirs* de Papillon de la Ferté; — de Nicolas Moreau,
Mémoires de Mme du Hausset; — du duc de Luynes; pour la seconde : *Souvenirs* de Mme Necker, *Mémoires* de Suard; — *Intermédiaire des chercheurs*, années 1897 et 1898.

être utile. Madame Élisabeth ne s'en souciait pas beaucoup; mais, comme je lui ai dit que cela te ferait sûrement plaisir, cela l'a ébranlée et elle m'a dit qu'elle y ferait ce qu'elle pourrait[1]. »

Le mariage Reichenberg-Louvois subit des retards. Le fils du landgrave a offert à sa belle-mère une pension dérisoire qu'elle a refusée; le marquis de Louvois cherche à emprunter de l'argent en Hollande, en attendant qu'il puisse reprendre 100.000 écus sur la succession de sa seconde femme. Pour le moment, il est à la tête d'immeubles, mais non de revenus, et il n'a pas un écu vaillant devant lui. S'il réussit en Hollande, le mariage se fera, mais le ménage devra s'imposer de grandes économies pendant trois ans. Il n'y a plus de conseil à donner, mais des vœux simplement à formuler. Comme le fait observer Mme de Travanet, Mme de Reichenberg est assez mûre pour savoir ce qu'elle fait... et d'ailleurs elle écoute peu les avis, même ceux de M. de Bombelles qui sont fort sages.

Chez le baron de Breteuil, à Saint-Cloud, il y avait nombreuse société pour voir la fête. Mme de Travanet donne, le 11 septembre, quelques détails à son frère : « Il y avait une foule immense de peuple, nous en étions, j'ose dire, l'élite, car nous étions menées, Mmes de Matignon, de Brancas, de Faudoas, ma sœur, moi et d'autres par le « Clair de lune » (Champcenetz), le comte d'Adhémar, le chevalier de Coigny, M. de Durfort, des ambassadeurs; enfin, c'était très brillant, mais ce qui l'était encore plus, c'était de voir la Reine percer la

---

1. Mme de Lastic devint dame pour accompagner deux ans après.

foule en calèche avec Madame Élisabeth, Mesdames d'Ossun et de Bombelles ; cela fait toujours plaisir. Des étrangers disaient autour de nous : « Qu'est-ce que la jolie qui est devant ? » — On répond : « C'est ma belle-sœur. » La Reine lui avait dit, la veille, avec amitié : « C'est vous qui viendrez, n'est-ce pas ? » — Moi qui ai beaucoup vu Madame Élisabeth depuis un mois, ainsi que la Reine et Madame, Monsieur et Monseigneur le comte d'Artois, j'ai vu que ta femme était traitée au mieux ; cela s'étendait jusqu'à moi. Au reste, il est bien juste qu'on la console dans ce pays-ci, des infidélités affreuses que tu lui fais... »

Les taquineries de sa sœur n'émeuvent pas M. de Bombelles. Il vient de recevoir à Ratisbonne la femme de confiance, Mme Giles, qui a pris soin de la petite enfance de Bombon, et à entendre tous les bons mots de l'enfant et tous ceux qu'on dit à son sujet, il se sent le cœur en joie. Aussi, en commet-il de petits vers, qu'il envoie à sa femme, et que nous préférons laisser dormir dans leur dossier.

C'est encore de Paris que Mme de Bombelles date sa lettre du 16 septembre. Elle a profité du séjour de la Cour à la Muette pour passer quelques jours de plus chez la « petite Travanet » qui la loge, elle et Bombon. Elle a revu la comtesse Diane. « A la Meute nous avons été parfaitement ensemble. Quant à ses caprices, ils ne m'affligent pas s'ils reviennent ; je fais si peu de fond sur une femme de la tournure de la comtesse Diane, que jamais ses procédés ne pourront m'étonner, et, si sa faveur ne me mettait dans la nécessité d'être bien avec elle, je m'en occuperais fort peu... J'ai oublié de te dire que La Roche Lambert avait été enchantée de ta lettre, elle me l'a montrée et m'a demandé s'il fallait une réponse. Je lui ai dit que oui, mais que je la conjurais d'y mettre beaucoup de retenue ; elle est dans ce moment-ci à la Barre, dans une terre de Mme de Narbonne[1] ; elle y a été avec Madame Adélaïde qui y passera quinze jours. Elle joue la comédie, s'amuse trop actuellement pour t'écrire... »

Mme de Bombelles a mal aux dents en la fin de septembre ; le baron de Breteuil a parlé à la Reine au sujet de l'ambassade désirée ; l'affaire Louvois est toujours au même point... Bombon est toujours délicieux... Mais les lettres de sa mère ne contiennent aucun événement important, aussi nous hâtons-nous d'arriver aux lettres du mois d'octobre.

« Il y a mille ans que je n'ai vu Mme de Vergennes, écrit-elle le 15, ce n'est pas que je n'y aie été bien souvent, mais sa porte est toujours fermée à cause de ses fluxions qui la font souffrir. Je ne sais si je t'ai mandé que le comte d'Esterhazy avait la goutte à Paris, il l'a rapportée de Rocroi et je suis persuadée que l'humidité de ce vilain pays en est la cause... Bombon se porte toujours à merveille. Il devient amoureux de toutes les petites filles qu'il rencontre. Il montre de grandes dispositions à être un jour un second Galaor, et tu feras fort bien d'avoir, comme tu le projettes, beaucoup d'indulgence.

... La duchesse de Polignac n'accouche pas, et quoiqu'elle ait un fort ventre, on commence à croire qu'elle n'accouchera pas du tout. La Reine se porte à

---

1. Dame de Mesdames de France, mère du séduisant Louis de Narbonne, diplomate et général.

merveille[1] ; on dit qu'elle est dans une grande agitation, aisément cela peut se comprendre. Je voudrais qu'elle se persuade bien qu'elle aura encore une fois une fille, afin que, si cela arrive, comme beaucoup de personnes le croient, elle n'en soit point saisie. Madame est toujours grosse[2] et Mme la comtesse d'Artois très malade. Elle a, depuis douze jours, une fièvre d'humeur continue qui la rend extrêmement faible ; le redoublement a pris ce soir avec une grande force, ce qui inquiète beaucoup... »

Le 21 octobre : La mère de notre pauvre petit chevalier (d'Hautpoul) est morte hier de la petite vérole. J'ai appris sa maladie et sa mort presqu'en même temps, je ne puis te rendre la peine que cela me fait. J'ai été sur-le-champ chez Madame Élisabeth lui demander une place à Saint-Cyr pour la petite fille, elle me l'a promise, mais cela ne pourra être que dans deux ans, parce qu'elle a des engagements. Quant au petit

---

1. La santé de la Reine avait été excellente pendant tout l'été. « Ma santé est parfaite, écrivait-elle en mars à la princesse Louise de Hesse-Darmstadt, je grossis beaucoup. Votre sorcellerie est bien aimable de me promettre un garçon. J'y ai beaucoup de foi, et je n'en doute nullement. » — Le public espérait un garçon, et le nommait le *Consolateur*. (*Lettres de M. de Kageneck au baron Alstromer.*)

2. Les couches de la Reine étaient proches et faisaient l'objet de toutes les conversations de la Cour. « L'importance dont il est pour la Reine d'avoir un Dauphin, écrit le chevalier de l'Isle au comte de Riocour, s'accroît encore par une nouveauté qui nous surprend tous, je veux dire la grossesse de Madame ; elle en a tous les symptômes... Or, jugez quel désagrément ce serait pour la Reine si les deux belles-sœurs donnaient avant elle des héritiers ! Espérons que, dans six semaines au plus, elle sera à l'abri d'un si cruel dégoût. » (*Lettres inédites*, archives de M. le comte de Riocour.) Inutile d'ajouter que la prétendue grossesse de Madame n'eut pas de suites.

garçon il ira à l'école militaire ; il s'est heureusement
tiré de sa petite vérole, il n'en sera pas seulement
marqué. Mme d'Hautpoul craignait affreusement la maladie qui vient de l'emporter, elle a été soignée par un
mauvais médecin à ce que tout le monde dit ; son peu
de fortune l'a privée des secours qui l'auraient peut-
être sauvée. Cette idée me désespère et, si j'eusse su
ces détails avant sa mort, elle n'aurait certainement
manqué de rien. Annonce cette nouvelle-là bien doucement au pauvre chevalier. Il va être bien affligé ! Qu'il
est heureux pour cet enfant que tu l'aimes, sans cela
que deviendrait-il ? La quantité de petites véroles qu'il
y a ici me fait trembler pour mon petit Bombon. Je lui
fais porter jour et nuit du mercure, j'espère que cela le
garantira. »

CHAPITRE VI

1781

Voici maintenant le gros événement du 22. « Rien
n'égale la joie que nous éprouvons, écrit la marquise
de Bombelles. La Reine vient d'accoucher d'un dauphin, qui est un enfant d'une force surprenante. La
Reine plus contente que personne se porte à merveille. Elle n'a été qu'une heure en grandes douleurs,
est accouchée à une heure et un quart après-midi.
C'est moi qui ai eu le bonheur d'apprendre cette nouvelle à Madame Élisabeth. Tu imagines le plaisir
que cela lui a fait, elle ne pouvait se persuader qu'il
fût bien vrai qu'elle eût un Dauphin. Enfin tant de
personnes l'en ont assurée qu'il a bien fallu qu'à la fin
elle se livrât à toute sa joie ; cette pauvre petite princesse s'est presque trouvée mal, elle pleurait, elle riait ;
il est impossible d'être plus intéressante qu'elle ne
l'était. C'est elle qui a tenu l'enfant au nom de Mme la
princesse de Piémont [1] avec Monsieur, mais ce qui

---

1. Madame Clotilde, sœur de Louis XVI, depuis reine de Sardaigne.

m'a touchée au dernier point est le contentement du Roi pendant le baptême, il ne cessait pas de regarder son fils et de lui sourire. Les cris du peuple qui était au dehors de la chapelle au moment que l'enfant y est entré, la joie répandue sur tous les visages m'ont attendrie si fort que je n'ai pu m'empêcher de pleurer ; jusqu'à ce que toutes les cérémonies fussent faites, que nous eussions dîné, il était cinq heures et demie et l'heure de la poste passée. Pour réparer cela j'enverrai Lentz demain matin à Paris mettre ma lettre à la grande poste... Ce qu'il y a de plus piquant, c'est que le baron de Breteuil est parti ce matin ; cela n'est-il pas guignonnant? Il n'était pas à Saint-Denis que la Reine, je suis sûre, souffrait déjà. Il sera chez toi ou bien près d'y arriver quand tu recevras la nouvelle.

La Reine avait très bien passé la nuit du 21 au 22 octobre, écrit dans son *Journal* Louis XVI qui, contre l'ordinaire, entre dans des détails circonstanciés. « Elle sentit quelques petites douleurs qui ne l'empêchèrent pas de se baigner... (Le Roi qui devait partir pour la chasse donna contre-ordre à midi.) Entre midi et midi et demie les douleurs augmentèrent... et à une heure un quart juste à ma montre, elle est accouchée très heureusement d'un garçon. »

Pour prévenir les accidents qui s'étaient produits à la naissance de Madame Royale, on avait décidé qu'on ne laisserait pas entrer la foule dans les appartements et que la mère ne connaîtrait le sexe de l'enfant que lorsque tout danger serait passé. Dans la chambre, il n'y avait que Monsieur, le comte d'Artois, Mesdames Tantes, la princesse de Lamballe, Mmes de Chimay,

de Polignac, de Mailly, d'Ossun, de Tavannes et de
Guéménée, qui allaient alternativement dans le salon
de la Paix qu'on avait laissé vide. De tous les
princes que Mme de Lamballe avait avertis à midi, il n'y
eut que le duc d'Orléans qui arriva de Fausse-Repose
où il chassait et se tint dans le salon de la Paix. Le
prince de Condé, le duc et la duchesse de Chartres, le
duc de Penthièvre, la princesse de Conti et Mlle de
Condé n'arrivèrent qu'après l'accouchement ; le duc
de Bourbon le soir, et le prince de Conti le lendemain...

Quand l'enfant fut né, on l'emporta silencieusement
dans le grand cabinet où le Roi le vit laver et habiller et le remit à la gouvernante, la princesse de Guéménée.

La Reine n'osait pas questionner ; tous ceux qui
l'entouraient composaient si bien leur visage, que la
pauvre femme, leur voyant à tous l'air contraint,
crut qu'elle avait une seconde fille. Le Roi n'y tint
plus et, s'approchant du lit de sa femme, il dit les
larmes aux yeux : « Monsieur le Dauphin demande
d'entrer. » On apporta l'enfant ; la Reine l'embrassa
avec une effusion que rien ne saurait peindre, puis
le rendant à Madame de Guéménée : « Prenez-le, dit-
elle, il est à l'État, mais aussi je reprends ma fille. »
« L'antichambre de la Reine était charmante à voir, dit
un témoin oculaire [1]. La joie était à son comble ; toutes
les têtes étaient tournées. On voyait rire, pleurer alternativement. Des gens qui ne se connaissaient pas,

---

1. Récit du comte de Stedingk, dans *Gustave III et la Cour de
France*, t. I.

hommes et femmes, sautaient au cou les uns des autres, et les gens les moins attachés à la Reine étaient entraînés par la joie générale ; mais ce fut bien autre chose quand, une demi-heure après la naissance, les deux battants s'ouvrirent et que l'on annonça Monsieur le Dauphin. Mme de Guéménée, le tenant dans ses bras, traversa les appartements pour le porter chez elle... On adorait l'enfant, on le suivait en foule. Arrivé dans son appartement, un archevêque voulut qu'on le décorât d'abord du cordon bleu ; mais le Roi dit « qu'il fallait qu'il fût chrétien premièrement[1]. »

Dans la noblesse, dans la bourgeoisie, dans le peuple, ce furent des transports de joie ; acclamations, *Te Deum*, illuminations, adresses des corporations, rien ne manque pour célébrer la naissance du royal enfant, qui devait vivre à peine sept ans et un jour. Marie-Antoinette semblait regagner la popularité perdue. S'il y eut des notes discordantes, c'est dans la famille royale et dans son entourage qu'on doit les rechercher, et Mme de Bombelles ne manquera pas de les souligner.

Elle écrit le 24 octobre :

« La Reine et M. le Dauphin se portent à merveille. Le Roi ira après-demain à Notre-Dame, à Paris, avec tous les princes, rendre grâce à Dieu d'un aussi heureux événement. Madame s'est conduite à merveille,

---

1. Le 22 octobre, à trois heures de l'après-midi, Monseigneur le Dauphin fut baptisé par le prince Louis de Rohan, cardinal de Guéménée, grand-aumônier de France... et tenu sur les fonds de baptême par Monsieur, au nom de l'Empereur, et par Madame Elisabeth de France, au nom de Madame la princesse de Piémont. Relation... etc. (Supplément à *la Gazette de France*, du vendredi 26 octobre 1781.)

elle a marqué la plus grande satisfaction ; je crois bien qu'elle ne l'éprouve pas ; mais il est fort honnête et fort prudent à elle d'avoir caché son jeu[1]. Quant à Mme de Balbi[2], je la crois folle, car elle ne se gêne nullement ; elle a l'air d'avoir une humeur de chien, tout le monde le remarque, on ne manquera pas de le dire à la Reine ; cela la fera détester plus que jamais, et je ne conçois pas sa mauvaise tête. La nourrice de l'enfant s'appelle Mme Poitrine ; elle est bien nommée, car elle en a une énorme et un lait excellent, à ce que disent les médecins. C'est une franche paysanne, la femme d'un jardinier de Sceaux. Elle a le ton d'un grenadier, jure avec une grande facilité ; tout cela n'y fait rien, est fort heureux même, parce qu'elle ne s'étonne et ne s'émeut de rien, que par conséquent son lait s'altérera difficilement. Les dentelles, le linge qu'on lui a donnés ne l'ont pas surprise ; elle a trouvé tout cela tout simple, et a seulement demandé qu'on ne lui fît pas mettre de poudre, parce qu'elle ne s'en était jamais servie et voulait mettre son bonnet de six cents francs sur ses cheveux comme les autres cornettes. Son ton amuse tout le monde, parce qu'elle dit

---

1. Madame apprit de façon piquante cette nouvelle si importante pour elle. Elle courait chez la Reine « au grand galop » lorsqu'elle rencontra le comte de Stedingk, qui ne pouvait contenir sa joie : « Un Dauphin, Madame, lui cria-t-il étourdiment, quel bonheur ! » La princesse ne répondit pas ; en apparence, elle eut le bon goût de manifester la plus grande satisfaction. Le comte d'Artois, lui, laissa échapper un mot de dépit. Le jeune duc d'Angoulême était allé voir le Dauphin. — « Mon Dieu, papa, qu'il est petit, mon cousin ! — Un jour, mon fils, vous le trouverez assez grand ! » (*Mémoires* de Mme Campan.)

2. Née Caumont la Force, celle qui devint la favorite *in partibus* du comte de Provence. Elle était dame du palais de la comtesse.

quelquefois des choses fort plaisantes... Je crains bien
que l'accouchement de la Reine n'empêche le baron de
Breteuil de s'arrêter à Ratisbonne; il se croira peut-
être obligé d'aller droit à Vienne pour annoncer l'événement à l'Empereur... Je t'ai assez parlé du Dauphin
de la Nation, il faut que je te parle du nôtre. Je te
dirai que Bombon a deux dents depuis hier, qui sont
venues sans que nous nous en doutions, que cela fait
six, qu'il se porte à merveille. »

Suivent d'autres détails où la mère tendre s'étale
avec complaisance. Si simplement donnés, ces détails
ont du charme pour les jeunes mères, et c'est à ce titre
que je transcris encore ceux-ci : « Quand il a faim, il
va à l'armoire de l'antichambre, prend la main de Lentz,
la met sur la clef pour lui faire entendre qu'il veut
qu'elle soit ouverte. Il prend du biscuit, du raisin ou
une poire, enfin ce qui lui convient; il referme soigneu-
sement l'armoire lui-même et s'en va avec sa provision.
Il l'apporte, le plus souvent, sur mes genoux ; il se met
à manger debout, devant moi, me donne à manger.
Mais ce que cet enfant-là a de charmant, c'est que la
chose qu'il aime le mieux et qu'on lui donnerait, il ne
la mangerait pas, s'il n'a pas faim. Aussi n'a-t-il jamais
d'indigestions, je le laisse manger tant qu'il veut, parce
que je suis sûre qu'il cessera dès qu'il n'aura plus faim.
Véritablement il est impossible d'être plus gentil,
d'avoir plus d'esprit que ce petit bijou. Mais je te le répète, attends-toi bien à le trouver laid, quand tu le reverras, parce que, même moi, je le trouve tel. Mais il
répare cela par une physionomie d'esprit que je préfère
à la beauté. »

On peut sourire de ces enfantillages; pour nous, nous

avouons les trouver exquis de naturel. Ceux-là seuls qui s'extasient sur les chats et ne comprennent pas les enfants se moqueront de Mme de Bombelles. Les lettres suivantes donnent peu de détails sur les fêtes données à Paris en l'honneur du Dauphin, Mme de Bombelles n'y ayant pas assisté [1]. Le 29 octobre, elle a vu le Dauphin et l'a trouvé beau comme un ange. « Les folies du peuple sont toujours les mêmes. On ne rencontre dans les rues que violons, chansons et danses ; je trouve cela touchant, et je ne connais pas en vérité de nation plus aimable que la nôtre. » La joie est universelle à Paris et à Versailles. Que M. de Bombelles fasse de petits vers en apprenant la naissance du Dauphin, rien qui nous étonne. Il les termine même par deux vers tirés de l'opéra *les Événements imprévus* :

> J'aime mon maître tendrement.
> Ah ! comme j'aime ma maîtresse !

ces deux vers qui, dits par Mme Dugazon, pendant l'hiver de 1792, une des dernières fois que Marie-Antoinette se rendit au théâtre, déchaînèrent une tempête.

Le 3 novembre Angélique a annoncé à son mari une nouvelle qui lui ferait plaisir, et le 5, en effet, elle peut lui écrire, rassurée maintenant, après avoir connu une grosse inquiétude, que Bombon a eu la petite vérole. L'éruption a éclaté le 27 octobre, et la courageuse petite femme, sans perdre la tête, sans alarmer

---

1. Voir les *Mémoires* de Weber, *Mémoires secrets*, etc., t. XVIII. Supplément à *la Gazette de France*, et, pour l'ensemble, *Histoire de Marie-Antoinette* par M. Max. de la Rocheterie, ouvrage consciencieux et renseigné auquel tous ceux écrivant sur cette époque ont soin de faire de larges emprunts, tout en oubliant de le citer.

inutilement son mari, a fait soigner l'enfant par le célèbre Goetz, qui quittait ses inoculés pour venir auprès
de Bombon atteint d'une fièvre terrible pendant deux
jours avec des boutons plein le corps, les yeux perdus.
L'enfant a échappé à la mort grâce à sa forte constitution... Madame Élisabeth s'est montrée pleine d'attentions pour Bombon. Bientôt mère et enfant partiront
pour Montreuil, puis pour Chantilly où ils sont invités
par M^ile de Condé.

Dès que la convalescence du petit garçon le lui a
permis, la marquise n'a pas manqué de parler de ses
affaires à Madame Élisabeth. La princesse lui donna
le résultat de ses démarches dans cette lettre aussitôt
envoyée à Ratisbonne.

Lettre de Mme Élisabeth [1] à la marquise de Bombelles

« La petite baronne [2] t'aura dit, mon cher cœur, que
j'avais vu M. de Vergennes, j'en suis fort contente. Il
m'a paru revenu des mauvaises impressions, qu'il avait
contre M. de Bombelles, car, dès que je lui ai dit que je
voudrais que le Roi se chargeât des dettes de M. de
Bombelles, il m'a dit qu'il était impossible de les payer
toutes à présent, mais qu'il comptait lui donner une
gratification dont il serait content et qu'on les paierait
comme cela. Je lui ai dit combien je désirais que cela
soit parce que, si M. de Bombelles mourait, tu serais
très malheureuse. Il m'a dit : « que le Roi, dans ces
cas-là, ferait des grâces ». Enfin il m'a paru si bien dis-

---

1. Inédite.
2. Baronne de Mackau, née Alissan de Chazet.

posé, que je crois qu'il faut laisser faire et ne point lui demander que le Roi promette de les payer ; parce que peut-être que, comme cela, la demande paraîtrait trop forte, et puis, je crois qu'il vous donnerait plus de dix mille francs. Tu me diras que, si le ministre venait à changer, cela dérangerait votre plan ; je réponds à cela que je me charge de lui faire donner et, comme c'est très juste, il ne me le refusera pas. Je crois qu'il faut que tu lui écrives une belle lettre, où tu lui exposes tout ce qu'il sait déjà. Enfin, mon cœur, M. de Bombelles a une fort bonne santé, et, malgré sa colique venteuse et M. de Soran, il ne mourra pas de sitôt. Ainsi M. de Vergennes aura le temps de lui payer ses dettes ; de plus, si, l'année prochaine, il n'était pas si bien disposé, on le repersécuterait beaucoup et, comme la demande sera moins forte, il ne pourrait pas faire autant de difficultés. Pourtant, si tu lui as déjà parlé de la promesse, tu feras tout ce que tu voudras. Comment va Bombon, ce soir ? a-t-il encore la fièvre ? Je vais voir les illuminations qui sont superbes... La comtesse Jules n'est pas trop jolie, car j'ai fait proposer à Mme de Guiche et à Mme de Polastron de venir, mais elle n'a pas voulu ; elle m'a dit : qu'elle devait aller chez la Reine, mais elle est assez bien avec elle, pour lui demander la permission d'aller voir les illuminations [1] ; c'est la seconde fois qu'elle me refuse, aussi je ne leur proposerai jamais de venir avec moi. Adieu, mon cœur, je vous embrasse mille et mille fois de tout mon cœur. »

---

1. Pendant un mois, il y eut des réjouissances et des illuminations. Les principales fêtes, celles des relevailles, devaient avoir lieu en janvier.

La série des lettres suivantes est assez intéressante
pour être donnée presque sans commentaire.

Versailles, 9 novembre.

« Bombon se porte à merveille, mon petit chat.
Goetz, qui sort d'ici et qui a dîné avec moi, est on ne
peut pas plus content, mais il s'oppose à ce que j'aille à
Montreuil, parce qu'il ne fait pas trop beau temps, que
cette petite maison exposée à tous les vents, qui n'a pas
encore été chauffée de l'année, serait trop froide, que, de
plus, elle serait trop triste, parce que dans ce moment-
ci, excepté quelques paysans, il n'y a personne à Montreuil. Cet enfant ne verrait âme qui vive et s'ennuierait,
au lieu qu'ici de mes fenêtres j'ai une vue qui l'amuse.
Il voit passer continuellement des carrosses, du monde,
cela le dissipe. Le premier beau temps que nous
aurons, nous le promènerons dans l'avenue de Sceaux,
cela lui fera prendre l'air, comme s'il était à Montreuil,
et l'amusera davantage. Je n'ai pas été fâchée d'avoir
de bonnes raisons pour ne pas aller là-bas, car cela
m'ennuyait d'avance. Bombon aime la musique plus
que jamais ; quand je veux l'amuser, je le prends sur
mes genoux, et je joue un petit air de clavecin, et, quand
je veux me reposer, il prend ma main et la pose sur le
clavecin, pour que je recommence. Les premières nuits
de sa petite vérole, qu'il avait une fièvre de cheval et
par conséquent beaucoup d'humeur, je lui jouais du
clavecin, cela l'apaisait pendant des petits moments ;
cet enfant sera sûrement musicien. Imagine-toi qu'il
joue du tambour, parfaitement, en mesure ; c'est actuellement un de ses grands plaisirs. Toute sa gaieté n'est

cependant pas encore revenue, parce que son nez est encore plein et couvert de petites véroles ; cela gêne sa respiration, le contrarie. Mais j'espère qu'il sera débarrassé sous peu de jours. Enfin nous avons de grandes grâces à rendre à Dieu et à Goetz qui l'a soigné avec un attachement que je n'oublierai de ma vie.

Mon fidèle Lentz m'a tenu, avant-hier, un propos qui m'a touchée à un point que je ne puis te rendre. Il jouait avec Bombon, et je lui dis en considérant l'enfant : « Mon Dieu, que je suis heureuse que ce pauvre petit ait échappé à un aussi grand danger ; si j'avais eu le malheur de le perdre, je crois qu'il m'aurait fallu enterrer avec lui. » Il me répondit, du fond du cœur : « Ah ! Madame, il aurait fallu tous nous enterrer aussi. » Jamais je n'ai été si attendrie que dans ce moment-là ; si j'avais osé, je l'aurais embrassé de bon cœur. Qu'il est doux d'être aimé de ses gens, surtout quand ils sont sûrs et honnêtes, comme mon pauvre Lentz ; oui, vraiment, je l'aime de tout mon cœur, et je préfère cent fois mieux sa tournure franche et un peu gauche, que celle de ces laquais élégants, qui sont tous des mauvais sujets.

« Mme de Travanet a été dans le désespoir de ne pouvoir venir garder Bombon, mais son mari s'y est opposé absolument. Madame Élisabeth a eu la bonté de lui écrire dès que la petite vérole de Bombon s'est déclarée, pour l'engager à venir auprès de moi. Elle lui a répondu les raisons qui l'en empêchaient. Madame Élisabeth, piquée du refus de son mari, lui a répondu des choses un peu sèches pour lui. La pauvre petite Travanet a été si agitée de l'inquiétude de l'état de Bombon, de la crainte d'avoir déplu à Madame Élisabeth, de l'impa-

tience de la fermeté de son mari à l'empêcher de me
venir voir qu'elle en a été malade. J'ai été désolée de
tout cela. J'ai ignoré absolument la démarche de
Madame Élisabeth, car sans cela je l'aurais empêchée,
sachant la frayeur de M. de Travanet que sa femme ne
puisse encore gagner la petite vérole ; si j'étais d'elle,
je me ferais inoculer par Goetz, afin d'en avoir le cœur
net.

« Mme de Reichenberg est dans son lit, avec la fièvre
et des frissons. Elle souffre beaucoup, depuis quinze
jours ; l'incertitude de son sort contribue beaucoup, je
crois, à la rendre malade. Mon frère et sa petite femme
sont venus m'embrasser furtivement ; je n'avais encore
vu mon frère que de loin et j'avoue que j'ai eu un grand
plaisir à le voir un petit moment à mon aise. Maman
lui avait bien défendu de venir, j'espère qu'elle ignorera
leur désobéissance, car elle se fâcherait réellement,
parce qu'elle craint la petite vérole, comme si elle ne
l'avait pas eue. Ils auront bien soin de ne pas approcher
de sitôt de l'appartement de Monsieur le Dauphin. J'ai
reçu hier une lettre de ta belle-sœur, extrêmement
tendre et honnête, sur la maladie de Bombon. En général tout le monde a pris de l'intérêt à mes inquiétudes ;
le Roi en a demandé des nouvelles à maman, ainsi que
la Reine, et cette dernière le jour qu'il était fort mal a
envoyé chez Madame Élisabeth pour savoir comment il
allait. Mme de Guéménée, Mme de Sérent, toutes les personnes que je connais ont envoyé tous les jours chez
moi. »

Après le bulletin de Bombon, des nouvelles de M. de
Maurepas qui va mourir.

Versailles, 10 novembre.

« Sais-tu que M. de Maurepas sera vraisemblable-
ment mort, quand tu recevras ma lettre. Il a la goutte
dans la poitrine, on lui a mis des vésicatoires, qu'il n'a
pas sentis. Il a eu cependant, ce matin, un moment de
mieux, causé par une évacuation, mais malgré cela les
médecins ne croyent pas que cela aille loin. J'en suis
fâchée, il nous a toujours voulu du bien et nous en a
fait, quand il l'a pu. Si la révolution que causera sa
mort ne porte pas dans quelque temps d'ici le baron
de Breteuil au ministère, nous ne devons plus espérer
qu'il y arrive jamais. Il est *guignonant* qu'il ne soit pas
ici, à présent, car les absents ont presque toujours tort.
On dit, mais je n'en crois rien, que M. de Nivernais
succédera à M. de Maurepas. J'ai vu, ce matin, ce
pauvre M. d'Hautpoul qui m'a chargée de te remercier
de tes bontés pour son fils, de t'en demander la conti-
nuation. Il n'a fait que pleurer tout le temps qu'il a
été chez moi, cela m'a fait une peine horrible. Il est
cependant aussi content que la perte qu'il vient de faire
peut le lui permettre, parce que Madame Élisabeth se
charge de faire entrer sa fille à Saint-Cyr et le petit
chevalier à l'école militaire.

12 novembre.

« M. de Maurepas est entièrement hors d'affaire, il a
déjà travaillé avec les ministres, et le voilà heureusement encore retiré des portes du tombeau. On dit que le
Roi va donner sa survivance à M. de Nivernais, mais

cela me paraît dénué de bon sens, car M. de Maurepas, n'ayant pas de départements, ni le titre de premier ministre, il ne peut y avoir de survivance. Madame, fille du Roi, n'aura pas, non plus, la petite vérole, mais on l'a bien craint [1], elle a eu trois jours de fièvre ; on avait déjà préparé un autre appartement pour M. le Dauphin qui devait être sous la garde des trois anciennes sous-gouvernantes, et Mme de Guéménée restait à garder Madame, avec ma sœur et Mme de Vilfort, la Reine et Madame Élisabeth devaient s'enfermer avec la petite princesse, pour la soigner. Tous ces beaux préparatifs se sont évanouis avec la bonne santé de Madame qui se porte ce matin à merveille.

19 novembre.

« Il y a de grandes nouvelles, mon petit chat : premièrement M. de Maurepas a reçu les sacrements, ce matin ; il est à toute extrémité et n'a plus que quelques heures à vivre. Il paraît à peu près certain que M. de Nivernais le remplacera. Ensuite M. de Lauzun vient d'arriver et il a appris la nouvelle que nous avions eu un grand combat dans lequel nous avions pris dix-huit cents matelots, tué beaucoup d'Anglais et qu'en tout ils avaient pris mille hommes et que nous n'avons pas eu un seul homme de mort. Cela me paraît si beau que j'ai peine à le croire, c'est cependant Madame Élisabeth qui vient de me le faire dire dans

---

1. La petite princesse ne fut pas atteinte par l'épidémie de petite vérole, mais elle eut, quelques semaines après, la coqueluche, qui faisait aussi des ravages à Versailles. (Lettre de Mme de Mackau à Madame Clotilde, *loc. cit.*)

l'instant[1]. M. des Deux-Ponts est revenu[2], Mme des Deux-Ponts vient de me faire dire qu'elle était au comble de la joie. Je t'enverrai après-demain des dé-

---

[1]. A cette même date le chevalier de l'Isle écrivait au comte de Riocour : « Si M. de Maurepas n'a pas encore, au moment où j'écris, rendu le dernier soupir, il s'en faut de si peu que ce n'est pas la peine d'en parler. L'affliction que cet événement cause au Roi va être soulagée par l'heureuse et triomphante nouvelle de la reddition de toute l'armée de Cornwallis consistant en 6.000 hommes de troupes réglées et 18.000 matelots. Ces troupes acculées dans York ont capitulé le 19 octobre, forcées par les armées réunies de Washington et de Rochambeau. C'est M. de Lauzun qui nous en apporte à l'instant la nouvelle, ayant fait le trajet en vingt-quatre jours ; il est suivi du comte Guillaume de Deux-Ponts. » (Lettres inédites, archives de M. le comte de Riocour.)

M. de Maurepas mourut le 21 novembre. Il avait juste quatre-vingts ans. On tarda jusqu'au dernier moment à lui donner les sacrements. Sur l'indifférence de la Cour pendant cette agonie pénible, on relira avec fruit les lettres de Mme de Coislin au duc d'Harcourt dans Hippeau, *le Gouvernement de la Normandie*, t. IV, et *Louis XV intime et les Petites maîtresses*, p. 159. La veille de la mort, Mme de Coislin écrit : Ce n'est que depuis hier que l'on cesse de se flatter sur l'état de M. de Maurepas, et l'on aperçoit déjà une sorte d'envie d'en être quitte. On parle à la fois de sa fin très prochaine et du bal que les gardes du corps donneront le mois prochain. Quel pays que le nôtre ! Quels amis, quels cœurs et quels esprits !

Peu de temps avant sa mort, Maurepas montra à Augeard la copie d'une note qu'il avait remise au Roi. Il y était écrit : « Liste des personnes que le Roi ne doit jamais employer après sa mort, s'il ne veut voir de ses jours la destruction du royaume. A la tête était l'archevêque de Toulouse, le président de Lamoignon, M. de Calonne, quatre ou cinq autres personnages, et, en dernière ligne, le retour de M. Necker. » (*Mémoires* d'Augeard, p. 112.) Maurepas fut loin d'être un ministre irréprochable, mais à sa mort les finances étaient en bon état, c'est un fait. Il n'en fut pas précisément de même avec Loménie de Brienne et Calonne.

[2]. Guillaume des Deux-Ponts, né en novembre 1752, fils du prince palatin Jean des Deux-Ponts et de Sophie, comtesse de Dham. Il s'était marié le 30 janvier 1780 avec Marie-Anne, princesse des Deux-Ponts. En 1782, il devint colonel du régiment de dragons Jarnac, qui devint Deux-Ponts.

tails plus circonstanciés de cette grande affaire. Si
elle est effectivement aussi brillante qu'on le dit, cela
doit déterminer la paix, quel bonheur cela serait
d'abord pour la France, et puis, pour nous, cela amé-
liorerait ton avancement, te ferait revenir; que je
serais contente.

« Le baron de Bombelles a été présenté hier au
Roi, par M. de Castries[1]; il lui a offert un ouvrage sur
la marine qu'il vient de faire. Il est parti, tout de suite,
pour Paris; il y passera la journée et partira demain
pour Rochefort. M. de Castries, après lui avoir donné
les espérances les plus brillantes, le renvoie sans
avoir rien fait pour lui, ayant pu trois fois leur donner
des places de sa compétence et ne l'ayant jamais fait. »

Le tout parce que le baron donnait plus de temps à
son travail qu'à solliciter et à faire sa cour au ministre.

21 novembre.

« J'ai reçu ce matin, mon petit chat, ta lettre du 13,
je l'attendais avec une impatience que je ne puis t'exprimer. J'ai presque pleuré en la lisant; que ta sensibilité
à la nouvelle que je t'ai apprise est touchante! Que
Bombon ne peut-il déjà comprendre le bonheur d'avoir
un père comme toi! A chaque instant je jouis du
bonheur d'être ta femme, ta lettre m'a causé tant de
plaisir que je l'ai fait lire tout de suite à M. de Soucy,
à Madame Élisabeth, qui l'a trouvée, comme tu le
verras dans son petit billet, charmante. Tu étais bien
digne que le ciel fît en ta faveur presque un miracle

---

1. Ministre de la marine; maréchal en 1783.

en te conservant ton fils. Je prie Dieu, de tout mon
cœur, qu'il mette le comble à ses bontés en donnant à
cet enfant toutes les vertus et surtout un cœur sem-
blable au tien. Il vient de s'endormir après avoir bien
soupé, il est d'une gaieté qui est le plus sûr garant
de sa bonne santé. Il n'y a point de singeries qu'il ne
fasse...

« J'ai été à confesse, cette après-midi, et ferai demain mes dévotions ; ce sera de tout mon cœur que
je rendrai des actions de grâces à Dieu de tous les
biens qu'il m'a faits. Je n'ai pas voulu partir pour
Chantilly, sans avoir rempli ce devoir de reconnaissance envers l'Être suprême. On m'avait promis la
relation de la prise d'York, mais, comme elle n'arrive
pas, je te dirai que MM. de Grasse et de Rochambeau,
avant de l'assiéger, ont dissipé la flotte, qui devait
défendre le port et ont fait couler à fond un vaisseau
de guerre, que M. de Rochambeau a attaqué York
par terre et M. de Grasse par mer, et Cornwallis [1], qui
était à York, s'est rendu prisonnier avec six mille
Anglais. Ce qu'il y a de bien extraordinaire, c'est
qu'on dit qu'ils avaient encore des vivres, pour trois
semaines ; ils se sont rendus le 18 octobre. M. de
Lauzun est parti le 24, et il est arrivé, comme tu sais,

---

1. Charles Mann, marquis Cornwallis, général anglais, né le
31 décembre 1738. Il se distingua au début de la guerre d'Amérique où il seconda le général en chef Clinton. Après cette capi-
tulation de Yorktown, il eut des alternatives de succès et de
revers. Finalement il fut surpris sur les côtes de Virginie et dut
mettre bas les armes avec 9.000 hommes qu'il commandait. Gouverneur du Bengale en 1786, gouverneur général de l'Inde en 1801,
il mourut en 1805 dans la province de Bénarès. Ses lettres ont été
publiées à Londres en 1889 (3 vol.).

avant-hier ; c'est assurément bien aller. M. de la Fayette, de Noailles, des Deux-Ponts viennent passer l'hiver ici et retourneront là-bas le printemps prochain. »

Voici le petit billet de Madame Élisabeth dont il est question dans cette lettre :

« Je suis dans l'enchantement, ma chère Angélique, de la lettre de ton mari ; il est impossible d'être plus tendre et plus aimable : tu l'es aussi de me l'avoir envoyée. Tout ce qu'il dit est bien vrai, et après une connaissance aussi parfaite de toi je lui saurais bien mauvais gré de ne pas t'aimer ; mais là-dessus, tes amies n'ont rien à désirer. Tu dois être revenue de Saint-Louis, je t'en fais mon compliment. Mon bras va bien, je souffre moins qu'hier. Adieu, je t'embrasse, à demain. Je me recommande à tes bonnes prières. »

Les quelques lettres qui suivent nous conduisent à Chantilly, où Mme de Bombelles est l'hôte du prince de Condé et de sa fille, Louise-Adélaïde de Bourbon-Condé, celle dont on connaît le roman d'amour platonique avec le marquis de la Gervaisais et qui a terminé ses jours dans un couvent sous le nom de Marie-Joseph de la Miséricorde [1].

Chantilly, 27 novembre.

« Je suis arrivée ici, mon bijou, avec mon petit Bombon, avant-hier à cinq heures. Le petit a été charmant

---

[1]. Voir la *Dernière des Condé*, par le marquis Pierre de Ségur.

pendant tout le voyage, il n'a fait que rire et jouer surtout lorsque nous avons pris la poste. Tu ne peux
t'imaginer la joie qu'il a eue des six chevaux et des
coups de fouet des postillons. Il se porte à merveille,
se promène presque toute la journée; il fait heureusement un beau temps, quoiqu'il soit froid, et il a l'air de
s'amuser beaucoup de tout ce qu'il voit. Tu es sûrement curieux de savoir comment j'ai été reçue ? à merveille. J'ai été, en arrivant, dans l'appartement de Mademoiselle et lui ai fait dire que j'étais là ; elle y est
venue tout de suite et m'a comblée de caresses et
d'honnêtetés. Un instant après M. le prince de Condé
y est arrivé en me disant : qu'il avait imaginé que j'aimerais mieux faire connaissance avec lui chez sa fille
que dans le salon ; il m'a fait beaucoup de remerciements
de ma complaisance, enfin beaucoup de choses honnêtes. Depuis que je suis ici tout le monde m'y comble
d'attentions et je serais la plus grande dame de la
France que je ne serais pas mieux traitée. Hier, pendant la répétition, le prince de Condé m'a dit : que tu
avais joué la comédie avec lui, mais que tu avais bien
peur. Je lui ai répondu que tu avais acquis beaucoup
de talents depuis ce temps-là, que tu jouais très bien
actuellement, que tu avais construit, chez toi, un petit
théâtre fort joli. Il m'a fait des questions sur ta maison,
sur la manière dont tu étais là-bas : je lui ai dit, d'un
air modeste, qu'il était difficile de répandre plus d'agréments dans la société que tu ne le faisais, et je n'ai
pu me refuser à un petit éloge de ton esprit et de
ton cœur. Il m'a demandé quand tu reviendrais et il
m'a dit qu'il serait bien aise de te voir ici. Nous
jouons dimanche *la Metromanie* et *la Fausse Magie*

dans laquelle je fais Mme de Saint-Clair. Imagine-toi qu'on a trouvé ma voix jolie, je sais parfaitement mes airs, de sorte que j'espère n'être pas plus ridicule qu'une autre. Mademoiselle est réellement aimable, elle a beaucoup de naturel et un grand désir de plaire aux femmes qui sont chez elle. Mme de Monaco [1] n'est pas ici, Mme de Courtebonne [2] non plus; cette dernière est mise de côté tout à fait; mais Mme de Monaco est plus que jamais dans la grande faveur. M. le prince de Condé est parti pour Paris, une heure après mon arrivée, pour la seconde fois, depuis huit jours, afin de déterminer Mme de Monaco à revenir ici ; cette dernière fait la cruelle à cause du petit séjour de Mme de Courtebonne ici, elle a imposé pour première condition de son raccommodement le renvoi de Mme de Courtebonne qui l'a été honteusement deux jours avant mon arrivée. Je sais tous ces détails par M. de Ginestous, qui épouse une Génoise, parente de Mme de Monaco; il se marie lundi, et Mme de Monaco doit venir ici après le mariage si M. le prince de Condé est bien sage. C'est inouï qu'un prince de cet âge-là soit dominé à ce point par une femme. »

Mme de Bombelles se plaît à Chantilly, mais elle n'ignore pas les regrets qu'elle a laissés derrière elle :

« Mon départ de Versailles a été réellement touchant.

---

1. Marie-Catherine de Brignole, princesse Honoré de Monaco, était depuis longtemps la maîtresse du prince de Condé. Il l'épousa en émigration. Elle mourut en 1837. Voir, dans *la Dernière des Condé*, le chapitre *Marie-Catherine de Brignole*.

2. La comtesse de Courtebonne née Gouffier, une des dames de la duchesse de Bourbon, avait été le prétexte d'un duel en 1779, entre le marquis d'Agoult, qu'elle avait promis d'épouser, et le prince de Condé, son amant d'un jour.

Madame Élisabeth ne pouvait pas me quitter ; moi, je pleurais de tout mon cœur ; de là, j'ai été faire mes adieux à ma tante : elle, ses enfants, ma sœur étaient au désespoir de me quitter. Maman, qui était à Paris, a eu la charmante attention de venir, avec mon frère et sa femme, à Saint-Denis où nous avons passé une heure ensemble. Il semble que les affreuses inquiétudes que m'avait données la petite vérole de Bombon aient réveillé, pour moi, le sentiment de toutes les personnes qui doivent m'aimer un peu ; cela me fait plaisir, je l'avoue, et j'ose dire que je suis, en quelque manière, digne de l'amitié qu'on a pour moi par le prix infini que j'y attache. »

Jour par jour, Mme de Bombelles conte par le menu ce qu'elle voit et qu'elle fait. Pour écrire à son mari, elle sait très bien prétexter de la fatigue et se retirer de bonne heure.

« Je te dirai d'abord, écrit la fidèle correspondante, le 29 novembre, que Bombon est d'une joie, d'un bonheur d'être ici, que tu ne peux imaginer, parce qu'il est presque toute la journée dehors. Nous n'avons heureusement pas encore eu de pluie, et, quoiqu'il fasse très froid, le temps est assez beau. Moi, je m'amuse assez, mais les répétitions prennent tant de temps que je n'ai exactement le temps de rien faire. On répète, le matin, *l'Amant jaloux* qu'on jouera de dimanche en huit et, le soir *la Fausse Magie*, qu'on joue dimanche prochain. J'ai eu, ce soir, les plus grands succès dans mon rôle de Mme de Saint-Clair. On a trouvé que je le jouais très bien et que j'étais très bonne musicienne. M. le

prince de Condé disait ce soir : « C'est une bien bonne
acquisition que nous avons faite là. » Mademoiselle me
comble d'amitiés et, excepté par toi, je n'ai jamais été
gâtée comme je le suis, depuis que je suis ici. Madame
Elisabeth m'a déjà écrit depuis que je suis ici, elle me
donne tous les jours plus de marques de bonté et d'amitiés, aussi l'aimai-je de tout mon cœur. Je ne sais ce
que je ne donnerais pas, s'il s'agissait de son bonheur.
Je lui ai écrit ce matin et j'ai oublié de la prier de dire
à M. le comte d'Artois que son clavecin était en route,
mais je lui demanderai la première fois.

3 décembre.

« C'est hier, mon petit chat, que j'ai débuté ; le spectacle a été charmant, tout le monde a bien joué. Je me
suis fort bien acquittée de mon rôle de Mme de Saint-
Clair, dans *la Fausse Magie*, je n'ai pas trop eu peur et
j'ai été fort applaudie. On a joué, avant, *la Métromanie*
dans la plus grande perfection. M. le prince de Condé
faisait *Francaleu ;* le comte François de Jaucourt, le
Métromane, tout le monde a prétendu qu'il avait mieux
joué que Molé ; en un mot, cela a été à merveille, et
j'aurais donné tout au monde, pour que tu fusses avec
nous, cela t'aurait certainement amusé. Ce qui m'amuse
encore davantage, c'est que l'air de Chantilly fait le plus
grand bien à Bombon. Il se porte à merveille, reprend
singulièrement des forces ; il recommence à marcher
seul. Il veut être toute la journée dehors et rien ne
l'amuse comme d'être à l'air. Si tu voyais sa joie quand
je rentre chez moi, comme il crie : maman, maman ; il
me tend ses petits bras, me mange de caresses et ne

veut plus me quitter. Je n'ai jamais vu d'enfant aussi caressant et aussi attaché à sa nourrice ; aussi, quand il faut le quitter, il n'y a sortes de ruses que je n'emploie pour m'esquiver, sans qu'il me voie, et, quand je ne réussis pas, ce sont les pleurs de ce pauvre enfant qui, je l'avoue, me font pleurer aussi. Tu sais, peut-être, la mort de Tronchin : il est mort à peu près de la même maladie que M. de Maurepas. Mme de Boulain-villiers est morte aussi, ainsi qu'une dame dont je ne sais plus le nom, qui a gardé son mari de la petite vérole. Le mari en est mort, elle a gagné sa maladie et vient aussi de mourir. Je trouve cela touchant ; je crois que c'est de Perci qu'elle se nomme, la connais-tu ? Mme de la Trémoïlle [1], qui est ici, m'a beaucoup demandé de tes nouvelles et me traite à merveille, parce que je suis ta femme. Elle est, quoique bien plus vieille, beaucoup plus jolie que sa belle-fille, la princesse de Tarente [2] qui est bien faite, a tout ce qui faut pour être agréable et, pourtant, ne l'est point. Son mari a l'air d'un enfant de douze ans : il est petit, joli, blanc et couleur de rose, n'a pas l'apparence de barbe. On dit qu'il a dix-sept ans, ainsi que sa femme ; cette dernière a l'air d'en avoir dix de plus que lui [3]. M. d'Au-

---

1. Duchesse de la Trémoïlle, née princesse de Salim Kirlbourg.

2. La princesse de Tarente, fille du dernier duc de Chastillon, femme du fils aîné du duc de la Trémoïlle, fut dame d'honneur de la Reine. Emprisonnée en 1792 à l'abbaye, elle échappa par miracle aux massacres de septembre, et mourut en Russie pendant l'émigration en 1814. Le duc de la Trémoïlle actuel, fils du second mariage de son père, a publié (Grimaud, Nantes, 1897) les *Souvenirs de la princesse de Tarente sur la Terreur*.

3. Le prince de Tarente ne tarda pas à se séparer de sa femme. Devenu veuf et duc de la Trémoïlle, il épousa, en 1830, Mlle Valentine Walsh de Serrant, d'où le duc actuel.

teuil, un gentilhomme de M. le prince de Condé, qui fait les rôles d'amoureux, m'a chargée de le rappeler à ton souvenir; il m'a fait un grand éloge de toi, aussi m'a-t-il plu beaucoup; il est honnête et plein d'attentions. Adieu, bijou, j'espère recevoir bientôt de tes nouvelles, je t'aime et t'embrasse de tout mon cœur. »

7 décembre.

« Mme de la Roche Lambert est arrivée hier; on donne dimanche *l'Épreuve délicate*, pièce nouvelle, et *l'Amant jaloux*; je joue le principal rôle dans la première pièce : il est d'une difficulté horrible, je ne le jouerai pas bien, mais cependant cela ne sera pas ridicule. Mme de la Roche Lambert fait Léonore dans *l'Amant jaloux*; Mademoiselle, *Jacinthe*; et moi, *Isabelle*; M. le prince de Condé, *Lopez*; M. d'Auteuil, *Don Alonze*; et le vicomte Louis d'Hautefort, *Florival*. Le trio des femmes va à merveille et fait un effet charmant. Riché m'a tant fait répéter que je chante fort bien mon rôle et, si je n'ai pas de grands succès, je suis sûre, au moins, de ne pas choquer. Mademoiselle me témoigne toujours l'amitié la plus grande, je l'aime à la folie, elle a dans ses manières beaucoup d'analogie avec Madame Élisabeth. Mme de Monaco est arrivée avant-hier au soir, cela m'a bien divertie. Je mourais d'envie de la voir : elle a l'air pédant, au souverain degré, prêche morale toute la journée. M. le prince de Condé a l'air d'un petit garçon devant elle, à peine ose-t-il parler à une femme parce qu'elle est d'une jalousie excessive. Aussi, comme elle n'est pas aux répétitions, il choisit ce moment pour jaser avec sa fille et avec moi;

il rit des folies que nous disons, parce que Mademoiselle
est fort gaie ; mais, à peine rentré dans le salon, le ri-
deau se tire sur tous les visages : c'est une véritable
comédie. M. le prince de Condé va tristement se
placer auprès de Mme de Monaco ; moi, je reste auprès
de Mademoiselle, parce que je ne saurais trop marquer
que ce n'est que pour elle que je suis venue ici ; de
plus que cela m'amuse davantage. Elle ne peut pas
souffrir Mme de Monaco, celle-ci le lui rend bien, tout
cela m'amuse ; je l'avoue, cela ne produit pas le même
effet à tout le monde. Je suis pourtant fâchée, pour
Mademoiselle, du pouvoir absolu qu'a cette femme sur
l'esprit de M. le prince de Condé, parce qu'elle cher-
chera toutes les occasions de lui faire quelques niches. »

10 décembre.

« J'ai eu hier, mon petit chat, de véritables succès :
j'avais un rôle, dans la nouvelle pièce, de la plus grande
difficulté et je l'ai fort bien rendu. J'ai ensuite joué
Isabelle ; le trio des trois femmes a fait le plus grand
effet. Mme de la Roche Lambert, qui faisait *Éléonore*, a
chanté et joué comme un ange. Mlle de Condé a
assez bien fait *Jacinthe*, mais ce rôle cependant n'allait
ni à sa voix, ni à sa figure ; le spectacle, en tout, a été
charmant. M. d'Auteuil, que tu connais, a joué *l'Amant
jaloux* dans la dernière des perfections. M. le prince
de Condé, à l'exception qu'il n'a pas beaucoup de voix,
a rendu à merveille le rôle de Lopez : il y a mis toute
la gaieté et toute la finesse que le rôle exige. On joue,
dimanche prochain, *le Prince lutin*, pièce nouvelle, de
M. de Saint-Alphonse, la musique est de la Borde, son

beau-frère, elle est dans le goût ancien et très difficile à apprendre. Je partirai le lendemain pour Versailles, malgré toutes les instances qu'on me fait, pour rester quelques jours de plus ; mais j'ai promis à Madame Élisabeth de revenir le 17 et je ne veux pas manquer à ma parole ; je n'y aurai pas un grand mérite, car, quoique je m'amuse fort ici et que j'y sois traitée à merveille, j'éprouverai une véritable satisfaction à revoir Madame Élisabeth et ma famille, et j'attends ce moment avec impatience. Bombon se porte, toujours, à merveille : l'air d'ici lui fait le plus grand bien, il a presque toujours fait beau, depuis que nous y sommes, de façon qu'il a pu beaucoup sortir. Il est à présent gros et gras, comme s'il n'avait pas été malade. Adieu, bijou. Imagine que, dès ce matin, nous recommençons les répétitions. Je suis lasse comme un chien de mes deux rôles d'hier et nullement en train, ce matin, de chanter, d'autant plus que cette musique de M. de la Borde me déplaît.

Chantilly, 15 décembre.

« J'ai reçu avant-hier, mon petit chat, tes lettres du 30 et du 2 de ce mois. Ces maudites répétitions sont cause que j'ai été quatre grands jours sans t'écrire, parce que, après avoir appris nos rôles pour une nouvelle pièce, qu'on devait jouer dimanche, il a fallu en apprendre d'autres, parce que tous les projets ont été renversés par la mort de l'archevêque[1] qui a obligé

---

1. Christophe de Beaumont, comte de Lyon, né à la Roque, près de Sarlato, le 26 juillet 1703 ; évêque de Bayonne, 1741 ; archevêque de Vienne, 1745 ; archevêque de Paris en 1746. Commandeur des ordres du Roi en 1748. Duc et pair de France en 1750.

Mme de la Roche Lambert de partir pour Paris. C'est une perte affreuse, pour l'humanité ; jamais on 'ne retrouvera d'homme assez pénétré de ses devoirs pour donner, par an, six cent mille francs aux pauvres, comme faisait ce pauvre archevêque. Que de personnes, qu'il faisait subsister, vont se trouver malheureuses, surtout à l'entrée de l'hiver. Cette idée déchire l'âme. On croit que ce sera l'archevêque d'Arles, l'évêque de Laon, mais je suis persuadée que ce sera l'évêque de Senlis [1].

« M. le prince de Condé nous a menées hier, en calèche, Mme de Sorans et moi, voir tout Chantilly ; cela m'a bien amusée. On ne connaît rien, quand on n'a pas vu un aussi beau lieu. Nous avons passé au milieu des écuries, mon Dieu, la belle chose ! Il n'y a que l'intérieur du hameau et de l'île d'amour qu'il n'a pas voulu que nous vissions, il veut ne nous les faire connaître que ce printemps. On n'est pas plus aimable, plus honnête pour les femmes que ce prince. Il fait les honneurs de chez lui, comme s'il était un particulier. Il est, surtout, charmant quand la grande princesse n'est pas ici ; elle est à Paris, depuis trois jours, à cause de Mme de Ginestous qui est tombée malade le lendemain de son mariage, mais elle va bien. Mademoiselle est ce qui m'attache le plus ici, elle est réellement charmante. Je pars après-demain matin. J'ai reçu pendant mon séjour ici des lettres charmantes de Madame Élisabeth, elle a la bonté de m'attendre avec impatience,

---

1. Le nouvel archevêque sera Antoine-Éléonor Le Cler de Juigné de Neuchelles, né en 1728, évêque de Châlons le 29 avril 1764, archevêque de Paris en 1781. C'était un excellent choix.

j'en ai une bien grande de l'aller rejoindre, ainsi que toute ma famille. »

Pendant ce temps M. de Bombelles a correspondu régulièrement. Il a taquiné sa femme sur ses succès à Chantilly, sur ses goûts de comédienne, sur ces « dissipations » qui lui feront trouver monotone la vie qu'elle mène à Versailles quand elle n'est pas de service. Puis il vient à parler de la princesse de Monaco. « C'est dire du bien de Mademoiselle, que de dire qu'elle a des manières de Madame Élisabeth et je suis ravi que tu aies bien prouvé que tu étais à Chantilly pour elle. L'asservissement de M. le prince de Condé ne me paraît pas moins extraordinaire qu'à toi : voici dix ans qu'il s'ennuie de Mme de Monaco et qu'il en est subjugué, nos plus cruelles ennemies sont nos passions déréglées [1]. J'aurais cru que cette triste sultane favorite t'aurait parlé de moi ; elle m'honora pendant un temps de quelques bontés. »

Ce séjour de Mme de Bombelles à Chantilly avait excité les jalousies, déchaîné les commérages du clan Guéménée-Coigny, comme le prouve la lettre suivante. On sent la marquise un peu nerveuse, et elle, si indulgente d'ordinaire, se répand en justes récriminations

---

1. Le mot n'est pas juste. Tout en étant subjugué, le prince de Condé bénissait cette chaine, si pesante qu'elle fût parfois. La fidélité et l'amitié de Mme de Monaco déterminèrent le prince de Condé à régulariser, dès qu'il le put, une union à laquelle il ne manquait que le sacrement. Dès la mort d'Honoré III de Monaco (1795), le prince de Condé avait songé à épouser sa veuve. Les péripéties de l'émigration, la crainte du quand dira-t-on l'empêchèrent de réaliser son projet avant 1808. Voir le livre cité du marquis de Ségur : *la Dernière des Condé.*

contre les sottes calomnies si bénévolement répandues
sur son compte. On a peine à comprendre que, pour
avoir passé quelques jours à Chantilly, une femme im-
peccable comme l'était Mme de Bombelles ait pu se
trouver en butte à des caquets aussi criminellement
mensongers. Cette lettre donne trop la représentation
de ce qu'étaient certaines coteries à la Cour de Versailles pour ne pas être lue avec attention.

                        Versailles, le 18 décembre.

Je suis arrivée, hier, au soir, mon petit chat, me portant à merveille, ainsi que Bombon, n'ayant pu m'empêcher de donner quelques regrets à Chantilly, car
véritablement le lieu, la vie qu'on y mène, tout y est
charmant. Les bontés de Mademoiselle m'avaient attachée à elle, elle m'a paru avoir réellement du chagrin
de mon départ ; je lui avais inspiré de la confiance, elle
ne me cachait pas ses petits dégoûts que lui donnait
Mme de Monaco, le peu de fond qu'elle pouvait faire
sur toutes les personnes qui l'entouraient. Enfin tout
cela a fait que j'ai été très touchée de me séparer
d'elle. Le plaisir extrême que j'ai eu à revoir Madame
Élisabeth, maman, m'a fait oublier, ou du moins m'a
fort consolée de n'être plus à Chantilly. Mais croirais-
tu que ce voyage, qui est la chose la plus simple à
penser, me fait des tracasseries ? Le comte de Coigny,
qui est méchant comme la gale, en a fait des gorges
chaudes, a prétendu que j'allais être la complaisante
de Mme de Monaco, mille bêtises à peu près pareilles.
Mme de Guéménée par bonté, et par une confiance
aveugle en ce fat, a dit à maman presque des in-

jures, sur mon voyage là-bas. Maman lui a répondu : qu'il fallait être bien méchant pour trouver d'autres raisons à mon séjour de Chantilly, que celle de l'amitié que Mademoiselle avait, depuis longtemps, pour moi, qu'ayant appris que mon fils avait eu la petite vérole elle m'avait proposé d'aller lui faire prendre l'air à Chantilly, qu'il était impossible que je me refusasse à cette marque de bonté et qu'il n'y avait assurément rien que de fort honnête dans toute ma conduite. Mme de Guéménée lui a répondu : qu'effectivement, à la manière dont elle présentait la chose, elle paraissait toute simple, qu'elle la trouvait telle et le dirait bien à toutes les personnes qui lui en parleraient ; mais, comme maman sait qu'elle ment et qu'elle leur dirait peut-être des choses qui ne seraient pas, elle n'était pas tranquille, et, en conséquence, a fait chercher le comte d'Esterhazy à qui elle a dit ses inquiétudes. Il lui a dit qu'elle pouvait être sûre qu'il arrangerait cela près de la Reine, au cas qu'elle ne le trouvât pas bon. Il faut effectivement qu'il lui en ait parlé, car il y a trois jours que M. le comte d'Artois avec un air goguenard a demandé à Madame Élisabeth ce que j'avais été faire à Chantilly ; la Reine a pris la parole et a dit que Mademoiselle, me connaissant, m'avait engagée à y venir et qu'elle trouvait cela fort simple. Il est heureux que cela ait tourné comme cela et que le comte d'Esterhazy ait été ici, car d'un voyage qui était assurément fort honnête, on s'en serait servi pour dire beaucoup de mal de moi ; juge quel malheur si la Reine l'avait cru. En tout cette fameuse société est composée de personnes bien méchantes, et montée sur un ton de morgue et de médisance incroyable. Ils

se croient faits pour juger tout le reste de la terre, ce ne
sera jamais en bien, car ils ont si peur que quelqu'un
ne puisse s'insinuer dans la faveur qu'ils ne font guère
d'éloges, mais ils déchirent bien à leur aise. Il faut cependant voir tout cela et ne rien dire, c'est impatientant.

« La belle-fille de M. de Vergennes a eu des convulsions, elle est grosse de six mois, et on est fort inquiet
de son état. Je compte aller faire une visite à Mme de
Vergennes, je ne sais si elle me recevra ; j'espère, au
moins, voir Monsieur, car je veux le remercier de ce
qu'il a dit à Madame Élisabeth et l'en faire souvenir.
On dit et même il paraît décidé que c'est l'archevêque
de Toulouse[1] qui sera l'archevêque de Paris ; il n'a
pas tout à fait la dévotion du défunt, mais cela vaut
bien mieux, paraît-il ; il est protégé de la Société, ainsi
cela ira bien. La duchesse de Polignac n'accouche
pas ; on commence à croire que c'est un môle. Mme de
Sérent n'est pas de très bonne humeur depuis quelque
temps, à ce qu'on m'a dit, mais il faut convenir que la
comtesse Diane abuse tant de sa faveur, pour la faire
aller continuellement, tandis qu'elle se repose, qu'il
n'est pas étonnant que cela aigrisse Mme de Sérent
contre elle. Mon Dieu, que j'envie le sort de ses enfants,
ils vont passer l'hiver avec toi, cela te fera une société
charmante. Je suis enchantée que cette circonstance

---

1. Etienne-Charles de Loménie de Brienne, né, en 1726, à Paris,
où il mourut en prison, le 16 février 1794. Evêque de Condom, 1760 ;
archevêque de Toulouse, 1764. Il ne fut pas nommé archevêque
de Paris, Louis XVI ayant répondu : « Encore faut-il que l'archevêque de Paris croie en Dieu. » Ceci ne l'empêcha pas d'être
plus tard archevêque de Sens, après avoir été un an contrôleur
des finances (1787-1788), en remplacement de Calonne. Il se montra
aussi désastreux administrateur que son prédécesseur.

mette un lien de plus à l'amitié que M. et Mme de Sérent veulent bien nous marquer, ce sont de si honnêtes personnes qu'il est impossible de ne leur pas être attaché, quand on les connaît. »

Versailles, 19 décembre.

« Il faut que tu saches mes folies. Imagine-toi que, dimanche, nous avons, comme tu sais, joué la comédie, j'ai eu assez de succès. Après le spectacle on a soupé et ensuite vers minuit on a recommencé à danser ; nous avons dansé jusqu'à sept heures du matin et nous n'avons fini que parce que nous ne pouvions plus remuer de lassitude. Mademoiselle, après m'avoir fait des adieux très tendres, a été se coucher ; moi, j'ai été me déshabiller, j'ai fait une petite toilette, arrangé mes affaires, joué avec mon fils, et je suis partie à neuf heures et demie. Je me suis arrêtée quelque temps à Paris et suis arrivée à cinq heures du soir à Versailles, Bombon m'ayant amusée comme une reine, pendant la route, par ses petites manières.

« J'ai trouvé, en arrivant, un valet de pied de Madame Élisabeth qui m'a priée, de sa part, de venir tout de suite ; j'y ai couru, comme tu imagines bien. Notre entrevue a été très tendre, j'étais dans le ravissement de revoir cette petite princesse, nous avons eu bien des choses à nous dire. On m'a fait, comme tu imagines, bien des questions ; de là j'ai été voir maman, toute ma famille. Comme Madame Élisabeth a soupé ce jour-là chez la Reine, j'ai été souper chez maman ; mais, sur les dix heures, l'extrême fatigue que j'éprouvais m'a fait tomber dans une ivresse incroyable. Je

tombais de sommeil et je parlais toujours malgré cela,
je disais des choses dépourvues de bon sens ; j'avais,
de temps en temps, de bons moments et je croyais que
je devenais folle. J'ai pris le parti de m'aller coucher.
J'ai dormi parfaitement et, depuis ce moment, la raison
m'est rendue. »

Versailles, 22 décembre.

« J'ai eu un bien grand plaisir depuis que je ne t'ai
écrit, bien moins causé par la chose en elle-même,
que par les grâces qui l'ont accompagnée. Imagine-toi
que pour les fêtes qui vont se donner Madame Élisabeth m'a fait faire un habit superbe ; il est arrivé avant-
hier. Il y avait déjà plusieurs jours qu'elle m'avait dit
que bientôt je saurais un secret, qui l'occupait beaucoup. Effectivement, jeudi, elle m'a remis un gros
paquet qu'elle m'a dit arriver de Chantilly. Je l'ai
ouvert : j'ai vu enveloppe sur enveloppe, point d'écriture, ce qui me confirmait dans l'idée que ce secret
était une plaisanterie. Enfin, après avoir déchiré encore
bien des enveloppes, j'ai trouvé une petite lettre ; sur
le dessus était écrit de la main de Madame Élisabeth
A ma tendre amie, et dedans il y avait : *Reçois avec
bonté, mon cher petit ange tutélaire, ce gage de ma
tendre amitié*. Au même instant le grand habit a
paru, je suis restée confondue. La joie la plus vive a
succédé au premier moment d'étonnement, je me suis
mise à pleurer, je me suis jetée aux pieds de Madame
Élisabeth, elle était dans l'enchantement de ma joie,
de mon bonheur. La seule chose qui l'ait altérée,
lorsque je l'ai examiné, a été de le trouver trop beau : il
est brodé en or, en argent, de toutes les couleurs, enfin

c'est un habit qui va à près de cinq mille francs. Ainsi tu peux en juger ; quoiqu'elle m'ait dit qu'elle le paierait quand elle voudrait, cela la gênera, cependant, un jour, et cette idée m'afflige. J'aimerais cent fois mieux, que l'habit fut de cinquante louis, enfin cela est fait et je ne puis m'empêcher d'être ravie. Sa petite lettre m'a charmée, j'ai trouvé cette tournure-là pleine d'amabilité. Mais ce n'est pas tout, elle m'a dit : de lui donner ma garniture de martre et qu'elle se chargeait de la faire arranger, pour le jour du bal que donnent les Gardes du corps, parce qu'il faut y être en robe. J'ai fait tout ce que j'ai pu pour m'y opposer, mais il n'y a pas eu moyen, et réellement je me trouve, en ce moment-ci, accablée de ses bienfaits. D'un côté j'en jouis, et de l'autre je les trouve trop considérables, mais elle y met tant de grâces et tant de bontés qu'elle me force presque à croire que ses dons ne l'embarrasseront pas.

« Mme de Causans a paru presque aussi contente que moi des bontés de Madame Élisabeth, elle était dans le secret. Il est impossible de donner plus de marques d'amitié qu'elle ne m'en donne. Sa tête va fort bien à présent et je l'aime réellement de tout mon cœur. Madame Élisabeth est impatientée, ainsi que moi, d'imaginer que tu n'apprendras ce fameux secret que dans neuf jours. Je ne te l'ai pas mandé tout de suite parce que, d'après les informations que j'ai prises à la poste, sur les jours où je devais t'écrire, tu n'en n'aurais pas eu la nouvelle plus tôt. »

Remises de jour en jour à cause de la santé de la comtesse d'Artois, les fêtes officielles, ordonnées pour les relevailles de la Reine, semblaient indéfiniment ajournées quand Mme de Bombelles écrivait à son mari le 27 décembre :

« Adieu toutes les fêtes, mon petit chat, Mme la comtesse d'Artois est au plus mal d'une fièvre qui d'abord avait si peu inquiété que je ne t'en avais par parlé, mais qui est devenue des plus graves, puisque les médecins disent qu'elle est maligne. Ils craignent aussi que le sang ne soit gangréné, elle a des cloches qu'on appelle des phlyctènes qui l'annoncent. Elle a été administrée, hier, à minuit. Cette pauvre petite princesse dans les moments où elle a sa tête dit qu'elle sent bien qu'elle va mourir, tout le monde en est persuadé et très affligé, parce que c'était la bonté même, tout ce qui l'entoure se désespère. M. le comte d'Artois, ne la quitte pas. Madame, apprenant hier, après dîner, que sa sœur allait plus mal et craignant qu'on ne l'empêchât de la voir davantage, s'est mise à courir de toutes ses forces, pour aller chez elle. Elle est tombée en montant l'escalier, s'est évanouie, et il lui a pris des convulsions affreuses qui ont duré deux grandes heures. Il n'est pas encore sûr qu'elle ne fasse pas une fausse couche. Pendant ce temps-là, Mme la comtesse d'Artois, ne voyant pas venir Madame, s'est mise à faire des cris, des hurlements affreux, disant qu'elle avait quelque chose à lui dire, qu'elle voulait la voir absolument. On a été chercher Monsieur qui est arrivé chez elle et on a été obligé de lui dire que Madame avait fait un chute, qu'elle allait être soignée et qu'elle ne pouvait pas sortir de son lit. Madame Élisabeth est si affligée de l'état de Mme la comtesse d'Artois que je n'ai pas voulu la quitter, hier, de la journée. Elle a été, avec la Reine, chez Madame pendant son évanouissement et ses convulsions. La Reine s'est conduite parfaitement : elle lui a donné tous les soins, toutes les marques d'amitié, qu'elle lui devait. Si cette catastrophe pouvait les raccommoder ensemble, ce serait au moins un dédommagement. J'espère encore que Mme la comtesse d'Artois n'en mourra pas, elle est si jeune, elle a toujours eu l'air si sain que les médecins doivent trouver beaucoup de ressources pour la tirer de là. Il est certain qu'elle est bien mal, et ce qui est un bien mauvais signe, c'est qu'elle tire les draps avec les mains, elle a toujours l'air de chercher quelque chose ; tous les gens qui sont à la mort ont la même manie, c'est une espèce de convulsion. Enfin, il fallait que cette pauvre petite princesse mourût pour qu'on parlât d'elle, mais aussi n'est-ce qu'en bien, les regrets sont généraux, et, si elle pouvait en revenir, l'alarme qu'elle aurait donnée ferait qu'on l'aimerait beaucoup. Je t'avouerai que j'ai un peu de regrets à ne pas mettre mon habit, ni ma robe ; si sa maladie tournait à bien, les fêtes ne seraient reculées que de quinze jours ; mais, si elle meurt, je ne crois pas qu'il y en ait de sitôt. Si ce malheur arrivait, tu ne pourrais pas, non plus donner la tienne, cela serait piquant[1]. M. de Louvois m'a assuré hier que ta sœur serait heureuse avec lui, cela m'a fait plaisir. »

La lettre du 29 décembre nous apprend que « la comtesse d'Artois est hors d'affaire, que Madame ne fera pas de fausse couche et que tout le monde est content ». — « Je suis dans l'enchantement, ajoute Mme de Bombelles, car j'avoue que j'aurais été bien piquée si

---

1. M. de Bombelles s'apprêtait à célébrer avec faste à Ratisbonne la naissance du Dauphin.

je n'eusse pas pu mettre mon bel habit. La duchesse de Polignac est enfin accouchée d'un garçon [1], les grandes douleurs n'ont duré que quinze minutes. On croit que la Reine fera son entrée le 19.

A cause des événements de la guerre et de la maladie de la comtesse d'Artois, on ne s'était pas pressé de décider la date des fêtes. Mais, la Reine ayant demandé plaisamment s'il fallait attendre que le nouveau-né pût y danser, les échevins durent s'exécuter : la date des fêtes fut fixée au 21 janvier, date dont on ne peut s'empêcher de rappeler le double anniversaire. Les premières cérémonies, *Te Deum*, inauguration du nouvel Opéra, défilé à Versailles de toutes les corporations, eurent lieu dans les derniers jours de décembre. Les serruriers de Versailles ayant offert une serrure à secret à Louis XVI, en qualité de « compagnon », il voulut découvrir le secret lui-même. Comme il pressait un ressort, un Dauphin d'acier s'élança de la serrure. La joie du Roi fut extrême, et aux serruriers il fit donner trente livres de plus qu'aux autres corps de métiers. De grandes sommes furent consacrées à délivrer les prisonniers pour dettes. Les dames de la Halle eurent leur habituel succès, et l'on entendit le Roi fredonner le refrain dont le ton populaire l'avait frappé :

> Ne craignez pas, cher papa,
> De voir z'augmenter votre famille,
> Le Bon Dieu z'y pourvoira.
> Fait en tant que Versailles en fourmille ;
> Y eût-il cent Bourbons chez nous,
> Il y a du pain, des lauriers pour tous.

---

1. Melchior, troisième fils du duc et de la duchesse de Polignac.

Au milieu de toutes ces manifestations populaires
« l'affaire » de Chantilly revient encore sur l'eau. La
Reine semble traiter moins bien Mme de Bombelles
« depuis qu'elle a séjourné chez le prince de Condé ».
Elle qui, pendant la maladie de Bombon, avait paru y
prendre le plus grand intérêt, n'a pas imaginé de m'en
dire un mot. Madame Élisabeth m'a cependant assurée
qu'elle avait trouvé tout simple qu'invitée par Mademoiselle à l'aller voir, j'y eusse été. Le comte d'Esterhazy a dit la même chose à mon frère, malgré cela
j'avoue que je suis inquiète. Je lui en parlerai. Il serait
affreux qu'on se fût servi d'une chose aussi simple
pour me faire du tort dans l'esprit de la Reine. Si cela
est ce n'est pas un mal sans remède, mais il faut s'en
occuper... Madame Élisabeth me dit que je radote,
cela me rassure un peu, mais cependant pas tout à
fait, parce qu'il est fort possible que la Reine ne lui
dise pas ce qu'elle pense de moi, connaissant l'intérêt
qu'elle prend à ce qui me regarde. »

CHAPITRE VII

1782

L'année 1782 s'ouvre par l'annonce officielle du mariage de Mme de Reichenberg et du marquis de Louvois. Toutes difficultés sont vaincues, Mme de Reichenberg le mande à son frère, et sans être aucunement éprise, elle se dit satisfaite de l'esprit et du cœur de son futur mari; il est galant, de jolie tournure, généreux, et a su respecter « la situation scabreuse d'une veuve en tête à tête depuis six mois ». Son frère aîné, le comte de Bombelles, le marquis d'Ossun[1] et M. de Louvois ont été demander l'agrément du Roi, qui a signé le contrat le 30 décembre. Des maréchaux de France, des ducs et pairs, quelques parents ont assisté à cette céré-

---

1. Ancien ambassadeur en Portugal, beau-père de Geneviève de Gramont, comtesse d'Ossun, qui sera dame d'atours de la Reine.

monie. Le mariage aura lieu à Saint-Sulpice le 15 janvier, juste trois ans après son premier mariage.

Mme de Bombelles a fait sa cour la veille du jour de l'an, et la manière dont la Reine l'a traitée l'a de nouveau tranquillisée. Sa Majesté lui a posé plusieurs questions « avec l'air de l'intérêt » et ne semble pas lui savoir mauvais gré de son voyage à Chantilly. Mme de Vergennes a fort bien reçu la marquise qui, elle-même, a eu deux visites inattendues, celle de la douairière des Deux-Ponts fort aimable, et celle du prince de Condé qui l'a accablée de compliments. La comtesse d'Artois est tout à fait remise, on s'occupe des fêtes qui auront lieu à la fin du mois. « Il y aura incessamment appartement, bal, etc., et mon habit et ma robe brilleront », ajoute naïvement Mme de Bombelles.

Une soirée intime chez Madame Élisabeth pour tirer le gâteau des Rois, des folies dites pour dissiper la petite princesse dont la vie est si monotone, les préparatifs du mariage Louvois, la nomination étrange, et qui fait rire, de Mme de Genlis comme « gouverneur » des enfants du duc de Chartres, la prise de Saint-Eustache où Arthur Dillon s'est couvert de gloire, voilà les événements grands et petits contés par Mme de Bombelles.

Le 15 janvier, elle est abasourdie : « Je suis arrivée hier soir à Paris, mon petit chat, et j'y ai appris avec la plus grande surprise que ta sœur s'était mariée le matin même dans le plus grand incognito, ayant seulement pour témoin le baron de Bombelles. En sortant de la messe, elle est arrivée chez la petite Travanet, s'y est fait annoncer Mme de Louvois, et a eu toutes les peines du monde à lui persuader que ce n'était pas une plaisanterie. La pauvre femme est dans un état pitoyable : elle a la jaunisse, des maux d'entrailles, d'estomac affreux ; tu ne peux t'imaginer à quel point elle est changée, elle est d'une maigreur horrible. Elle est venue souper hier avec son mari chez la petite Travanet ; ils étaient tous de la plus grande gaîeté. J'ai tâché de faire comme eux, mais je ne puis te rendre à quel point j'avais le cœur serré. M. de Louvois a été fort aimable, plein d'attentions pour sa femme, quoiqu'elle soit jaune et maigre ; il en est réellement amoureux... et lui en a donné des preuves... Mais il a encore sur la physionomie une teinte de mauvaise tête qui m'a fait trembler. Enfin ta sœur est au comble du bonheur, elle ne trouve rien de parfait dans le monde comme M. de Louvois. Ainsi je suis bien bonne de me tourmenter, je veux espérer son bonheur comme les autres...

« Il y a enfin eu « appartement » dimanche, et j'ai mis mon bel habit. Tout le monde l'a trouvé charmant ; j'étais coiffée à merveille, j'avais des diamants, enfin on m'a jugée fort belle. Je ne peux pas te rendre cependant le désespoir où j'étais que tu ne fusses pas ici, je suis sûre que je t'aurais plu ; cela m'aurait fait grand plaisir, au lieu qu'il m'est égal de plaire aux autres. Madame Élisabeth a été charmante, elle s'est beaucoup occupée de ma toilette et elle était ravie quand on vantait mon habit. Je le remettrai encore lundi pour l'entrée de la Reine à Paris. On dit que l'Hôtel de Ville sera décoré magnifiquement, que cela sera superbe ; mais je suis fâchée qu'on fasse tant de dépenses pendant la guerre. »

Mme de Bombelles part, le 17, pour Villiers où sa belle-sœur et son beau-frère la reçoivent, elle et Bombon, « avec mille caresses ». Elle y trouve Mme de Louvois venue de son côté avec son mari, Mme de Souvré, Mme de Sailly, sœur du nouveau marié, M. et Mme de la Roche-Dragon...

« Tout le monde a été dans l'enchantement de la maison de ton frère qui est véritablement charmante, écrit Mme de Bombelles le 19. Son salon surtout est arrangé en perfection, il est tout en colonnes et sculpté parfaitement; le dîner était excellent, servi à merveille... Après le dîner on a fait la conversation, et puis Mme de Louvois qui a la jaunisse plus que jamais et qui n'en pouvait plus s'en est allée aux Bergeries avec toute sa nouvelle parenté. Le grand monde parti, nous avons fait venir Bombon à qui Mme de Bombelles a donné des joujoux, et dont les singeries ont très bien réussi. »

Le lendemain, dîner chez Mme de Souvré aux Berge-ries, « maison horrible et sale qui tombe de tous côtés... La jaunisse de Mme de Louvois ne fait qu'augmenter. »

A force de parler de la jaunisse des autres Mme de Bombelles est malade à son tour.

« Tout le monde est à Paris, écrit-elle le 21 janvier, et moi j'ai été obligée de revenir hier au soir ici, j'ai décidément la jaunisse... Madame Élisabeth n'était pas partie hier quand je suis arrivée, je l'ai été voir tout de suite, tu ne peux pas t'imaginer avec quelle bonté elle m'a parlé. Elle a chargé Loustaneau sans que je le susse de lui donner tous les jours de mes nouvelles. Elle m'a fait mille caresses pour me consoler de n'être pas à « l'Entrée », enfin elle a été charmante... »

Étant retenue à Versailles, la marquise ne peut, et c'est dommage, sur les fêtes populaires, sur le festin de l'Hôtel de Ville dans la cour couverte décorée de colonnes corinthiennes, nous apporter sa note personnelle. De ces journées mémorables les récits ne manquent pas, officiels ou privés. Rien ne vaut, pour en fixer le souvenir, que cette histoire par l'image dont les échevins de Paris confièrent le soin à Moreau le Jeune. Le choix était heureux, et rarement le graveur devenu célèbre, et déjà favorisé par Marie-Antoinette a mieux rendu et le fourmillement de la foule et le resplendissement sous l'éclat des lustres des habits de Cour. Les plus belles fêtes données par la ville de Paris [1], sous l'ancien régime, ont trouvé leur historien consciencieux et élégant ; la collection de planches auxquelles Moreau le Jeune apporta des soins si minutieux est un des plus beaux spécimens de la gravure française [2].

---

1. *Mémoires secrets*, t. XX : — Hippeau, *le Gouvernement de Normandie*, t. IV ; — *Supplément à la « Gazette de France »* du 29 janvier 1782 ; — *Journal* de Hardy, t. V : — *Mémoires* de Weber. Jamais fêtes ne donnèrent lieu, à l'avance, à autant de pronostics fâcheux, à autant d'amères critiques. On mettait en avant la carte à payer, les accidents à prévoir ; on s'effrayait des précautions prises pour empêcher le retour de catastrophes. Un certain nombre de personnes furent mises à la Bastille pour des écrits ou des propos répandus contre la Reine. Au sujet de la fête du 21 janvier, il y eut de sinistres placards faisant allusion à l'usage pratiqué pour les condamnés à mort : on disait que le Roi et la Reine, conduits sous bonne escorte à la place de Grève, « iraient à l'Hôtel de Ville confesser leurs crimes et qu'ensuite ils monteraient sur un échafaud pour y expier leurs crimes. » Le 21 janvier ! (Hardy, V, 88). — Le même narrateur ajoute : « Les précautions prises pour ces fêtes sont effrayantes. On s'attend à quelque malheur » (V, 94).

2. Voir P. de Nolhac, *la Reine Marie-Antoinette*.

La marquise de Bombelles n'assista pas au repas de soixante-dix couverts où le Roi était servi par Lefebre de Caumartin, prévôt des marchands, qui lui présenta la serviette, et la Reine par Mme de la Porte, nièce de Caumartin ; elle n'entendit ni la musique ni les harangues, elle ne souligna pas la fatigue des uns et des autres du cortège royal — partis vers midi de la Muette pour n'y rentrer qu'après minuit ; — elle n'eut pas à noter le feu d'artifice représentant le temple de l'Hymen, les exclamations de la foule affairée et curieuse, l'embrasement des eaux et des cascades ; elle ne sut pas qu'en se levant de table au bout d'une heure et demie le Roi avait laissé bien des estomacs non satisfaits[1], elle ignora qu'au retour par la rue Saint-Honoré, Marie-Antoinette tint à s'arrêter un instant devant l'hôtel de Noailles où se trouvait le marquis de La Fayette récemment débarqué d'Amérique, que la Reine permit au jeune général couvert de lauriers de venir lui baiser la main... ; elle n'assista pas non plus au bal du 23 où la foule était si considérable que l'ordre n'en fut pas irréprochable[2]...

Il restait encore des joies mondaines à connaître[3], et

---

1. En dehors de la table royale servie dans la Galerie, il y avait une table de cent quarante couverts aménagée dans l'hôtel même. Pour les autres invités des couverts étaient placés un peu partout. Un grand retard fut apporté au service de certaines tables et, comme on devait les lever toutes à la fois, lorsque le Roi quitta les siennes, certains courtisans entamaient à peine les relevés.

2. L'affluence était extrême. On se pressait, on s'étouffait tout en criant : Vive le Roi !... Le Roi, ne pouvant plus avancer, finit par s'écrier : « Si vous voulez qu'il vive, ne l'étouffez donc pas. »

3. Voir les *Souvenirs* de Belleval et les *Mémoires* de la baronne d'Oberkirch.

à ces galas de Versailles, Mme de Bombelles put assister
et montrer son bel habit.

La fête donnée par les Gardes du corps eut lieu le
30 janvier dans la grande salle de spectacle du Palais
de Versailles ; elle commença par un bal paré et se
termina par un bal masqué. La Reine ouvrit le bal par
un menuet qu'elle dansa avec M. de Prisy, un des ma-
jors de corps, puis, pour bien honorer le régiment,
elle dansa une contredanse avec un simple garde[1]
nommé par le corps, et auquel le Roi accorda le bâton
d'exempt.

« Ma jaunisse, écrit Mme de Bombelles le 3 février, a
été assez aimable pour ne pas m'empêcher d'aller au
bal paré, et cela m'a fait un grand plaisir, car c'était la
plus agréable chose qu'on ait jamais vue ; on prétend
qu'il s'en fallait bien que les bals qu'on y a donnés
pour le mariage des princes approchassent de la magnificence de celui-ci, parce qu'il y avait un tiers de
bougies de plus qu'au dernier ; toutes les loges étaient
remplies de femmes extrêmement parées ; la Cour était
de la plus grande magnificence, enfin c'était superbe,
et j'étais au désespoir que tu ne fusses pas ici... Ma
robe a joué son rôle, elle est superbe... Le bal a commencé à six heures et a fini à neuf. A minuit Madame
Élisabeth a été avec Mlle de Condé et plusieurs de
ses dames dans une loge au bal masqué ; elle m'a proposé d'y venir et, comme je croyais qu'elle n'y passe-

---

1. Dumoret, de Tarbes, de la compagnie de Noailles, fut le
garde du corps désigné pour danser avec la Reine. « Il était trans-
figuré de joie, dit Belleval, et ses camarades eurent bien de la
peine à ne pas crier : « Vive le Roi ! » tant ils sentaient combien
cet honneur fait à un rejaillissait sur tout le corps. »

rait qu'une demi-heure, j'ai accepté. Point du tout :
elle s'y est amusée comme une reine et y est restée
jusqu'à trois heures et demie, de manière qu'il en était
quatre lorsque je me suis mise au lit... A la sortie d'une
jaunisse cela n'était pas très raisonnable... La Reine
m'a traitée à merveille. Elle m'a demandé comment
je me portais, s'il était bien prudent de sortir déjà. Elle
m'a dit à demi-voix : « Irez-vous au bal masqué? » — Je
lui ai répondu en souriant que je n'en savais rien. —
Elle a repris: « Oh! l'enfant! Véritablement on ne mérite
pas d'être chaperon quand on va au bal, venant d'avoir
la jaunisse. » Comme ma petite belle-sœur était avec
moi et était entrée chez la Reine sans en avoir le droit,
je lui ai dit que je craignais d'avoir fait une grande
sottise en faisant entrer ma sœur chez elle; elle m'a répondu que cela ne faisait rien et qu'elle était ravie de
la voir. J'ai été charmée que cela se soit passé ainsi,
car je craignais vraiment d'avoir fait quelque chose de
très mal. Le Roi m'a aussi parlé au bal, il m'a demandé
si je trouvais le bal beau... Ensuite il m'a demandé des
nouvelles de ma sœur[1], de maman, de ma tante[2]. Il m'a
dit : C'est une épidémie, toutes les sous-gouvernantes
sont malades. — Je lui ai dit : « Oui, sire, il ne reste
que Mme d'Aumale[3]. » — Il m'a répondu en riant : « Oh!
c'est un beau renfort... »

La petite Travanet devait venir voir le bal avec
sa belle-sœur : « Je lui avais fait préparer un joli petit

---

1. La marquise de Soucy, née Mackau, sous-gouvernante
depuis 1781.
2. La comtesse de Soucy, belle-mère de la précédente et belle-
sœur de la baronne de Mackau, sous-gouvernante depuis 1775.
3. La vicomtesse d'Aumale, troisième sous-gouvernante.

souper, j'en ai été pour mes frais, car elle n'est pas venue. Elle est restée près de son mari qui a été dans le plus grand chagrin, parce que Mlle Saint-Ouen, son ancienne maîtresse, est morte. Je n'ai pu partager son chagrin là-dessus, car cette créature inquiétait ta sœur, parce que son mari l'allait voir quelquefois. Mais elle a fort bien fait de ne pas venir et de donner dans cette occasion-là des marques d'attachement à son mari. Ce que je ne conçois pas, c'est la profonde douleur de M. de Travanet. Qu'il en soit un peu fâché, passe, mais de l'être tant, je trouve cela malhonnête pour sa femme... »

C'est à ce bal qui fit tant de bruit que fut inauguré la mode de porter des Dauphins en or ornés de brillants. Les cheveux de la Reine étaient tombés à la suite de ses couches ; elle dut adopter une coiffure basse, dite « à l'enfant », qui fut bientôt en vogue [1].

A cette époque aussi vint l'usage du catogan jusque-là porté par les hommes et que lançaient la Reine et la duchesse de Bourbon. Cette coiffure cavalière relevée de rubans ne manquait pas de piquant, mais elle semblait masculine et ne plaisait pas à tout le monde. Le Roi s'en moquait. Un jour il entra chez la Reine avec un chignon. Comme Marie-Antoinette riait : « C'est tout simple... puisque les femmes ont pris nos modes... » La leçon porta, et les modes masculines disparurent.

Les fêtes n'ont pas fait oublier à Mme de Bombelles la carrière de son mari. La mort imminente de M. d'Usson, ministre de France à Stockkolm, allait créer

---

1. *Mémoires* de la baronne d'Oberkirch.

un mouvement diplomatique. Aussitôt la jeune femme court chez Madame Élisabeth et la prie de dire à la Reine que, si M. de Pons allait à Stockholm, elle désirerait bien voir son mari à Berlin. Madame Élisabeth remplit courageusement sa mission périlleuse. La Reine répond vivement et d'assez mauvaise humeur « que cela ne se pouvait pas » sans en dire la raison.

« Tu juges la peine que m'a fait une telle réponse, écrit la marquise le 10 février. J'ai fait chercher le lendemain le comte d'Esterhazy à qui j'ai conté ce qui venait de se passer. Il m'a répondu qu'il n'en était pas étonné, que la peur de déplaire à 91 (?) en était la seule raison. Qu'au reste il fallait que je fisse le lendemain la demande à M. de Vergennes. Je lui ai répondu : « Si la Reine est décidée à barrer à M. de Bombelles dans toutes ses entreprises, il est inutile qu'il reste seulement où il est. J'ai la mort dans le cœur, vous pouvez le dire à la Reine, je ne croyais pas que ma conduite et mon attachement pour elle méritait une telle aversion. » Il m'a répondu : « Soyez sûre que la Reine a la meilleure opinion de vous. Elle vous aime même. »

« — J'ai repris : « Si cela est, dites-lui, je vous en prie, l'état où vous m'avez vue, et que le seul moyen de me consoler serait l'assurance de Constantinople quand M. de Saint-Priest le quitterait. »

M. d'Esterhazy a promis de parler à la Reine tout de suite après les Jours Gras, mais, sans doute, il avait tenu à lui exposer dès le jour même la douleur de la jeune marquise, car le soir il y a bal, et, dès que la Reine a aperçu Mme de Bombelles qui accompagne Madame Élisabeth, elle vient s'asseoir devant elle d'un air un peu embarrassé, et, « voulant lui marquer de la

bonté », s'est mise à parler de choses et d'autres.
« J'ai tâché de n'avoir pas l'air de mauvaise humeur,
mais j'avais une telle palpitation de cœur que j'ai pensé
me trouver mal. »

Mme de Bombelles continue démarches sur démarches;
elle court chez M. de Rayneval qui ne lui cache pas
qu'elle n'obtiendra pas facilement le poste de Berlin,
elle va dîner chez Mme de Vergennes qui lui promet
son appui, elle écrit à M. de Vergennes qui lui donne
enfin une audience. Le ministre la reçoit bien, lui dit
qu'en effet son mari avait été la première personne à
qui il avait pensé pour le poste de Berlin, mais que
« c'eût été l'exposer à toute l'animosité de l'Empereur,
peut-être à celle de la Reine, et « en un mot lui casser
le col ». Il ajoutait que le Roi et lui étaient fort satisfaits des services de M. de Bombelles, « qu'avec ses
talents diplomatiques il n'était pas nécessaire d'aller
échelon par échelon pour parvenir à une place importante, qu'on avait des vues sur lui, plus élevées que
Berlin ou Copenhague, « que cela serait aussi plus
loin ». Le ministre n'en voulut pas dire davantage, et
Mme de Bombelles en est réduite aux conjectures : Constantinople ou Saint-Pétersbourg. Ce dernier poste
l'effraierait, vu leur peu de fortune, et elle se reprend de
nouveau à espérer que Constantinople pourrait, dans
un temps donné, leur être dévolu. Elle a été malade
d'émotion depuis trois jours... puis, encore une fois
elle se berce d'illusions.

Le 13 février, elle sait à quoi s'en tenir sur le présent, et l'avenir est toujours aussi vague. « Hé bien !
mon petit chat, écrit-elle à son mari, c'est M. d'Éterno
qui va à Berlin, M. de Sainte-Croix à Liège, et M. de

Pons à Stockholm. Qui aurait dit il y a dix mois que M. d'Éterno ferait un si grand saut ! » Chez Mme de Vergennes elle s'est trouvée en quatrième entre Mme de Pons, Mme d'Éterno et Mme de Sainte-Croix. « Ces trois dames avaient l'air d'être enchantées, pour moi, je ne l'étais nullement, et je me disais en moi-même : « Voilà ce qui s'appelle boire le calice jusqu'à la lie. »

M. et Mme de Vergennes ont été parfaitement aimables pour Angélique ; la femme du ministre affectait de regretter que M. de Bombelles ne fût pas nommé à Berlin et assurait qu'on saurait l'en dédommager. La jeune femme a supporté tout cet entretien avec courage ; mais, lorsqu'elle est revenue chez Mme de Mackau, elle étouffait et se mit à pleurer... A la fin de la lettre elle se dit remontée, car le comte d'Esterhazy est « chaud ami » et servira certainement les intérêts de M. de Bombelles. Pauvre petite femme de diplomate ambitieux, comme elle prend au sérieux des promesses vagues qui n'engageaient à rien ! Certaine phrase de M. de Vergennes aurait dû pourtant lui faire comprendre que d'ici quelque temps il ne saurait être question de son mari : cette phrase qu'elle rapporte dans une lettre postérieure et qui « l'a fait mourir de rire », la voici : « Comme elle insistait, disant qu'elle allait demander pour son mari le poste de Berlin : « Patience, patience, répondit le ministre. Il n'y a encore que sept ans que M. de Bombelles est à Ratisbonne et MM. de Flavigny et de Barbentane sont depuis vingt-cinq ans en Italie ! » Comme Mme de Bombelles insistait pour qu'aucune comparaison ne pût être établie entre ces différents messieurs, M. de Vergennes reprit : « Je conviens que M. de Bombelles est *du bois dont on fait les flûtes,* mais je n'en crains pas moins, etc... » Assimiler les grands postes diplomatiques à des flûtes avait eu le don d'exciter le rire de Mme de Bombelles... Ce qui est plus rassurant c'est que M. de Vergennes, au dire de M. de Rayneval s'occupe réellement de l'avenir de M. de Bombelles, mais il ne se pressera pas. D'un mot il a défini la situation à Mme de Mackau : « Quand, à *quarante ans, M. de Bombelles sera ambassadeur*, il n'aura pas à se plaindre. »

Il n'y avait pas en effet tant de temps de perdu, quoi qu'en dît Mme de Bombelles et, même parmi les favoris, les ambassadeurs de moins de quarante ans étaient des exceptions.

M. de Bombelles d'ailleurs est beaucoup plus raisonnable. Il trouve toutes naturelles les nominations faites surtout celle de M. d'Éterno à Berlin [1].

Un deuil se préparait à la Cour. Le 27 février, Mme de Bombelles annonçait à son mari en même temps que Madame Sophie était très malade et que la fille du Roi venait d'avoir des convulsions et était en grand danger. L'enfant, qui devint Madame Royale, fut sauvée. Mais la tante du Roi mourait dans la nuit du 2 au 3 mars.

« Elle a tourné à la mort le 2 au matin. On croyait que les souffrances venaient de l'effet des remèdes, et on était si persuadé qu'elle ne mourrait pas encore que, le soir même, il y avait spectacle au château. En sortant, on est venu avertir le Roi et la Reine que Madame

---

1. Dans cette promotion les Polignac n'étaient pas parvenus à placer leur cousin le baron d'Andlau, et la Reine elle-même n'avait pu faire donner encore une ambassade au comte d'Adhémar, ministre à Bruxelles. Il est vrai qu'il sera bientôt dédommagé par l'ambassade de Londres.

Sophie était très mal. Ils y ont été ainsi que Monsieur, M. le comte d'Artois et Madame Élisabeth, et ils y sont restés jusqu'à son dernier moment. Cette pauvre princesse a eu toute sa connaissance jusqu'à une demi-heure avant sa mort. C'est son hydropisie qui a remonté dans la poitrine et s'est jetée sur le cœur qui l'a tuée. Elle est morte étouffée de la même mort à peu près que l'Impératrice. Elle est partie ce soir pour Saint-Denis. Elle a demandé, en mourant, de n'être pas ouverte et d'être enterrée sans cérémonies[1]. Madame Élisabeth est extrêmement affligée et frappée de l'horrible spectacle de la mort de Madame sa tante. Je ne l'ai presque pas quittée depuis ce moment, et je t'écris de chez elle. Elle a beaucoup pleuré aujourd'hui, elle est plus calme, et, quoiqu'indisposée depuis plusieurs jours, elle n'a pas eu de contre-coup de cette mort, mais elle est très triste. Elle veut absolument faire son testament, elle n'est occupée que de la mort. Il n'est pas étonnant qu'avec la tête aussi vive elle soit aussi frappée; mais j'espère que d'ici à quelques jours son esprit se tranquillisera, et qu'elle n'aura l'idée de la mort qu'autant qu'elle nous est nécessaire pour bien vivre. Mesdames sont dans un état affreux, elles sont véritablement bien à plaindre[2]. M. de Montmorin est au désespoir, ainsi que toutes les

---

1. Sophie-Philippine-Elisabeth-Justine de France, née le 27 juillet 1734, morte le 3 mars 1782. Appelée d'abord Madame cinquième et, à partir de 1745, Madame Sophie. Louis XV lui avait donné le surnom de Graille. Elle était fort aimée de ceux qui l'entouraient.

2. « Il eût été impossible, écrit la baronne de Mackau à Madame Clotilde, le 11 mars, de n'avoir pas le cœur percé de douleur en voyant le cruel état de Mesdames ses sœurs; nous tremblions toutes pour leur santé. » (Archives royales de Turin.)

femmes qui appartenaient à cette pauvre princesse et
dont elle était adorée. Elle a fait par son testament
Mesdames ses légataires universelles. Elle a donné une
partie de ses diamants à Mme de Montmorin, sa bibliothèque à Mme de Riantz et plusieurs de ses bijoux à différentes de ses dames [1]. Le deuil est de trois semaines...
Mme de Louvois qui est venue samedi dernier pour être
présentée n'a pas pu l'être, comme tu imagines bien,
ce qui l'a avec raison fort contrariée... »

Si regrettée dans son entourage que fût Madame
Sophie, sa mort ne devait pas interrompre longtemps
le mouvement de la Cour et de la société. Mme de
Bombelles est occupée à répéter à Paris la tragédie qui
doit être jouée le 10 mars, chez Mme de La Vaupalière.
Le même jour, elle assistait à Versailles à la présenta-
tion de Mme de Louvois. « Elle était mise à merveille,
elle a fort bien fait ses révérences, mais elle avait si peur
que cela lui faisait faire la grimace de quelqu'un qui
va pleurer et rendait son maintien un peu roide. La
Reine m'a dit qu'elle avait un peu de la tournure allemande, mais qu'il était impossible d'avoir l'air plus
noble, et il me paraît qu'en général sa belle taille et
son port ont fait beaucoup d'effet. »

Ayant été dîner chez la douairière des Deux-Ponts,
Mme de Bombelles croit convenable de lui parler de ses
projets et lui demander conseil. Mme des Deux-Ponts a
approuvé ce qui a été fait pour obtenir l'appui de la
Reine. Elle m'a conseillé, de plus, de parler à la comtesse Diane, d'avoir l'air de lui demander son avis sur

---

1. Son testament a été publié en entier par M. de Beauchesne.
Madame Elisabeth, t. 1 ; appendices.

la démarche que j'avais envie de faire, de tâcher de l'intéresser en cette faveur, afin que la Reine, après m'avoir entendue, soit entretenue par les personnes de sa société dans sa bonne volonté. Je t'avouerai que, quoique je sente l'importance de cette démarche, elle me coûte beaucoup, car il est humiliant pour moi et Madame Élisabeth d'être obligée de recourir à d'autres voies qu'à la sienne pour parvenir à la fortune. Je l'ai dit à Mme des Deux-Ponts, elle m'a répondu : « Que voulez-vous ? Il faut prendre les gens comme ils sont, et, puisque vous avez besoin de la Reine, il faut faire ce qui peut lui être agréable. » Elle ira encore à Versailles, elle m'a promis de préparer les personnes à m'entendre, de faire ton éloge, et enfin de prendre tous les moyens possibles pour t'être de quelque utilité. Elle m'a répété son conseil sur la comtesse Diane, m'a fait le canevas de ce que je lui dirais. Elle m'a dit qu'il était inutile d'en instruire Madame Élisabeth ; mais, mon petit chat, pour rien dans le monde je ne la tromperai... Je ne lui cacherai certainement pas que je parlerai à la comtesse Diane, et c'est justement parce que je ne l'aime pas que je serais fausse si j'allais lui parler à son insu. Je retourne à Versailles, j'entrerai de semaine, je parlerai à Madame Élisabeth et à la comtesse Diane, et ensuite à la Reine.

« La tragédie s'est jouée le 14 avec l'approbation de tous les spectateurs. Les petites de la Vaupalière ont été étonnantes ; Mme de Travanet a joué à merveille, moi point mal, et l'ensemble a été parfait. »

Le 20, de Versailles, Mme de Bombelles rend compte à son mari des démarches qu'elle a pu faire en sa faveur. D'abord M. de Vergennes lui a accordé de bonne grâce un congé que M. de Bombelles viendra passer en France. Le ministre n'a pas spécifié la longueur de ce congé qu'on espère faire durer le plus longtemps possible... peut-être jusqu'à vacance d'ambassade.

Fort satisfaite de ce premier succès, Mme de Bombelles s'est rendue chez Madame Élisabeth à qui elle a conté toute son affaire. « Je lui ai dit que pour rien au monde je ne ferais ces démarches (auprès de la comtesse Diane) que si elle-même me les conseillait et que je sois bien sûre de ne pas lui déplaire. Elle m'a répondu qu'elle croyait que je ne pouvais rien faire de mieux, que cela ne lui causerait aucune peine ; son amour-propre céderait toujours au désir extrême qu'elle avait de te voir avancer.

« En conséquence, j'ai demandé avant-hier un moment d'entretien à la comtesse Diane et je l'ai vue hier matin. J'ai commencé par lui dire le chagrin que j'avais eu de n'avoir pu obtenir Berlin pour toi, la cause que je craignais du refus qui m'en avait été fait et tout ce qui s'est passé alors : les tracasseries injustes qu'on t'avait faites, il y a trois ans, ta conduite alors, ta parfaite innocence et le renvoi de la personne qui t'avait fait le plus de tort par ses mensonges[1], le désir que j'aurais d'obtenir une audience de la Reine pour te disculper à ses yeux et tâcher d'intéresser ses bontés, afin qu'elle nous prête son appui dans le moment où nous en aurons besoin... Je lui ai alors montré ma petite note à ce sujet, elle l'a lue deux fois et l'a trouvée parfaite. Elle m'a dit qu'elle se chargeait de demander pour moi une audience à la Reine, qu'il fallait que j'eusse le cou-

---

1. Voir chapitre III, 1779. Il s'agit du comte de Neipperg.

rage de lui répéter tout ce que je venais de lui dire à elle-même, que je lui remisse une note, qu'elle ne croyait pas qu'elle eût d'engagement pour Constantinople et qu'elle me promettait de son côté de lui en parler avec la plus grande chaleur. Elle me prévenait que la Reine ne prendrait pas d'engagements avec moi, mais que cependant, sans me le dire, elle aurait sûrement égard à ma demande et qu'il était essentiel que je la fisse plus tôt que plus tard, qu'elle se concerterait avec le comte d'Esterhazy pour entretenir la Reine dans l'intérêt que sûrement je lui inspirerais. »

Ces bonnes paroles ont contenté Mme de Bombelles. Puisqu'elle s'est décidée à se servir de l'influence des Polignac, — en bonne politique elle aurait dû le faire plus tôt, — elle va pouvoir attendre sans trop d'agitation le moment où la Reine va lui donner audience. Quand ce sera fait, elle a bien la résolution de se tenir tranquille jusqu'au moment décisif.

M. de Bombelles ne partage pas les illusions qu'on a su insuffler à sa femme, et son espoir dans le résultat des démarches conseillées est médiocre. « La personne à qui tu dois t'adresser, écrit-il dans sa lettre du 21 mars, m'a classé parmi ces êtres qui peuvent bien servir le Roi, mais qu'il faut ranger ou comme des ennuyeux ou comme de petits ouvriers incomplets. S'ils se permettent une volonté, d'ailleurs en supposant qu'on eût marché sur une herbe favorable, avec quelle légèreté ne s'emploiera-t-on pour moi ! A la plus faible objection on quittera la partie et mon jeu deviendra pire. »

Pendant ce temps la comtesse Diane a été vite en besogne ; elle a obtenu sans trop de peine une audience de la Reine pour Mme de Bombelles.

« La Reine m'a reçue avant-hier, écrit la marquise
le 24 ; elle m'a paru encore pénétrée des préventions
qu'on lui a données contre toi. Le comte d'Esterhazy
et la comtesse Diane avaient eu une grande conversation
la veille avec elle à ce sujet-là, et ils l'avaient trouvée
si entêtée dans son opinion sur ton sujet qu'ils avaient
été au moment de m'empêcher d'y aller parce que, connaissant sa timidité, ils craignaient que je ne pusse pas
lui répondre à ce qu'elle me dirait. Mais, comme elle
avait déjà donné son heure à Madame Élisabeth, cela
n'a pas pu changer. Heureusement, car, malgré ma
peur, je lui ai dit tout ce que je voulais dire. J'ai été
assez heureuse pour la toucher, et elle a dit à la comtesse Diane que, surtout lorsque je lui avais parlé de
mon enfant, je l'avais intéressée au possible. Mais, pour
en revenir au commencement, je te dirai donc que je
suis arrivée chez la Reine avec une colique enragée.
Elle m'a dit : « Eh ! bien, Madame, on dit que je vous
fais peur. Asseyez-vous et dites-moi avec confiance ce
que vous voulez. Je lui ai dit : « Le désir que j'ai de
justifier M. de Bombelles aux yeux de Votre Majesté
m'a encouragée à prendre la liberté de lui demander
une audience. Ayant toujours compté sur ses bontés,
je m'étais flattée, lorsque le poste de Berlin est devenu
vacant qu'Elle voudrait bien le faire donner à M. de
Bombelles. Mais Votre Majesté s'y étant refusée, je lui
avouerai que j'ai craint que les préventions que je sais
que la Cour de Vienne lui a données contre M. de
Bombelles en eussent été cause. Et cette raison m'a
bien plus affligée que la chose en elle-même. Je puis
protester à Votre Majesté que jamais M. de Bombelles
ne s'est permis le plus petit propos au sujet de l'Empe-

reur. Je ne puis pas donner un argument plus fort à Votre Majesté en faveur de l'innocence de M. de Bombelles que de lui représenter que le comte de Neipperg, qui a été celui qui lui a fait le plus de tracasseries a été renvoyé par l'Empereur en raison de ses mensonges perpétuels, et que son successeur a rendu à M. de Bombelles toute la justice qu'il devait à son honnêteté et à sa franchisse. D'ailleurs, si Sa Majesté voulait bien peser combien il aurait été gauche à lui d'offenser la Reine, de laquelle il attend sa fortune et son avancement, en la personne de l'Empereur, en se permettant de lui manquer de respect. Que tu n'avais point cherché d'armes à opposer à la calomnie, espérant qu'elle se détruirait d'elle-même ; mais que je ne pouvais me permettre de demander une grâce que je désirais vivement à Sa Majesté. — La Reine m'a répondu : « Je crois bien qu'il a eu moins de torts qu'on ne lui en a donnés. Mandez à M. de Bombelles d'engager M. de Trautsmansdorf à le justifier aux yeux de mon frère, donnez-moi une note bien détaillée de sa conduite, et je serai charmée d'être convaincue d'avoir été trompée. » « Je lui ai présenté ma petite note au sujet de Constantinople. Après l'avoir lue, elle m'a dit : « Constantinople me paraît une chose bien difficile, il y a beaucoup de concurrents, et Madame Sophie m'a légué, en mourant, M. de Saluces, qui la demande. »

Avant d'apprendre par Mme de Bombelles ce que fut la fin de son audience, n'est-on pas tenté de s'arrêter un instant et de formuler quelques critiques. Ainsi cette aversion de la Reine pour M. de Bombelles, aversion qu'elle n'a jamais avouée, mais qu'elle laisse deviner en ce jour, vient du rôle joué par notre ministre en 1779. C'est en prenant les intérêts de la France contre l'Empereur — qui à cette époque, et en cela très énergiquement secondé par la Reine, voulait faire intervenir le Roi dans son conflit avec la Prusse — c'est en faisant son devoir d'agent diplomatique français que M. de Bombelles a si fort mécontenté la Reine qu'elle n'a su l'oublier. Restent des formules de respect dont le marquis, contre toute apparence, car ses formes étaient empreintes d'une parfaite courtoisie, se serait départi à l'égard de l'Empereur. On est enclin à croire avec Mme de Bombelles que tout avait été travesti dans le but de nuire à son mari, que le comte Neipperg avait menti, mais que la Reine, volontiers rancunière, en était restée à sa première impression qui satisfaisait son regret de n'avoir pas réussi à entraîner la France contre Frédéric II.

Nous avons déjà noté quelle influence prédominante dans le choix des ambassadeurs Louis XVI avait laissé prendre à Marie-Antoinette. Jamais il n'est question du Roi dans la discussion préliminaire des candidats. Il semble que la liste dût être soumise par le ministre à Marie-Antoinette qui maintenait, biffait ou instaurait au gré de son engouement du moment les ambassadeurs choisis par elle. Ainsi en avait-il été pour le duc de Guines, le vicomte de Polignac, père du comte Jules ; nous l'avons aussi noté pour le comte d'Adhémar. Un nouveau candidat surgit, celui-là légué par Mme Sophie dont il était le chevalier d'honneur. On comprend la hardiesse avec laquelle Mme de Bombelles établit un parallèle entre son mari et M. de Saluces.

« J'ai répondu à cela, continuait Mme de Bombelles : J'oserai représenter à Votre Majesté que, si M. de

Saluces avait des droits à cette place équivalents à ceux
de M. de Bombelles, je respecterais trop la mémoire de
Madame Sophie pour me mettre en concurrence. Mais,
M. de Saluces n'ayant pas encore été dans la diplomatie, la place de Constantinople ayant été de tous les
temps la récompense de services antérieurs, il me semblait qu'il serait bien décourageant pour les personnes
employées dans la carrière politique de se voir continuellement passer sur le corps des personnes qui n'ont
jamais rien fait ; que je désirais cette place avec d'autant plus de vivacité qu'elle était la seule où tu pusses
décemment acquérir une aisance qui assurerait un jour
à mon fils une existence heureuse, et que je ne pouvais
penser sans douleur au triste sort qui l'attendait si Sa
Majesté continuait à ne pas s'intéresser à son père.

« La Reine m'a répondu de me tranquilliser, qu'elle
ne pouvait pas me promettre Constantinople, mais que
cependant elle s'intéresserait à ton avancement et ré-
fléchirait sur les moyens que je lui en donnais, mais
qu'avant tout il fallait que tu tâchasses de te raccommoder avec l'Empereur. Là-dessus elle s'est levée et
m'a donné mon audience de congé.

« J'ai tout de suite été chez la comtesse Diane qui
m'a paru fort contente, m'a promis de reparler à la
Reine et m'a dit qu'elle ne désespérait pas que nous
eussions Constantinople, qu'il fallait faire la petite note
au sujet des griefs présents contre toi à la Reine et qu'il
fallait que j'obtinsse de M. de Vergennes qu'il m'écri-
vît une lettre par laquelle il me mande qu'il était parfaitement content de ta conduite depuis que tu es à
Ratisbonne. »

Mme de Bombelles fait faire une note en règle par

M. de Brentano, la porte aussitôt à la comtesse Diane
qui y fait quelques changements et se déclare toute prête
à la remettre à la Reine avec la lettre de M. de Vergennes. La comtesse Diane a accompagné cela des
choses les plus honnêtes et m'a dit qu'elle était enchantée que j'eusse vu la Reine, que cette dernière lui avait
dit que je lui avais parlé à merveille et qu'elle était
surtout fort contente de la manière dont je lui avais
parlé des prétentions de M. de Saluces et qu'il lui paraissait que cela avait fait impression à la Reine. »

Mme de Bombelles se déclare ensuite fort satisfaite
des notes rédigées en collaboration avec M. de Brentano et prie son mari de remercier celui-ci chaleureu-
sement dès qu'il sera auprès de lui. « Ces notes ont
absolument déterminé en ma faveur l'intérêt de la
comtesse Diane qui me croit à présent beaucoup d'esprit. » La marquise engageait son mari à éviter toute
tracasserie venant de Vienne, puis elle ajoutait ceci qui
prouve bien que la jeune femme n'était pas que zélée,
mais qu'elle ne manquait pas de clairvoyance :

« Tu peux sans infidélité mettre un frein à ton zèle
qui ne sera jamais récompensé par le Roi, puisqu'il est
trop faible pour oser reconnaître d'importants services ; il ne fera point changer la faiblesse de notre
gouvernement, parce que ton avis n'est pas assez pré-
pondérant pour faire adopter d'autres idées et peut te
perdre parce que la Reine, ayant plus de crédit que
jamais, ne te pardonnera jamais de n'être pas de son
avis. Ainsi ne fais d'ici à ton départ que ce dont en
conscience tu ne pourras te dispenser et tâche, si tu le
peux sans bassesse, d'engager M. de Trautmansdorf à
dire du bien de toi à la cour de Vienne. Je te vois d'ici

te mettre en fureur, mais je te conjure de ne jamais oublier que tu as un fils. Il n'y a point de sermon qui vaille ce premier point et je m'en tiendrai là... »

Ci-joint les deux notes auxquelles il vient d'être fait allusion. L'une est un exposé officiel de la situation de M. de Bombelles ; l'autre, un appel direct à la bienveillance de la Reine. Elles sont assez nécessaires à l'intelligence de ce qui va suivre pour que nous les donnions ici

NOTE SUR LE MARQUIS DE BOMBELLES

Les griefs présentés à la Reine, contre M. de Bombelles, ne peuvent porter essentiellement que sur l'opposition que les ministres impériaux prétendent avoir rencontrée de la part de M. de Bombelles dans les différentes négociations de ces ministres à la Diète de Ratisbonne ou bien sur des propos imputés à M. de Bombelles contre la Cour impériale. Mme de Bombelles ne s'est jamais permis une recherche indiscrète dans la conduite ministérielle de son mari, et elle ne peut pas répondre au premier point d'accusation qu'on forme peut-être contre lui. Elle s'est toujours flattée que le témoignage de la parfaite satisfaction que M. de Vergennes a constamment rendu de la conduite de M. de Bombelles servirait également à sa justification, et elle croit que la différence d'opinions politiques, s'il en existe une entre lui et les ministres impériaux, ne peut provenir que des instructions dictées à chacun d'eux par leur Cour respective. Mme de Bombelles peut répondre avec plus d'assurance au second point parce que l'objet de cette imputation est plus à sa portée et qu'elle connaît les sentiments et la circonspection de M. de Bombelles. Elle sait qu'on a écrit des faussetés contre lui à Vienne, mais quelle attention peut mériter un homme mal intentionné, puisque, la Cour impé-

riale a reconnu elle-même l'infidélité de ses rapports et
lui a ôté le poste qu'il occupait à Ratisbonne. Il serait bien
affligeant que cette personne fût écoutée sur un seul objet,
lequel influe précisément sur le sort, la fortune et la réputation d'un galant homme qui a été continuellement en but à
ses tracasseries et aux calomnies qu'il a débitées contre
lui. M. de Bombelles a été traité avec bonté et distinction
de leurs Majestés Impériales dans différents voyages qu'il a
faits à Vienne. Il a des obligations personnelles à la Reine,
qui a daigné approuver sa nomination au poste de Ratisbonne, a bien voulu prendre de l'intérêt au mariage de sa
sœur. Il trouve dans son cœur et dans sa reconnaissance
des motifs puissants d'être personnellement dévoué à Sa
Majesté et à son auguste famille et il ne doit pas être soupçonné de se livrer légèrement à une animosité aussi absurde
que mal fondée, comment peut-il être soupçonné d'oublier
en un instant ce qu'il leur doit de respect.

J'ose espérer que la Reine, dont l'esprit est aussi juste
que le cœur, verra d'un coup d'œil plus favorable la conduite de M. de Bombelles si elle daigne faire attention, quant
à la nature de l'accusation et du caractère de l'accusateur.

La marquise de Bombelles à la Reine

« **Madame**,

« Mme de Bombelles serait parfaitement heureuse si
la Reine daignait joindre sa protection à l'intérêt que
Madame Élisabeth veut bien lui marquer, pour assurer
à l'enfant de Mme de Bombelles un bien-être qu'il ne
pourra jamais espérer sans l'appui de Sa Majesté.
M. de Bombelles est né sans fortune ; son père, mort à
la veille d'être fait maréchal de France, ne lui laisse
d'autre héritage qu'une mémoire chérie et respectée

dans la province où il commandait et une grande réputation militaire. M. de Bombelles a servi dès sa plus
tendre jeunesse, il a fait les dernières campagnes d'Allemagne et il a mérité partout l'approbation de ses
chefs. Des talents et une application extraordinaire
ont engagé le ministère à l'employer dans les affaires
étrangères. M. de Vergennes a bien voulu faire de lui
les éloges les plus étendus, en différentes occasions, il
est malgré cela rencoigné depuis sept ans dans le poste
insignifiant de Ratisbonne. L'ambassade de Constantinople, quand M. de Saint-Priest la quittera, offre à
M. de Bombelles des moyens de ménager à son enfant
une fortune convenable. Il y a beaucoup de places dans
la carrière politique et à portée des espérances de M. de
Bombelles qui seraient plus agréables par leur position,
plus rapprochées de la France, mais il n'y en a aucune
où il soit décemment permis d'y porter des vues d'économie, comme dans celle de Constantinople, et c'est
sous ce rapport qu'elle convient plus à la situation de
M. de Bombelles. Il serait bien flatteur pour lui d'obtenir cette ambassade par la protection de la Reine et
d'ajouter cette nouvelle reconnaissance à celle qu'il
doit déjà à Sa Majesté pour les bontés qu'Elle a bien
voulu témoigner à sa famille. Mᵐᵉ de Bombelles ose-
rait-elle se flatter que la position actuelle de M. de
Bombelles et ses services, que le trouble d'une mère
tendre et inquiète sur le sort de son enfant pussent
assez intéresser la bienfaisance naturelle de la Reine,
pour que Sa Majesté voulût bien promettre à Mᵐᵉ de
Bombelles ses bontés lorsque M. de Saint-Priest quittera Constantinople. »

Le comte d'Esterhazy mis au courant de ce qui s'était passé chez la Reine avait raison de hocher la tête et de dire à Mme de Bombelles que tout cela ne servirait de rien tant qu'on ne serait pas revenu sur le compte de son mari. Il sait à quoi s'en tenir, lui qui reçoit les confidences de la Reine! Les griefs viennois sont loin d'être apaisés, et M. de Vergennes qui, bien disposé vient de donner à Mme de Bombelles une lettre exposant les bons services de son mari, n'a pas caché à Mme de Mackau son entretien avec le comte de Mercy qui sortait de chez lui : « Monté sur ses grands chevaux », l'ambassadeur lui avait fait les plaintes les plus vives contre M. de Bombelles à l'occasion de sa querelle avec le prince de la Tour[1]; lui était resté ferme comme un roc et lui avait répondu froidement que M. le marquis de Bombelles n'avait fait que suivre les ordres du Roi et qu'il lui était impossible de l'en blâmer. M. de Vergennes ajoutait qu'il avait prévenu le Roi de cette dernière persécution et qu'on ne devait pas s'en inquiéter. Ne pas s'inquiéter est chose facile à dire, mais M. de Bombelles, même avant d'avoir reçu la dernière lettre où sa femme conte l'entretien assez vif de M. de Vergennes avec le comte de Mercy, ne trouve pas que les choses prennent bonne tournure. Sa chère Angélique n'avait-elle pas été un peu vite en besogne, pouvait-on avoir confiance dans la comtesse Diane? Revenir au plus vite en congé et plaider sa cause lui-même est son désir le plus pressant. « Ratisbonne lui pèse sur les épaules, plus il y restera et plus

---

1. La branche aînée des princes de la Tour et Taxis résidait à Ratisbonne.

les ministres impériaux lui feront d'horreurs. Il se
méfie de Trautmansdorf, malheureux petit homme sans
force ni vertu ». Tout cela est consigné dans une note
explicative qu'il envoie à sa femme avec mission de la
faire lire au seul comte Valentin. « Comme dans tout ce
qui se fait il n'y a pas moins que de ma fortune un ami
aussi vrai que cet honnête comte ne doit pas parcourir
à la hâte un écrit qui renfermait de grandes vérités et
qui répond à tout ce qu'on m'a jusqu'ici imputé sans
pudeur et sans justice... La seconde note est faite pour
le cas où l'on se servirait encore contre moi de ce qui se
passe en ce moment avec M. le prince de la Tour. Il
n'est plus question de plier les genoux, ma chère amie,
ma perte serait certaine... Je ne puis rester dans l'attitude d'un étourdi, d'une mauvaise tête, pour qui sa
femme demande grâce. Je sais que l'Empereur est im-
placable dans ses aversions; le motif de la sienne
envers moi ne peut cesser parce que je ne trahirai pas
mes devoirs, mais il faut que je prouve à la Reine que
je suis injustement attaqué, c'est ce que mon compte
rendu indique. Alors, quand le comte d'Esterhazy lui
en aura dit la teneur, il n'y a plus qu'un parti à prendre
puisque la Reine veut envers son frère des ménagements destructifs pour le bien du service du Roi, c'est
de m'envoyer en Portugal. Je n'aurai jamais Constantinople : un ambassadeur de France à la Porte qui a du
zèle et de bons yeux est un monstre pour la Cour de
Vienne. La note que tu as donnée est, je le gagerais, à
l'heure qu'il est dans les mains de l'Empereur et ne
sera renvoyée à la Reine qu'avec tous les commentaires
dictés par la haine et le despotisme. Si, contre mon
attente et mon expérience, Mme la comtesse Diane est

de bonne foi, tu peux, d après l'avis du comte d'Esterhazy, lui faire jeter un regard rapide sur ma note, mais
en préparant les voies avant mon arrivée; de grâce
qu'on n'agisse en rien décisivement. »

Faisant un instant trêve à ses préoccupations personnelles, le marquis dans sa lettre suivante raconte son
voyage à Munich où il a été reçu par le pape Pie VI [1].
A l'arrivée dans la capitale bavaroise, le cortège était
fort beau. « Le Saint-Père était dans une voiture à
deux places avec l'Électeur [2]... Un dais l'attendait au
bas de l'escalier et trois cents personnes en grand costume... Arrivé au grand appartement meublé et orné
pour feu l'Empereur Charles VII, le Saint-Père a préféré
l'appartement de l'Impératrice comme plus commode
et plus près de la chapelle... Après quelques compliments qui ont duré quatre à cinq minutes on s'est rendu
à la chapelle où le *Te Deum* a été chanté en musique,
plus bruyant qu'agréable. Le Pape n'a vu dans le reste
de la soirée que l'Électeur, l'Électrice de Bavière et
l'Électeur de Trèves. Nos audiences ont été pour le lendemain matin, samedi 27 avril.

« La mienne a duré dix minutes. En entrant, le nonce
m'a nommé, j'ai plié le genou, baisé la main du Saint-
Père et le nonce après une profonde génuflexion s'est
retiré. Le Pape m'a conduit à la fenêtre. Il parle fort

---

1. Jean-Ange Braschi, pape sous le nom de Pie VI de 1775 à
1799, et dont le pontificat fut une lutte perpétuelle contre la cour
de Naples, le grand-duc Léopold de Toscane, l'Empereur Joseph II, plus tard contre l'Assemblée Constituante, puis contre
le Directoire.

2. Charles-Théodore, de la Maison Palatine, 1777-1799, — électeur
depuis la mort de Maximilien-Joseph, — laquelle avait entraîné
l'affaire de la succession de Bavière.

bien le français et m'a donné des nouvelles de M. le
baron de Breteuil, m'a remercié d'être venu de près de
quarante lieues pour le voir. Sa Sainteté est d'une superbe figure simple, honnète, et noble dans ses manières; il n'a rien d'un prêtre italien. Le dimanche 28, il
a dit la messe basse, mais à fort haute voix aux Théatins. Il y avait plus de quatre mille âmes dans l'église,
et le silence le plus religieux s'y observait. Je n'ai rien
vu de plus édifiant et de plus auguste que cette cérémonie. Les protestants qui y ont assisté convenaient
comme nous qu'ils en avaient été émus; on n'a pas plus
de grâce que le Pape dans ses moindres mouvements,
et il paraît ne les avoir point étudiés. Après la messe,
Il a vu les dames dans la sacristie; il s'est assis sur un
fauteuil, elles sont venues lui baiser la main, et, autant
qu'il a été possible, il leur a dit des choses aimables.
Entre midi et une heure il s'est rendu en grand cérémonial à la place de la Grande-Garde; il était seul
dans le fond d'un carrosse de parade, les deux élec-
teurs Palatin et de Trèves sur le devant. Le Saint-Père
est monté dans la maison des États et sur un grand
balcon construit exprès il a donné sa bénédiction à
quinze mille âmes rassemblées sur la place... »

C'est une des dernières lettres adressées par le marquis
à sa femme. Le congé demandé a été accordé, et il est
rentré en France. La joie de retrouver sa femme et son
enfant lui fait juger moins amers les perpétuels retards
que subit sa carrière si brillamment commencée. Nous
nous figurons quelles durent être ces premières semaines après une si longue séparation. Il nous est
permis, par contre, de regretter de ne pas connaître les
impressions de Mme de Bombelles sur le grand-duc et

la grande-duchesse Paul de Russie[1] qui, en cet été de
1782, sous le nom étrange de comte et de comtesse du
Nord, passèrent près de trois mois à la Cour entre Paris
et Versailles. Arrivés à Paris, le 18 mai, le comte et la
comtesse du Nord étaient à Versailles le 20.

Le comte est présenté au Roi par M. de la Live,
introducteur. Il est accompagné par le prince Baria-
tinsky, ambassadeur de Russie. La première entrevue
est relativement froide, le Roi s'étant montré, comme
d'ordinaire, très timide. Pendant ce temps, la comtesse « introduite » par la comtesse de Vergennes est
reçue par la Reine. Au premier abord, la grande-
duchesse, en raison de sa corpulence, impose à Marie-
Antoinette, d'ailleurs prévenue contre la famille impériale de Russie et ne lui plaît pas. La comtesse du
Nord est raide dans son maintien et fait montre de
son instruction. Par un accident inaccoutumé, la Reine,
dont l'accueil est habituellement aimable, s'est sentie
gênée devant ses visiteurs impériaux ; elle a dû se
retirer dans sa chambre comme prise de faiblesse et
a dit à Mme Campan, en demandant un verre d'eau,
qu'elle venait d'éprouver que le rôle de Reine était plus
difficile à jouer en présence d'autres souverains ou de
princes appelés à le devenir qu'avec des courtisans.
Ce ne fut, du reste, qu'un embarras momentané, et,
dès le second entretien, Marie-Antoinette avait retrouvé
son aisance et se montrait affable pour ses hôtes. Au
dîner l'embarras avait disparu. On trouva le grand-
duc, malgré sa laideur[2], charmant et séduisant ; quant

---

1. Marie Fedorowna, née Dorothée, princesse de Wurtemberg.
2. A Lyon, où il avait passé, venant de Suisse, en se rendant
à Paris, le grand-duc avait produit aussi deux genres d'impres-

à la princesse, qu'avec sa haute taille et son buste puissant les Parisiens avaient déclarée un peu homasse, la comparant à la duchesse de Mazarin, il fut proclamé à Versailles que sa beauté massive de cariatide resplendissait dans tout son éclat. La baronne d'Oberkirch a soin de recueillir les appréciations aimables et, pour ne pas paraître partiale envers sa princesse, elle ne manque pas d'ajouter : « La Reine était belle comme le jour, elle animait tout de sa présence. »

Ce voyage eut un retentissement immense, aussi bien pour son but politique que pour les attentions dont le comte et la comtesse du Nord avaient été l'objet comme princes. Pour suivre le chapelet des fêtes données aux princes russes, à Versailles, à Trianon, à Paris, on ne saurait avoir un meilleur guide que la baronne d'Oberkirch [1].

---

sion. Il avait visité en touriste la ville industrielle et n'avait pas manqué de se montrer dans les hôpitaux. On voulait l'en dissuader, bien qu'il n'y eut pas d'épidémie, il répondit par ce mot « historique » qui fleure *l'Émile* de Jean-Jacques : « Plus les grands sont éloignés des misères humaines, plus ils doivent faire d'efforts pour s'en rapprocher. » Sa visite aux manufactures, dans un moment où l'impératrice Catherine faisait exécuter d'importantes commandes, parut opportune : patrons et ouvriers acclamèrent le fils d'une souveraine qui les enrichissait. En revanche, gens du peuple et *Canuts* de le saluer de cette épithète : «Oh! qu'il est vilain! » Une fois, à ces peu aimables compliments, il répondit avec à-propos : « ... C'est une vérité que mon miroir m'a enseignée depuis longtemps, mais, si je pouvais l'ignorer, voilà des gens qui se chargeraient de m'en instruire.

1. Cf. aussi l'étude consciencieuse de Ch. Larivière dans *la Revue Bleue* du 3 octobre 1896, un article de M. P. de Nolhac dans *l'Echo de Versailles* du 22 octobre 1898 reproduit dans l'ouvrage de M. G. Mazinghin et A. Terrade : *les Officiers de l'escadre russe à Versailles* (Aubert, 1894) ; — *un Czarewitz à Paris*, par M. Justin Bellanger (*Revue des Etudes historiques*, n° 4, 1898);

Il faut des pinceaux de femme pour donner une grâce légère à ces récits de cérémonies, qui sous des plumes officielles semblent monocordes. Ainsi, malgré la bienveillance outrée dont fait preuve l'excellente Alsacienne, bien qu'elle se montre plus préoccupée de l'extérieur des choses que de la portée politique de certains événements, ses *Mémoires* ont-ils fourni aux historiens le meilleur de leurs « informations » sur ces réceptions fastueuses à Versailles.

Pendant son séjour Mme d'Oberkirch a vu souvent Mme de Mackau, « qui ne quitte pour ainsi dire pas Versailles » et est très au courant de la Cour. Elle tient donc une partie de ses renseignements de la sous-gouvernante; la baronne trouve Mme de Bombelles une femme délicieuse. Elle s'est liée avec Mme de Travanet, « une des meilleures, une des plus spirituelles, une des plus charmantes femmes qu'elle connaisse »; elle a vu aussi Mme de Louvois qui vient d'être présentée à la Cour, la troisième femme de ce « mauvais sujet » de marquis de Louvois. Pour nous parler aussi de ceux qui nous occupent, c'est donc le témoin le mieux renseigné.

Ce fut une série de représentations : d'*Aline, reine de Golconde*, opéra tiré de la nouvelle de Boufflers par Sedaine et mis en musique par Monsigny, à *Zémire et Azor*, de Grétry, à *Jean Fracasse au sérail*, ballet de

---

— les Notes du duc de Penthièvre dans les *Pièces justificatives* de la *Vie de Madame Elisabeth*, par A. de Beauchesne, t. I; — enfin, un récit émanant des Archives nationales, découvert par M. le vicomte de Grouchy et publié par nous : *le Comte et la Comtesse du Nord à Versailles en 1782*, d'après un document inédit (*Revue de Versailles et de Seine-et-Oise*, mai 1902; et *Fantômes et Silhouettes*, Emile-Paul. 1903).

Gardel, qui fut dansé à Trianon ; soupers, illuminations, bals parés à Versailles alternaient avec d'autres fêtes données dans les châteaux royaux ou princiers. Le bal paré du 8 juin fut splendide dans la galerie des glaces.

La Reine fit les honneurs de son « chez elle » avec une grâce sans égale ; elle combla la princesse de souvenirs et de cadeaux. « Combien j'aimerais vivre avec elle ! » disait la comtesse du Nord, le lendemain d'une fête. « Combien je serais charmée que M. le comte du Nord fût dauphin de France », écrivait Mme d'Oberkirch [1].

Après le déplacement à Choisy et à Marly, il y eut aussi réception des princes à Sceaux chez le duc de Penthièvre, au Raincy chez le duc d'Orléans, à Bagatelle chez le comte d'Artois, enfin à Chantilly où le prince de Condé inventa « enchantement sur enchantement », bals, concerts, chasse aux flambeaux pour recevoir ses hôtes. Le bruit des magnificences de Chantilly se répandait dans toute l'Europe, et l'on faisait circuler ce mot glorieux pour les Condé : « Le Roi a reçu M. le comte du Nord en ami, M. le duc d'Orléans l'a reçu en bourgeois, et M. le prince de Condé en souverain. »

Le comte et la comtesse du Nord avaient donc été royalement reçus pendant trois jours par le prince de Condé. Il y eut illumination générale, chasse aux étangs, concerts avec musiques invisibles, soupers à l'île d'Amour ou au hameau de Chantilly. Aux récits

---

1. Malheureusement ce que la princesse écrivait à l'Impératrice Catherine n'était pas précisément sur le même ton. Le Roi y était déclaré « lourdaud » et « ennuyeux ». la Reine « frivole et coquette ». Cette impression de ses enfants, la Czarine l'adopta d'autant plus facilement qu'elle était disposée à juger de même. A l'heure de l'infortune, elle ne portera aux malheureux souverains qu'un intérêt bien superficiel et inefficace.

des témoins oculaires il convient d'ajouter l'impression
psychologique et bien personnelle de la princesse
Louise-Adélaïde qui, en l'absence de la duchesse de
Bourbon depuis peu séparée de son mari, eut la charge
d'aider son père à faire aux princes russes les honneurs
de sa magnifique résidence[1]. « La comtesse du Nord a
fait ici un petit voyage, écrit la princesse Louise de
Condé à sa cousine aimée Clotilde de France, princesse
de Piémont[2], et j'aurais bien désiré qu'il fût prolongé.
Ils sont venus lundi pour dîner et sont partis hier mercredi à trois heures. Je ne puis dire combien je les ai
trouvés aimables l'un et l'autre. Ils l'ont été pour moi
d'une manière qui m'a véritablement touchée. Leur politesse est franche, noble et aisée. Ils ont l'air de penser
toutes les choses obligeantes qu'ils disent, et cela inspire la reconnaissance. Mon père et mon frère en sont
pénétrés pour eux ; ils ont comblé de bontés aussi
M. le duc d'Enghien. Certainement nous les avons
reçus du mieux que nous avons pu et avec le désir
qu'ils ne s'ennuient pas pendant leur séjour ici ; c'était
une chose fort simple, mais ils ont paru y attacher une
valeur qui nous a pénétrés de sensibilité. Je vous
assure que le moment de leur départ a été une vraie
peine pour moi et qu'il m'a fallu prendre beaucoup
sur moi pour ne pas pleurer, aussi ai-je mal réussi
quand j'ai vu leur voiture s'éloigner. Cela paraîtrait
bien étrange à quelques personnes, les ayant si peu vus ;

---

1. Voir *la Dernière des Condé*, par le marquis Pierre de Ségur.
2. Inédite. Archives de la maison de Savoie. Cette lettre, avec
d'autres qui l'accompagnent, nous a été communiquée par
M. G. Roberti, l'éminent professeur de l'Académie militaire de
Turin.

mais ils ont l'air si franc et si ouvert qu'on s'y attache facilement. Mme la comtesse du Nord m'a dit de lui écrire, et assurément ce sera avec grand plaisir, car je serais au désespoir qu'elle m'oubliât tout à fait. M. le comte du Nord m'a dit, avec toute l'honnêteté possible, qu'il n'oserait pas m'écrire, mais qu'il entretiendrait un commerce avec moi par vous, ma chère et tendre amie; cela m'a embarrassée. Je n'ai jamais osé lui dire qu'il pouvait m'écrire, ne sachant si je le devais, moi étant fille. C'est peut-être très bête, mandez-moi ce que vous en pensez. Cependant, après, il a fini par me demander s'il ne pouvait ajouter quelques lignes aux lettres de la comtesse du Nord. J'ai cru qu'il était sans conséquence d'accepter cela. J'ai peur qu'il ne m'ait trouvée bien sotte sur tout cela. Peut-être en Russie cela aurait-il été tout simple, mais en France on juge si sévèrement, on aime tant à tout interpréter que, si on avait su que je recevais des lettres du grand-duc que je n'ai vu que deux jours, on aurait peut-être été assez sot pour en faire des plaisanteries... Mais je n'ai pas encore fini de vous parler d'eux. Savez-vous ce qui m'a charmée? C'est la tendresse qu'ils paraissent avoir l'un pour l'autre. On n'est point accoutumé dans ces pays-ci à entendre une femme appeler son mari « mon cher ami ». Je suis sûre que nos petites folles et nos petits-maîtres rient de cela, mais, moi, cela m'enchante. »

La princesse Louise s'excuse d'être si longue, mais elle ne peut ennuyer sa cousine en lui parlant de personnes qui l'aiment et qu'elle aime. « Ah! oui, ils vous aiment bien, je vous assure; nous avons souvent parlé de vous et avec bien du plaisir. Il faut que je vous remercie, car, sans doute, vous seule êtes la cause des honnêtetés sans nombre qu'ils m'ont faites. »

Ce que ne raconte pas la future abbesse de Remiremont, c'est le mot dit au moment de la séparation par le prince de Condé : « Nous serons bien éloignés l'un de l'autre, dit le prince au grand-duc ; mais, si Votre Altesse le permet et que le Roi ne s'y oppose pas, je pourrai aller lui rendre à Saint-Pétersbourg la visite qu'elle a bien voulu me faire. » — « Nous vous recevrons avec enthousiasme, Monsieur, et l'Impératrice sera trop heureuse de vous voir dans notre pays sauvage. » — « Hélas ! ce sont des rêves », reprit le prince de Condé en soupirant. Pouvait-il prévoir que, quinze ans plus tard, ce voyage de Russie, il le ferait en proscrit, tandis que sa demeure éblouissante ne serait plus qu'une ruine aux murs pantelants ?

Mais, on le sait, les princes russes ne se contentèrent pas des fêtes de Cour. Ils se firent voir à l'Opéra, au Théâtre-Français où on leur lut des vers, à l'Académie française où La Harpe leur lut une pièce de vers assez malencontreusement choisie sur Pierre III ; à l'Académie des Sciences où Condorcet leur fit un discours ; ils furent à l'École Militaire, visitèrent les principaux monuments, même l'hôtel Beaujon et l'hôtel de La Reynière. Partout, sur le parcours, ils furent reçus avec enthousiasme comme ils l'avaient été à Saint-Étienne et à Lyon. Dans ce voyage des princes russes, on entrevoyait autre chose qu'une visite de politesse, on savait l'impératrice Catherine désireuse de se rapprocher de la France [1], et cette visite opportune surexcite la badau-

----

1. Le voyage du comte du Nord n'avait pas, à beaucoup près, l'importance du voyage du tzar Nicolas en 1896, mais, néanmoins, c'était une vraie tentative de rapprochement efficace.

derie. Le commerce parisien, toujours à l'affût de la réclame, profita de cette vogue russe comme il devait en profiter lors des visites récentes du descendant de Paul Iᵉʳ. Ce n'étaient partout que bannières aux armes moscovites ; on citait un tailleur qui fit fortune avec un vêtement d'enfant, blouse flottante dont Catherine avait envoyé le dessin à la plume de Grimm et qu'elle avait imaginé pour son petit-fils Alexandré. Catherine, qui raille tout, ne manqua pas de railler cet enthousiasme pour la Russie : « Les Français, écrira-t-elle, se sont engoués de moi comme d'une plume à leur coiffure, mais patience, cela ne durera pas plus que toute mode chez eux », et il lui arrivera parfois de demander à Grimm si le *vertigo* a pris fin.

Il était temps que galas et fêtes prissent fin. Chacun était sur les dents. « Nous les avons tant et tant divertis, écrivait le chevalier de l'Isle au comte de Riocour, qu'ils n'en peuvent plus. Je serais aussi las qu'eux si je vous faisais le détail de toutes les fêtes, et je crois que vous le seriez bien aussi de l'avoir lu. Je ne saurais pourtant m'empêcher de vous dire que le bal paré de Versailles a été comme le Paradis, ce que l'œil de l'homme n'a point vu et ce que son esprit ne peut comprendre. Il n'a jamais paru sur la terre un spectacle plus imposant et plus magnifique. Aucun Roi du monde n'en a donné qui lui ressemble ni qui puisse même en avoir approché[1]. »

Après les premières semaines données à la tendresse conjugale, M. de Bombelles se met comme de coutume

---

1. Inédite (Archives de M. le comte de Riocour).

facilement en route. Il a des devoirs de famille ou
d'amitié à rendre ; il est tour à tour chez Mme de Travanet à Paris, ou à Viarmes, chez Mme de Bombelles
sa belle-sœur, à Dangu chez Mme de Matignon. Son
plus long séjour est celui d'Anci-le-Franc chez son
beau-frère M. de Louvois. Mme de Bombelles, qui commence une grossesse, n'a pu l'accompagner : il y est
une première fois en juillet, il y retournera à la fin de
novembre. Glissons sur les descriptions du pays qu'il
parcourt de Sens à Anci, glissons surtout sur les petits
vers badins dont M. de Bombelles a la fâcheuse manie
d'émailler ses lettres, et supposons que le roman conjugal qui, un instant, a repris terre lors de la réunion
des deux époux, a revêtu de nouveau la forme tendre
et lyrique à laquelle le condamne l'éloignement des
amoureux. Ils sont de nouveau ensemble en septembre
et octobre, ils assistent donc à la « Sérénissime » banqueroute du prince de Guémenée.

Un Rohan en faillite, et quelle faillite !

Le scandale est terrible, la consternation règne à
Paris comme à Versailles, car toutes les classes sont
frappées, le monde de la Cour en tête, des accadémi-
ciens, puis les petites bourses, plus intéressantes
encore : des artisans, des matelots bretons qui, aveu-
glés par le prestige du prince, lui avaient apporté
leurs épargnes. Lauzun y était plus qu'à moitié ruiné.
Sophie Arnould y perdait trente mille livres de rentes.
« Que voulez-vous, disait-elle gaiement, ce qui vient
de la flûte retourne au tambour[1]. »

---

1. Voir, dans *Louis XV intime et les Petites Maîtresses* (p. 161),
les lettres de Mme de Coislin au duc d'Harcourt sur la faillite

Pouvait-on empêcher cette faillite sans exemple qui causa la ruine de tant de gens? Les contemporains se montrèrent fort sévères pour les Rohan très jalousés. Malgré les grands sacrifices faits par la comtesse de Marsan, par les Montbazon, par le célèbre cardinal même [1], malgré le rachat par le Trésor du port de Lorient, les créanciers ne furent que très lentement et imparfaitement indemnisés [2].

Une des conséquences de la « Sérénissime banque-route » sera la mise en vente du beau domaine qu'habitait la princesse de Guéménée. Celle-ci s'était fait l'illusion qu'elle resterait Gouvernante des Enfants de France [3]

Guéménée. Le chevalier de l'Isle, qui a suivi en Touraine le prince de Guéménée venu, peu avant la banqueroute, pleurer la comtesse Dillon, son amie de vingt ans, écrit au prince de Ligne : « M. et Mᵐᵉ de Guéménée ont tout perdu : fortune, existence, asile, en un mot tout, sans même qu'il leur restât ce que notre François Iᵉʳ s'applaudissait d'avoir sauvé. La banqueroute est énorme... le nombre des misérables qu'elle fait est immense... et l'auteur de tant de calamités n'a pas tout à fait trente-sept ans. »

1. Celui-ci se paya d'un mot orgueilleux : « Il n'y a qu'un Roi ou un Rohan qui puisse faire une pareille banqueroute ! » Le mot était dans l'air. Un soir, chez la maréchale de Luxembourg, quelqu'un disait que la banqueroute du prince de Guéménée était une banqueroute de souverain. « Oui, s'écria la maréchale, mais il faut espérer que ce sera le dernier acte de souveraineté que fera la maison de Rohan (Allusion aux prétentions des Rohan d'être traités en souverains).

2. La vente du port de Lorient et de la partie de Brest appelée Recouvrance ne fut consommée qu'en septembre 1786 (Corresp. secrètes Lescure, t. II).

3 Dans la *Révolution française* de février 1898, M. J. Flammermont a publié deux lettres de Marie-Antoinette à la princesse de Guéménée, qui prouvent qu'au début du scandale la Reine s'était montrée désireuse de sauver la Gouvernante des Enfants de France jusque-là traitée en amie. A la fin de septembre elle assurait la princesse de « son désir de l'obliger », prêtait son concours pour obtenir des lettres de surséance. Quelques jours

et avait même continué les travaux de Montreuil [1].
D'abord disposée à sauver la princesse en séparant ses
intérêts de ceux de son mari, Marie-Antoinette, sur
les représentations de Mercy, songeant peut-être
déjà à la duchesse de Polignac pour les fonctions de
Gouvernante des Enfants de France, accepta la démission de la princesse de Guéménée. Celle-ci se retira à
Vigny, près de Pontoise, dans une propriété du maréchal de Soubise [2]. « Elle va vivre là, écrit le chevalier
de l'Isle au prince de Ligne, presque dans la gêne, en
un château inhabité depuis un siècle, ayant pour tout
ornement quelques vieilles tapisseries à grandes vi-
laines figures, obligée de regarder à un louis... » Et le
chevalier ajoute : « Rappelez-vous, mon prince, la grandeur où nous l'avons vue le 22 décembre de l'année
dernière, à deux heures après-midi, portant dans ses
bras M. le Dauphin aux acclamations du peuple et le
bas de sa robe tenu par Madame Adélaïde ; songez

---

après, sur les instances de Mercy, elle avait changé d'avis et
laissait suivre le cours des choses. Le 5 novembre la *Gazette de
France* annonçait la démission de la princesse de Guéménée et
son remplacement par la duchesse de Polignac.

1. D'où cette épigramme de M. de Villette, l'inventeur du mot
de la « Sérénissime banqueroute » à Mme de Coislin : « En place
de ce vers en poème des *Jardins :*

    Les grâces en riant dessinèrent Montreuil.

il faudra substituer :

    Les rentiers en pleurant achèveront Montreuil.

2. Nous avons vu que Louis XVI avait permis l'achat, par le
Trésor, du port de Lorient, pour la somme de 12 millions ; mais
là s'arrêta sa condescendance. Il refusa de recevoir son grand-
chambellan et éconduisit le maréchal de Soubise qui venait
intercéder en faveur de son gendre.

que c'est à pareil jour, à pareille heure, qu'elle est sortie de Versailles dans l'abaissement et l'humiliation, et voyez ensuite si vous croyez qu'il faille attacher un grand prix aux honneurs de ce monde... Je crois qu'aucuns ne valent que nous nous en tourmentions. C'est ce qu'a pensé notre bonne petite duchesse de Polignac que les honneurs vont toujours trouver, témoin la charge de gouvernante qu'assurément elle ne cherchait pas et à laquelle pourtant elle sera publiquement nommée demain [1]... »

La place est donnée, la maison est à vendre. Au commencement de décembre, il en est question, puisque Mme de Bombelles en informe son mari. Celui-ci lui répond, le 8, d'Anci-le-Franc, où il est allé rejoindre Mme de Louvois, dont les couches sont proches : « Ce que tu me mandes des grâces de Madame Élisabeth avec toi me fait autant de plaisir que l'acquisition que le Roi va faire de Montreuil, pour elle. Ce sera un objet de dissipation et d'agrément qui lui est nécessaire. Ma première idée a été de savoir quel parti elle prendra sur la petite maison qu'avait ma belle-mère. J'augure assez bien des conseils qui seront donnés à Madame Élisabeth et trop bien de sa façon de penser pour n'être pas sûr qu'elle ne disposera de ce petit casin en faveur de personne ou qu'elle le fera retourner à celle qui le possédait. »

M. de Bombelles prenait grand intérêt à sa belle-mère : « La manière dont elle s'est conduite dans ces derniers temps a été si parfaite, si noble, si maternelle,

---

1. Mme de Polignac, d'après les *Mémoires* de Ségur, ne cherchait pas ce nouvel honneur dont la responsabilité l'effrayait.

qu'elle m'a encore plus attaché à elle. » Nous verrons
que son désir de lui voir conserver la petite maison
qu'elle habitait sera exaucé ; Madame Élisabeth, aussitôt en possession de Montreuil, se fera un plaisir de
la lui donner.

En attendant que Mme de Louvois se décide à mettre
au monde l'héritier attendu, M. de Bombelles, pour
ronger son impatience, taquine sa femme par ce commencement de lettre datée du 11 décembre :

« Elle est accouchée très heureusement entre quatre
et cinq heures du soir, et je me hâte, ma chère amie,
de te donner cette bonne nouvelle. Je suis sûre qu'elle
te charmera... et que tu seras également surprise
lorsque tu sauras que c'est de Follette dont il est question. Quant à ma sœur, nous attendons toujours qu'elle
en fasse autant... et tu vois que nous nous divertissons
à te mettre en colère. »

Mme de Louvois accoucha, le 20 décembre, d'un enfant si grêle et si chétif qu'on ne pensait pas pouvoir
l'élever. Quelques jours après le départ de M. de Bombelles pour Versailles, il mourut en effet. Deux ans
plus tard, la marquise devait mettre au monde un second fils que nous retrouverons postérieurement.

Pour le moment, mieux encore que les couches de sa
sœur, la grossesse d'Angélique sera l'objet des préoccupations de M. de Bombelles. De quelle sollicitude la
jeune femme va être entourée à Versailles et à Montreuil, on se le figure...

CHAPITRE VIII

1783-1786

Au début de l'automne 1783, Mme de Bombelles mit au monde son deuxième fils qui reçut au baptême les noms de François-*Bitche*-Henri-Louis-Ange. Le prénom de Bitche était donné sur la demande expresse de la Municipalité de Bitche en mémoire des services rendus par le lieutenant général de Bombelles [1].

L'enfant fut baptisé en l'église de Saint-Louis de Versailles. Le parrain était le comte de Tressan [2], maréchal de camp, membre de l'Académie française; la marraine, la baronne de Mackau.

---

[1]. Requête adressée au marquis de Bombelles par la Municipalité de Bitche (Arch. S.-et-O., E. 405).

[2]. Elisabeth de Lavergne, comte de Tressan, né au Mans, en 1705, mort en 1783, fit les campagnes de Flandre et d'Allemagne, devint maréchal de camp et grand-maréchal à la Cour du Roi Stanislas. Il consacra ses dernières années à des travaux importants de science et de littérature. Il publia deux volumes sur le fluide électrique considéré comme agent universel, et donna la

M. de Bombelles a quitté Ratisbonne, d'abord offi-
cieusement, puis officiellement, dans l'attente d'un poste
effectif d'ambassadeur qu'on lui fait toujours entrevoir
et dont l'échéance est perpétuellement reculée. Il est
nommé en principe à Lisbonne, mais à condition que le
titulaire actuel consente à partir. Quand il n'est pas
auprès de sa femme, le marquis souffre de son oisiveté
et emploie ses loisirs forcés à des voyages utiles, à des
missions ethnographiques.

Des devoirs de famille ou d'amitié l'ont appelé en
Normandie au printemps de 1784. Il écrit de Dangu,
où il est l'hôte de Mme de Matignon, fille du baron de
Breteuil : « La verdure est lente à venir », et la nature
lui paraît un peu maussade... Ce qui est encore plus
lent à venir, c'est la réponse du « vieil ambassadeur »
à Lisbonne, M. O'Dune, que nous avons connu ministre
de France à Munich en 1779. Cette réponse c'est tout
simplement sa démission que M. O'Dune ne se presse
point de donner, et M. de Bombelles préférerait qu'on
n'attendît pas, pour agir, le désistement de l'ambassadeur et qu'enfin un « langage bien positif de volonté
triomphât du peu de bonne volonté qu'on a pour lui ».
Il ajoute : « Vieil ambassadeur, bientôt cette épithète
me conviendra ; en attendant je sens qu'on ne vieillît
pas tout à fait quand on aime, et tu as à toi seule, oui,
mon ange, à toi seule, l'art de rajeunir ton vieux
chat. »

---

traduction arrangée des romans de chevalerie, dont il avait découvert la collection complète. Ses œuvres choisies ont été publiées une première fois en 1823, avec préface de Campenon. Le
marquis de Tressan a publié les *Souvenirs* de son grand-oncle
(Versailles, 1899).

La réponse de Mme de Bombelles est plutôt réconfortante, puisque la comtesse Diane est partie pour Paris avec la promesse de parler au baron de Breteuil de leurs affaires. Rabelais n'est pas le seul à avoir trouvé que « Faulte d'argent » est un grand mal, car, c'est l'objet des préoccupations constantes du ménage. Mais ne nous exagérons pas la tristesse de leur esprit, car, à part l'antienne périodique touchant la carrière, le marquis est plutôt enjoué dans ses notes de voyage. Laissons-le visiter Rouen en compagnie de l'évêque, M. de la Ferronnays et de l'intendant général de Brou, passer au Havre, admirer à Bolbec les jolies mines et les coiffures originales. « L'habillement du pays diffère de celui des environs de Paris qu'on pourrait se croire dans un autre royaume... J'ai traversé tout à l'heure celui d'Yvetôt. Sa capitale, qui n'est aussi qu'un bourg fort beau, renferme quinze mille âmes. M. d'Albon vient de renouveler ses baux, et son royaume va lui rapporter 45.000 livres de rentes. En entrant sur ses terres, deux grands piliers, et sur ces piliers est écrit : « Fran«chises de la principauté d'Yvetôt. »

Voici des nouvelles de Versailles du 21 avril : « J'étais encore hier si fatiguée de la chasse d'avant-hier, où j'avais été avec Madame Élisabeth, écrit Mme de Bombelles, que je n'ai pas eu la force de t'écrire. Il est pourtant bon que tu saches que la Reine a accueilli parfaitement la proposition que Madame Élisabeth lui a faite dimanche dernier et a trouvé le conseil de Rayneval fort raisonnable en promettant bien de ne pas te nommer à M. de Vergennes, mais cependant de faire en sorte que ce soit lui qui soit chargé d'écrire à M. O'Dune. J'ai écrit le lendemain matin, avant de par-

tir pour la chasse, à Rayneval, afin qu'il sût qu'on était
heureux de l'avoir pour conseil. J'irai voir sa femme,
et je saurai si on a déjà parlé à la Reine. Le soir, chez
Mme de Lamballe, la Reine m'a traitée à merveille, de
sorte que j'ai fort bien fait d'y aller et que plusieurs
personnes croyaient que ton affaire venait de se terminer et sont venues me faire compliment. Ce qu'il y a de
moins heureux, c'est que j'ai perdu mon argent ; mais,
quand on est aussi bien en fonds, c'est un petit malheur. »

Elle croit près de se réaliser ce qu'elle désire, la
petite ambitieuse, mais les affaires de son mari, comme
d'ordinaire, ne vont pas vite.

La lettre du 25 avril est moins remplie d'illusions.
La Reine n'a pas encore parlé... Le ministre l'a bien
accueillie, et c'est tout... Au fond sa coquetterie avec
M. de Vergennes « pourrait faire jaser », mais lui s'est
mis moins en frais qu'elle... Comme consolation la
Reine a parlé d'eux avec intérêt à M. de Breteuil, et la
comtesse Diane s'est montrée d'une grande amabilité.
« Tout cela me sert comme des bombons qui amusent
mon estomac quand il a bien faim. »

Les époux sont réunis au début de l'été et passent
un mois ensemble dans différents châteaux des environs de Rouen. De là, en août, le marquis part pour
l'Angleterre. Il a été l'hôte du duc de Marlborough et
vante la magnificence de sa demeure seigneuriale de
Blenheim, « ce superbe château bâti aux frais de la
nation anglaise en récompense des succès du duc de
Marlborough ». Bien des maisons de nos grands seigneurs, si j'en excepte nos princes, n'approchent de la
grandeur et de la noblesse de Blenheim. Le duc de

Marlborough d'aujourd'hui y vit en souverain : son jardin et son parc forment tout un pays, où rien n'a été négligé pour embellir la nature et en rapprocher les beautés ; nos jardins anglais sont des plateaux de désert en comparaison de ces vastes et ingénieuses promenades ; les bandes de daims, de beaux chevaux, des vaches, aussi belles que celles de Suisse, des troupeaux de moutons garnissent les pelouses, dont la verdure sert de base à cent autres nuances de tous les arbres divers, qui, soit en touffes, soit en allées, varient les points de vue, en masquent de moins agréables et préparent à de plus surprenants. »

Veut-il oublier ses préoccupations ? La petite marquise se charge de les lui rappeler, car, jour par jour, elle le tient au courant de ses négociations, de ses démarches.

Pendant que la Reine et Madame Élisabeth sont à Trianon, elle se rend à Paris où son frère, victime d'un accident à la jambe, l'a fait demander. « M. de Florian vient de remporter un prix à l'Académie, écrit Mme de Bombelles, le 1er septembre. J'ai été hier à Trianon ; Madame Élisabeth m'avait fait chercher en chaise pour monter à cheval avec elle. J'ai vu la Reine qui m'a traitée avec toutes sortes de bontés, Madame Élisabeth est revenue dîner avec la Reine, et la comtesse Diane m'a ramenée à Montreuil, où elle m'a donné à dîner. Elle m'a parlé de toi avec le plus grand intérêt et m'a promis, dès que nous aurions une réponse de Lisbonne, de faire tout ce que nous pourrions désirer.

La pauvre princesse des Deux-Ponts n'est-elle pas bien à plaindre d'avoir perdu son fils ? C'est un malheur affreux et, en vérité, le prince Max n'est guère digne de toutes les prospérités qui se préparent à l'accabler... »

Le 11 septembre, nouveaux détails sur l'affaire de Lisbonne. Décidément, il n'est pas aisé, ni de décider le ministre harcelé par le baron de Breteuil à écrire à M. O'Dune pour obtenir sa démission, ni à déterminer celui-ci à signer son arrêt.

Un accident de la princesse Élisabeth est le sujet principal de la lettre suivante : Du 17 septembre.

« Imagine-toi que Madame Élisabeth, mercredi dernier, galopant à la chasse, est tombée de cheval [1]. Son corps a roulé sous les pieds du cheval de M. de Menou [2] et j'ai vu le moment où cette bête, en faisant le moindre mouvement, lui fracassait la tête ou quelque membre. Heureusement, j'en ai été quitte pour la peur, et elle ne s'est pas fait le moindre mal. Tu penses bien que j'ai eu subitement sauté à bas de mon cheval et volé à son secours. Lorsqu'elle a vu ma pâleur et mon effroi, elle m'a embrassée en m'assurant qu'elle n'éprouvait pas la plus petite douleur. Nous l'avons remise sur son

---

1. Voir plus loin, page 301, une note sur les promenades à cheval de Madame Élisabeth.

2. Jacques-François, baron de Menou (1750-1810). Maréchal de camp lorsque la Révolution éclata. Il fut envoyé aux Etats Généraux, où il se montra partisan des réformes et se distingua dans le Comité de la Guerre. Général en Vendée contre la Rochejacquelein qui le battit, sauvé à grand'peine de l'échafaud par Barrère. Il montra de l'énergie aux journées de prairial an III, mais au 13 vendémiaire son rôle fut violemment attaqué. Bonaparte le protégea, l'emmena en Egypte, où, plus tard, après l'assassinat de Kléber, il prit le commandement en chef ; il fut obligé de capituler devant Alexandrie en un jour. Nommé gouverneur du Piémont, puis de Venise, il mourut dans cette ville en 1810.

cheval, j'ai remonté le mien et nous avons couru le reste de la chasse comme si de rien n'était. L'effort que j'ai fait pour surmonter mon tremblement, pour renfoncer mes larmes, m'a tellement bouleversée que, depuis ce moment-là, j'ai souffert des entrailles, de l'estomac, de la tête, tout ce qu'il est possible de souffrir. Cette petite maladie s'est terminée ce matin par une attaque de nerfs très forte, après laquelle j'ai été à la chasse, et il ne me reste, ce soir, qu'une si grande lassitude qu'après t'avoir écrit, je me coucherai...

« J'ai cependant cru ne pouvoir me dispenser, malgré toutes mes douleurs, d'aller avant-hier à Trianon, et j'ai d'autant mieux fait que j'y ai été traitée à merveille par le Roi, par la Reine et, conséquemment, par le reste des personnes qui y étaient. J'y ai perdu mon argent, suivant ma louable coutume; j'y étais très bien mise, et je me serais consolée des frais de ma parure s'ils avaient pu exciter ton admiration, car, étant uniquement occupée du désir que tu m'aimes bien, je voudrais ne perdre aucune occasion d'augmenter, ne fût-ce que d'une ligne, ton intérêt pour moi... J'y ai vu M. d'Adhémar qui m'a beaucoup parlé de toi et de tout le plaisir qu'il avait eu à te recevoir à Londres. Il me paraît toujours occupé tendrement de la favorite, et il ne m'a pas semblé que les principaux personnages le traitassent d'une manière très distinguée. »

Mme de Bombelles n'a pas manqué de se rendre à Saint-Cloud chez le baron de Breteuil[1]; elle y a vu M. de Rayneval et la question de Lisbonne a été de nouveau agitée. Pourquoi M. O'Dune met-il tant de

---

bitait dans le parc le pavillon dit de Breteuil.

temps à se décider puisque, après tout, des compensations lui sont offertes? Elle a vu Mme de Vergennes et, chez celle-ci, le ministre et le chevalier de la Luzerne.

Voici, dans une lettre suivante, une anecdote gentiment contée : « J'ai encore été à Trianon, samedi dernier. Si je ne connaissais pas ton peu de goût pour les agréments que je te pourrais procurer en un certain genre, je te dirais que le Roi a joué au loto à côté de moi et m'a traitée avec la plus grande distinction. Mais, craignant de t'affliger, je ne me suis pas conduite de manière à alimenter son sentiment, de sorte qu'il y a toute apparence qu'un aussi joli début n'aura pas de suites. C'est vraiment dommage, mais tu ne le veux pas, il faut bien obéir... »

Puis des petites nouvelles :

« L'opéra de *Dardanus* qu'on a joué est superbe, et j'espère que nous chanterons ensemble tout l'opéra, cela n'ira pas sans nous quereller, mais, malgré cela, tu t'amuseras... Bitche a été malade, mais ce sont deux dents prêtes à percer... Madame Élisabeth me charge de te prier de lui rapporter de Londres du papier à écrire qui est rayé, c'est-à-dire qui sert de guide... Elle voudrait encore des chapeaux de paille, dont le fond serait bien profond, et elle te prie surtout de lui faire exactement payer tout ce qu'elle te devra...

« L'ascension des frères Robert a causé de grandes émotions. Ils sont partis dimanche à midi dans leur ballon; ils sont arrivés avant six heures à Béthune chez M. le prince de Ghimstelle, se portant à merveille. Tout le monde était d'une inquiétude horrible sur leur compte, parce que, trois heures après leur départ, il y a eu un orage assez considérable. Le soir et le lendemain, n'ayant pas de leurs nouvelles, on croyait qu'il leur était arrivé malheur, et la femme de M. Robert l'aîné a été dans un état si affreux, qu'on a été obligé de la soigner et elle était exactement mourante lorsqu'elle a reçu la nouvelle de l'arrivée de son mari sur terre... La malheureuse, je l'ai bien plainte... »

M. de Bombelles continue à adresser à sa femme des bulletins que celle-ci voudrait plus nombreux, puisqu'elle se plaint de ce silence relatif; ce que nous en possédons ne nous apporte pas de révélation transportante. Glissons sur des impressions de route d'ordre secondaire, y compris les treize enfants de l'archevêque d'York, « l'homme le plus compassé du monde » ; glissons surtout sur les considérants de carrière, dont monotonement, le marquis émaille ses lettres... et retournons à sa prolixe correspondante qui, au milieu de son gentil gazouillement, nous apporte toujours quelque anecdote de Cour.

« Pour te donner de la bonne humeur, écrit-elle le 31 septembre, je te dirai que, dimanche dernier, la Reine est venue à moi, m'a dit qu'elle était charmée que nos affaires avançassent et qu'elle désirait bien qu'elles fussent déjà terminées, et que je devais savoir qu'elle y prenait le plus grand intérêt. J'ai répondu à cela qu'elle m'avait donné trop de preuves de bonté pour que je pusse en douter et que ce serait à elle seule à qui je devrais le bonheur de ma vie. »

La petite marquise se remonte vite, et quelques bonnes paroles de la Reine lui donnent un espoir sans doute peu en rapport avec les opérations entamées. La duchesse de Polignac a été très malade de la dysenterie, avec vomissements, etc.; elle reste très faible et affaissée.

« On a fait le conte dans le monde que c'était la dimi-
nution de sa faveur qui l'avait mise dans cet état-là. »
Ceci doit être bientôt démenti par les faits, puisque,
aussitôt remise, la duchesse a rouvert son salon,
et le Roi y soupera deux fois au commencement
d'octobre. Le baron de Breteuil s'est trouvé aux deux
soupers, et Mme de Bombelles en augure bien, puisqu'il
aura pu veiller de près aux intérêts de ses amis.

Gros événement de Cour : « La Reine ou du moins le
Roi vient d'acheter Saint-Cloud, écrit la marquise le
16 octobre. La Reine en est dans la plus grande joie ;
c'est le baron de Breteuil qui a négocié le marché et il
paraît qu'on lui en sait le plus grand gré, excepté
M. de Calonne qui sera obligé de donner six millions
et à qui cela ne fait pas le moindre plaisir, cela se
conçoit[1]. »

... Le marquis a continué son voyage en lequel « il
noie son oisiveté ». D'Angleterre il est passé en Écosse,
il a franchi le détroit et visité une partie de l'Irlande.
A Dublin tout s'acharne à lui rappeler cette ambassade
de Lisbonne, but incessant de ses désirs, puisque, donnant à son nom une désinence portugaise, on s'est
plu à l'annoncer comme le marquis de Pombal. C'est
là qu'après tant d'autres alternativement remplies
d'espoir et de déception M. de Bombelles reçoit, en
novembre, une lettre nerveuse, où sa femme, sortant

---

1. Cette acquisition très onéreuse de Saint-Cloud était faite au
duc d'Orléans, poussé par la marquise de Montesson, qui voulait
se retirer à Sainte-Assise. Elle grevait le Trésor déjà obéré de six
millions. Il y eut de longues négociations, des difficultés, des
discussions d'argent. Voir *Mémoires* d'Augeard. Sur les séjours
de la Reine dans cette nouvelle résidence, voir notre livre : *le
Palais de Saint-Cloud*, Laurens, 1902.

de sa réserve ordinaire, déverse dans son cœur le trop-
plein de ses découragements.

« ... Tu ne peux pas te faire d'idée des angoisses où
je suis... Imagine-toi qu'il y a quatre jours que Rayneval dit franchement à maman que ce courrier (de
Portugal) n'est donc pas arrivé, et que, toute réflexion
faite, il fallait oublier cette affaire d'ici à quelques
mois, parce qu'elle n'était pas faisable dans ce moment,
et qu'au fait on ne pouvait pas épuiser le Trésor pour
te faire placer. Quand maman m'a rendu cela, j'ai
sauté aux nues, j'étais comme une enragée, j'en parle à la
comtesse Diane à qui cela paraît tout simple. J'attends
le lendemain le baron de Breteuil. Il est vrai qu'il avait
eu la veille une attaque d'apoplexie (qui n'est pas bien
véritable et n'a eu aucune suite) et qu'on me dit qu'il
est dans l'état le plus inquiétant... Enfin j'écris à Paris
d'où on me mande qu'il va bien. Un peu tranquillisée
sur cet objet, j'écris à la duchesse de Polignac pour
lui demander un rendez-vous, et elle m'a reçue hier
matin. Maman m'a proposé d'y venir avec moi, ce que
j'ai accepté très volontiers. Après nous avoir fait asseoir, je lui ai dit que je venais lui exposer la position
horrible où tu te trouverais, si elle ne voulait s'occuper
essentiellement de toi... »

Après des considérations sur la situation bizarre de
M. de Bombelles auquel l'ambassade vient d'être donnée
à la condition que le titulaire veuille bien demander son
congé, la marquise avait ajouté : « Ce serait une bassesse à M. de Bombelles de ne pas remplir son
devoir, il en est incapable, et ce devoir l'oblige
d'aller remplir sa place si on ne veut pas la lui
ôter. Ce sera un malheur affreux pour lui de déplaire

à la Reine, et j'en prévois toutes les suites. Arrachez-le donc, Madame, du précipice où il va être entraîné et dites que la Reine veut qu'il soit nommé et dites-le vous-même, car on ne croit au véritable intérêt de la Reine que lorsque vous en êtes l'interprète et les ordres que vous portez de sa part sont la sanction de ses volontés. Je n'ai plus qu'une chose à ajouter à ce que je viens de dire, c'est que M. le baron de Breteuil, notre ami, éprouvera le chagrin le plus vif si cette affaire ne se décide pas, son sentiment et son amour-propre y sont intéressés. Le public sait qu'il aime M. de Bombelles comme son propre enfant, quelle idée aurait-on de son crédit si la chose qu'il désire le plus dans ce pays-ci ne pouvait s'effectuer, au moment où il est de la plus grande conséquence qu'elle le soit... »

La fin de la lettre se reprend déjà à l'espoir à condition que Mme de Polignac tienne ses demi-engagements : « La duchesse m'a promis de faire venir M. de Vergennes. Je me flatte, par la manière, dont elle m'a écoutée et l'intérêt que cela a paru lui inspirer, qu'elle lui parlera avec fermeté. J'oubliais de te dire qu'elle avait paru craindre que M. de Vergennes ne mît en avant la nécessité de ne pas laisser Lisbonne sans ambassadeur, et que je l'ai autorisé à lui dire que tu partirais sur-le-champ si cela était nécessaire. Le cœur m'a bien battu en le disant... Madame Élisabeth de son côté parlera, aujourd'hui ou demain, à la Reine... »

Qu'est-ce que l'influence de Madame Élisabeth quand il s'agit d'un poste diplomatique? L'ingérence de la duchesse de Polignac aurait été d'un autre poids, si tant est qu'elle eût voulu sincèrement donner ses soins à cette affaire au risque peut-être d'aller à l'encontre des entêtements, ou même des rancunes de la Reine. Mais, il faut bien s'en convaincre, autant il était difficile de dire non en face à une aussi charmante femme que l'était Mme de Bombelles, autant il était aisé de faire traîner en longueur une affaire dont le héros principal n'était ni une puissance future à ménager ni un de ces favoris de la « coterie » devant lesquels hommes et événements mêmes avaient coutume de s'incliner.

Durant ce temps Mme de Bombelles prend sa part de la vie de Cour : elle est souvent, le plus souvent possible, de service auprès de Madame Élisabeth, qui réclame sa confidente aimée ; elle suit sa princesse dans les déplacements de Marly et de Fontainebleau. Ce dernier séjour est très apprécié de Madame Élisabeth : c'est là qu'elle peut faire de longues promenades à cheval, là qu'elle profite avec usure des conseils de botanique donnés par le Dr Dassy. En raison de la prédilection de la princesse pour Fontainebleau il sera question de créer pour elle un petit Trianon, une habitation spéciale, où elle serait bien chez elle comme à Montreuil.

A Versailles la vie est assez régulière. Madame Élisabeth habite toujours l'extrémité de l'aile méridionale du château [1]. Minutieusement les inventaires de l'époque en retracent l'ameublement et la distribution. Deux antichambres somptueuses garnies de banquettes en

---

1. Cet appartement ne forme plus qu'une même salle contenant les tableaux relatifs aux événements de 1830.

tapisseries de la Savonnerie, de paravents de toile
d'Alençon cramoisie, de tabourets de panne, de larges
fauteuils à clous dorés. Dans la seconde sont des com-
modes plaquées de bois de rose et de violettes rehaus-
sés de cuivres; le soir, derrière des paravents, sont
dressés les lits des femmes de service. De cette pièce
on passe dans la chambre des nobles dont le meuble est
de damas de Gênes garni de franges d'or. Cheminée
immense; consoles de marqueterie et de bronze doré;
merveilleuse pendule en marbre blanc qui représente
un portique d'architecture orné dans la frise de trois
bas-reliefs, l'un caractérisant l'Abondance, l'autre la
Paix, le troisième la Gloire sous les traits de Henri IV;
girandoles du même style que la pendule.

Cette salle précédait la chambre à coucher tendue
de soie rouge et de tapisseries de Beauvais. Le lit « à
la duchesse » occupait le milieu avec ses rideaux, ses
« bonnes grâces », ses cantonnières, ses bouquets de
plumes et d'aigrettes. Venaient ensuite le grand cabinet en gros de Tours blanc et bleu, la salle de billard,
enfin le boudoir, jolie petite pièce aux meubles ouvra-
gés dont les fenêtres donnaient sur la pièce d'eau des
Suisses et sur la route de Saint-Cyr[1].

Il est des soirs où cet appartement, orné de tableaux
et d'objets d'art, s'illumine de l'éclat des torchères :
Madame Élisabeth reçoit sa maison, qui est fort nombreuse et quelques personnes de la Cour; elle aime
avant tout, fuyant la représentation, à y vivre dans l'intimité de ses dames, à y deviser avec celles de ses

---

1. Archives nationales O¹, 3496. — Comtesse d'Armaillé, *Madame
Éliabeth*, passim.

amies qu'elle n'a pas entraînées à sa suite à Montreuil.

Là bien plus qu'au palais revit le souvenir de la princesse.

Le petit domaine est devenu sa propriété, peu après la faillite du prince de Guéménée; Louis XVI a mis certaine galanterie à faire cadeau à sa sœur d'une propriété qu'elle aimait.

Marie-Antoinette a voulu se charger d'annoncer à sa belle-sœur la nouvelle qui la comblera de joie, et, après avoir fait aménager et meubler la maison de Montreuil, elle y a emmené la jeune princesse : « Ma sœur, lui dit la Reine, vous êtes chez vous, ce sera votre Trianon. Le Roi, qui se fait un plaisir de vous l'offrir, m'a laissé celui de vous le dire [1]. »

Il a été bien souvent décrit, ce domaine où Madame Élisabeth passa le meilleur de ses journées, pendant les six dernières années de son séjour à Versailles. Il existe encore, à peine modifié, depuis l'espace de temps écoulé, comme si les différents propriétaires qui se sont succédé avaient tenu à respecter la demeure devenue sacrée de la sœur de Louis XVI.

Le parc est situé à droite de la barrière lorsqu'on entre à Versailles. Il longe l'avenue de Paris et s'étend de la rue du Bon-Conseil à la rue Saint-Jules et à la rue Champ-la-Garde et a une contenance de 8 hectares. L'entrée était autrefois, 2, rue du Bon-Conseil; elle est maintenant, 41 *bis*, avenue de Paris. Ce parc amoindri

---

1. Ceci est la phrase consacrée ; il y eut moins de surprise sans doute de la part de Madame Elisabeth. puisque, nous l'avons vu au chapitre précédent, Mme de Bombelles parlait ouvertement à son mari de la cession de Montreuil à la princesse.

sous la Révolution a retrouvé ses anciennes limites et
ses différents propriétaires, résistant à la tentation d'en
faire un quartier de villas lui ont conservé son aspect
d'autrefois [1]. Seuls les arbres en grandissant ont donné
à cette propriété jadis riante un aspect plus mélancolique et sévère.

Au centre de pelouses encadrées d'arbres magnifiques et émaillées de massifs de fleurs s'élève la maison
dont quatre colonnes de pierre soutiennent le péristyle.
La partie du bâtiment central est telle qu'elle était du
temps de Madame Élisabeth ; les deux ailes, abattues
pendant la Révolution ont été rebâties au commencement du siècle sur leurs anciens fondements.

Au fond et à gauche, on voit la ferme de cette laiterie
que l'histoire du Pauvre Jacques devait rendre célèbre
« en dépit de la modestie de sa propriétaire, qui ne
consentait à profiter des œufs de ses poules et du lait
de ses vaches, que lorsqu'était terminée sa quotidienne
distribution aux malades, aux vieillards et aux enfants
de Montreuil [2] ».

Un des premiers actes de Madame Élisabeth fut de
donner à Mme de Mackau la maison qu'elle habitait
rue Champ-la-Garde. « La petite maison de ma mère,
a dit Mme de Bombelles, avait une porte qui communi-
quait dans le jardin de Madame Élisabeth. M. de Bombelles y eut une maladie, qui lui causa des douleurs
horribles ; la princesse qui avait pour lui des bontés
extrêmes venait le voir journellement, l'encourageait,

---

1. Ce domaine, après avoir longtemps appartenu à M. Sauvage
de Brantes, est maintenant la propriété de M. Edgar Stern.

2. *Éloge* par Ferrand.

le consolait et partageait les peines que me causait cet état comme aurait pu faire la sœur la plus tendre. »

A Montreuil aussi, nous le savons, Madame Élisabeth retrouvait de précieux souvenirs. A quelques pas de là s'élevait le pavillon ayant appartenu à Mme de Marsan et où elle avait passé les heures les plus heureuses de son enfance. Après la mort de Mme de Marsan ce pavillon devint la propriété de Lemonnier, premier médecin du Roi, professeur de botanique de la princesse qui était resté son ami et son conseil.

Le Roi avait décidé qne sa sœur ne passerait la nuit à Montreuil, que lorsqu'elle aurait atteint sa vingt-cinquième année. De 1783 à 1789, elle obéit à cette exigence.

Elle entendait chaque matin la messe dans la chapelle de Versailles et montait ensuite à cheval ou en voiture pour se rendre chez elle. Mme de Bombelles a raconté à M. Ferrand, l'auteur de *l'Éloge de Madame Élisabeth*, comment se passaient les journées dans ce domaine aimé de la princesse et de ses amies :

« Notre vie à Montreuil était uniforme, pareille à celle que la famille la plus unie passe dans un château à cent lieues de Paris. Heures de travail, de promenade, de lecture, vie isolée ou en commun, tout y était réglé avec méthode. L'heure du dîner réunissait autour de la même table la princesse et ses dames. Elle avait ainsi fixé ses habitudes. Vers le soir, avant l'heure de retourner à la Cour, on se réunissait dans le salon, et conformément à l'usage de quelques familles nous faisions en commun la prière du soir. »

Madame Élisabeth a du goût pour les sciences physiques et mathématiques ; elle continue à recevoir les leçons de l'abbé Nollet, de Leblond et de Mauduit ; n'at-elle pas imaginé une table de logarithmes fort ingénieuse[1]? Ce qu'elle aime par-dessus tout, après ses pauvres et ses amies, c'est l'équitation[2] et la botanique. Avec Lemonnier et Dassy ses aptitudes devaient se développer ; son parc de Montreuil bénéficiait de ce goût éclairé des plantes et des arbres : le prince de Ligne[3], qui vantait tant le jardin de la princesse de Guéménée, n'aurait eu garde de monter au superlatif, s'il eût eu à décrire le même domaine transformé par Madame Élisabeth[4].

---

1. Ce manuscrit fut rendu au comte d'Artois, à la Restauration, par la famille Mauduit.

2. Voir dans la *Revue de l'histoire de Versailles*, novembre 1903, un article très documenté de M. J. Fennebresque sur les promenades à cheval de Madame Elisabeth, les travaux entrepris pour rendre les promenades moins dangereuses au moment où l'on coupe les bois. Des trous ou des troncs d'arbres ont été laissés sur les bords des routes pratiquées par la cour, ils effarouchent les chevaux, au point de causer des accidents funestes. « Si Madame Elisabeth n'était pas aussi bonne cavalière qu'elle est, dit le *Rapport* de Devienne, elle aurait succombé aux pointes que ses chevaux ont faites sous elle à l'aspect de ces bois. » (Arch. nat., O¹ 1804.)

3. *Coup d'œil sur Bel-Œil*, où il est parlé des beaux jardins des environs de Paris.

4. C'est à Montreuil que Jacques et Marie furent heureux par elle.

Ce Jacques Bosson était un brave Fribourgeois que, sur la recommandation de Mme de Diesbach, Madame Elisabeth avait fait venir de Suisse, et qu'elle avait proposé au gouvernement de sa ferme, ce dont il s'acquittait à merveille. En même temps que lui, elle avait fait venir son père et sa mère, et, en lui procurant les joies de la famille, la naïve princesse s'était figurée combler tous les vœux de son protégé. Pourtant, malgré les efforts du pauvre garçon pénétré de reconnaissance pour sa maîtresse, celle-ci ne put ignorer qu'il lui manquait quelque chose, car il maigrissait à vue d'œil, et sa mélancolie était remarquée. Elle s'informa et apprit la cause réelle du chagrin de l'excellent serviteur. Une fiancée laissée à Bulle, son pays natal, qu'il regrettait et dont il

Transportons-nous par la pensée dans cette maison
animée de la présence de jeunes femmes, dans ce parc

était regretté, voilà ce qui motivait la tristesse de Jacques. « J'ai
donc fait deux malheureux sans le savoir? dit la princesse. Je
veux réparer ma faute. Il faut que Marie vienne ici; elle épousera
Jacques et elle sera la laitière de Montreuil. »

La jeune suissesse arriva bientôt à Paris, et, conduite immédiatement à Versailles, elle fut présentée à Madame Elisabeth. Les bans des deux fiancés ne tardèrent pas à être publiés
en l'église de Saint-Symphorien à Montreuil et à Notre-Dame de
Versailles, et, le 26 mai 1789, quelques jours après l'ouverture des
Etats Généraux, Jacques Bosson et Marie Magnin, dotés par Madame Elisabeth, furent mariés dans la petite église de Montreuil.

Cette idylle pastorale devait pendant quelques jours occuper la
Cour et la Ville. Mme de Travanet composa sur les regrets de Marie
une romance dans le goût du temps, qui fut bientôt dans toutes
les bouches. Mélancoliquement nos grand'mères ont souvent fre-
donné l'air près du berceau de leurs petits-enfants :

> Pauvre Jacques, quand j'étais près de toi,
> Je ne sentois pas ma misère ;
> Mais à présent que tu vis loin de moi,
> Je manque de tout sur la terre.
>
> Quand tu venois partager mes travaux,
> Je trouvois ma tâche légère ;
> T'en souvient-il? Tous les jours étaient beaux ;
> Qui me rendra ce temps prospère?
>
> Quand le soleil brille sur nos guérets,
> Je ne puis souffrir la lumière ;
> Et quand je suis à l'ombre des forêts,
> J'accuse la nature entière.

Les paroles de cette romance, longtemps à la mode, ont été
oubliées; l'air a subsisté et est devenu le cantique

> Vous qu'en ces lieux combla de ses bienfaits
> Une mère auguste et chérie.

On ne pouvait mieux rappeler le souvenir de la bienfaisance de
Madame Elisabeth[1].

Cette romance, qui avait le plaisir de sa petite Cour, Madame

1. *Mémoires* de la baronne d'Oberkirch ; — A. de Beauchesne, *Vie de
Madame Elisabeth* ; — Comte Ferrand, *Éloge de Madame Elisabeth* ; —
Feuillet de Conches, *Correspondance de Madame Elisabeth* — Leroi,
Histoire de Versailles, rue par rue.

où elles aiment à promener leurs rêveries ou à échanger leurs impressions, dans cette ferme où chaque jour
des distributions de lait et d'œufs sont faites aux malades et aux indigents, rappelons, sans pouvoir nous y
arrêter [1], l'inlassable charité d'une princesse que la calomnie, même à l'approche des jours sombres, au
milieu du déchaînement des libelles injurieux et des
pamphlets infâmes, n'était pas parvenue à atteindre ;
figurons-nous ce que peut être la vie calme de la princesse et de ses dames [2], troublée, de temps à autre, par
des visites princières. Celle du roi de Suède, Gustave III,

Elisabeth devait l'entendre à un moment où elle ne s'y attendait
guère. C'était dans les premiers jours d'août 1792... De son petit
appartement du pavillon de Flore, Madame Elisabeth un matin,
entendit sous ses croisées fredonner l'air du *Pauvre Jacques*.
Elle écouta, attirée par ce refrain qui évoquait de douces ressou-
venances, entrebâilla sa fenêtre, écouta encore. C'était bien l'air,
ce n'était pas la romance de Mme de Travanet qu'elle entendait,
mais les couplets royalistes des Apôtres. Au *Pauvre Jacques* on
avait substitué le *pauvre Peuple* : on le plaignait de n'avoir plus
de roi et de ne plus connaître la misère...

1. Voir Beauchesne, ouvrage cité, et comtesse d'Armaillé,
Madame Elisabeth.

2. L'autre grande amie de Madame Elisabeth, Mlle de Causans,
appelée comtesse de Vincens, eut également part à sa bonté
tendre. Quand elle la maria au marquis de Raigecourt en 1784, la
jeune princesse alla trouver la Reine : « Promettez-moi, lui dit-
elle, de m'accorder ce que je vais vous demander. — Avant de
rien promettre, j'aimerais savoir ce que vous voulez, répond la
Reine en souriant. — Commencez par promettre. — Non, dites
d'abord. » — Après un débat de quelques minutes, plein d'amabilité et d'enjouement : « Eh bien, dit la princesse, voici : un
parti se présente pour Causans ; afin de lui faciliter le mariage,
je voudrais lui faire une dot de cinquante mille écus. Le Roi me
donne tous les ans trente mille livres d'étrennes ; obtenez qu'il
m'en avance cinq années. — La Reine promit, le roi donna ; le
mariage fut conclu, et pendant cinq années, tandis que chacun
des princes et princesses recevait ses étrennes, Madame Elisabeth, qui n'avait rien à recevoir, s'écriait gaiement : « Moi, je

suivie de celle du prince Henri de Prusse a été tant
de fois contée, qu'il suffit d'en évoquer le souvenir[1].
On s'imagine le peu d'enthousiasme de Mme Élisabeth
à suivre le mouvement de Cour, on se figure par contre
la princesse accompagnée d'Angélique de Bombelles,
assistant avec joie à l'ascension de l'aéronaute Pilâtre
des Roziers, dans la cour des ministres. La nouveauté
à la mode, c'étaient les ballons. « On en perdait, dit un
chroniqueur, non pas le boire et le manger, mais le
loto[2]. »

La paix conclue, une apparente prospérité éclatait
les affaires, auparavant languissantes, s'étaient soudain
ranimées ; l'indépendance de l'Amérique, en ouvrant
de nouveaux débouchés à l'industrie et au commerce,
leur imprima un nouvel essor. Les récoltes des années
1784 et 1785 se montrèrent « admirables » : autant de
circonstances qui servirent Calonne et devaient rendre
encore plus grande son audace. Qui prévoyait alors
qu'il serait le principal artisan du discrédit et de la
ruine ? Revenant de la guerre d'Amérique, le jeune
comte de Ségur trouvait le royaume avec un aspect si
florissant et la société de Paris si brillante « qu'à moins
d'être doué du triste don de prophétie il était impossible, disait-il, d'entrevoir l'abîme prochain vers lequel

---

n'ai rien, mais j'ai ma Raigecourt ». (Comte Ferrand, *Éloge de
Madame Élisabeth*.)

Mme de Raigecourt était intimement liée avec Mme de Bombelles,
qui, un peu plus âgée, conseillait et protégeait son amie. Nous
les verrons, aux jours d'émigration, correspondre régulièrement.

1. Voir Geffroy, *Gustave III et la Cour de France*, *Mémoires* de
la baronne d'Oberkirch, etc.

2. Hippeau, *Gouvernement de la Normandie*, t. IV.

un courant rapide nous entraînait[1]. » Certes elles
avaient tressailli de joie, ces jeunes femmes, à la nouvelle de la signature du traité qui, grâce surtout aux
armes françaises, assurait l'indépendance du nouvel
État d'Amérique. La naissance, en mars 1785, d'un
second fils de Marie-Antoinette, semblait un nouveau
sourire de la Providence. A Montreuil plus qu'en aucune
autre demeure princière on devait s'en réjouir. Au
baptême de l'enfant de France, Mme de Bombelles
accompagnait Madame Élisabeth, qui représentait
Marie-Caroline, reine des Deux-Siciles...

Mais les événements sombres alternaient avec les
événements heureux. Parmi les habitantes de Montreuil, chacune put s'émouvoir du bruit fait autour
des représentations du *Mariage de Figaro* au Théâtre-
Français, comédie qui fut, a-t-on pu dire, « une
sorte de levier qui contribua à faire sauter l'ancien
régime[2] »; elles s'étonnèrent de voir *le Barbier
de Séville* à Trianon, elles purent trembler en
pensant aux suites d'un événement plus immédiatement grave.

Quand la Reine montait sur le petit théâtre de Trianon pour y jouer un peu bien inconsidérément le rôle
de Rosine, un coup de tonnerre venait d'éclater : en
août 1785, on était en plein procès du Collier. Sur ce
dramatique épisode dont le retentissement devait être
si considérable et les conséquences si funestes pour

---

1. Ségur, t. II; — Correspondance de Métra, XIV, 444 : —
Comte Beugnot, *Mémoires*, t. I; — *Mémoires* de Malouet, I. —
Voir aussi F. Roquain. *l'Esprit révolutionnaire avant la Révolu-
tion.*, 1878.

2. Loménie, *Beaumarchais et son temps*, t. II, 295.

la monarchie, on regrette de ne posséder aucune impression des Bombelles; l'histoire en elle-même de ce triste prologue de la Révolution a été définitivement établie, et il ne saurait y avoir lieu d'insister[1].

Dans l'été de 1786[2], Mme de Bombelles a l'occasion d'accompagner la princesse aux fêtes données en l'honneur des archiducs Ferdinand et Maximilien, puis du duc et de la duchesse de Saxe-Teschen. La duchesse Marie-Christine est la plus jeune sœur de la Reine, celle avec qui Marie-Antoinette, — qui préfère Marie-Caroline de Naples, — entretient la moindre intimité. Le séjour des princes allemands s'inaugura assez tièdement; au bout de quelques jours, ils étaient gagnés par l'affabilité de la Reine. L'Empereur Joseph II leur a indiqué ce qu'ils devaient voir dans Paris, « ce séjour des plaisirs et des inconséquences[3] ». Peut-être y ont-ils entendu les murmures de la calomnie que, depuis *le Mariage de Figaro* et l'affaire du Collier, on n'épargne pas à Marie-Antoinette en attendant qu'on la surnomme *Madame Déficit...* Ont-ils pressenti, comme quelques autres, les premiers grondements de l'orage?

Certes notre aimable héroïne n'est pas de ceux qui constatent le rembrunissement de l'horizon. Dans l'atmosphère optimiste de Montreuil nulle disposition à voir les choses au sombre. Il n'en est pas de même du marquis : malade de l'estomac, l'attente d'une ambassade

---

1. Voir Chaix d'Est Ange, *le Procès du Collier*, et les deux intéressants volumes de M. Franz Funck Brentano.

2. Peu après la naissance de la petite princesse Sophie-Béatrix, qui ne devait vivre que onze mois.

3. Fragment des *Mémoires* du duc de Saxe-Teschen dans *Louis XVI*, etc., par Feuillet de Conches.

jointe aux inquiétudes politiques l'a jeté dans une mélancolie profonde, dont ne le tirent guère que de fréquents
voyages, une fois que son état de santé le lui a de
nouveau permis. La touchante tendresse d'Angélique,
mère et épouse adorable, s'offre toujours comme le
sourire aimable de sa vie sérieuse. Quant à Madame
Élisabeth, elle continue à marquer à son amie une
affection si profonde et sincère, et toujours de plus
en plus vive, que l'on doit supposer qu'une nouvelle longue séparation d'avec Mme de Bombelles lui
semblera très pénible. Elle a trop désiré pourtant que
le marquis reçoive effectivement enfin l'ambassade dès
longtemps promise, qu'elle sait refouler ses larmes
quand Angélique termine ses apprêts pour suivre son
mari à Lisbonne où, définitivement, il va remplacer
M. O'Dune.

CHAPITRE IX

1786-1788

Ce ne fut qu'à la fin d'octobre 1786 [1] que le marquis de
Bombelles partit pour Lisbonne. Il emmenait avec lui
sa femme, ses trois enfants âgés de six ans, de trois
ans et de dix mois, et sa sœur, la marquise de Travanet, qui vivait alors séparée de son mari.

Tout ce qu'on pouvait craindre au début de cette union
peu rassurante s'était réalisé ; le marquis n'avait pas su
renoncer à sa passion du jeu : de là des brèches importantes faites à sa fortune, le repos du ménage tout à
fait compromis, et la jeune délaissée obligée encore

---

1. La mission du marquis de Bombelles était à la fois politique et commerciale. Il s'agissait, sinon d'amener le Portugal
à exécuter toutes les clauses du Pacte de famille, du moins à en
admettre les principales, c'est-à-dire les clauses défensives : il
fallait empêcher le Gouvernement portugais de continuer à s'in-
féoder exclusivement aux intérêts anglais et à laisser établir un
modus vivendi commercial entre la France, l'Espagne et le Portugal. Voir les *Instructions aux ambassadeurs en Portugal*, publiées par le M. vicomte de Caix de Saint-Aimour.

une fois de chercher aide et protection auprès de son frère.

Les deux belles-sœurs éprouvaient l'une pour l'autre une solide affection — les lettres déjà citées et d'autres, postérieures, le prouvent abondamment, — mais leurs caractères ne battaient pas au même unisson que leurs cœurs : à certaines réticences ou tout bonnement à de franches récriminations on devine aisément que ces deux femmes sensibles et un peu tyranniques dans l'attachement — amoureux ou tendre — dont elles enlaçaient le marquis, étaient jalouses l'une de l'autre. Cette jalousie amène querelles et scènes, on se déteste et on se hait en paroles, qui n'ont rien du classique « tendrement » ; mais ce ne sont là que courts orages, le doux et trop aimé Bombelles ramène au plus vite l'arc-en-ciel sur ces jolis fronts courroucés.

Ce séjour de deux ans des Bombelles en Portugal, alors que les époux ne se quittèrent point, pouvait nous menacer d'une bien longue et fâcheuse lacune dans l'histoire d'Angélique, si, d'une part, quelques lettres de Madame Élisabeth ne reliaient le fil interrompu entre Lisbonne et Versailles, si, de l'autre, des projets de mariage entre le duc de Cadaval, appartenant à une des branches de la maison de Bragance, et la princesse Charlotte de Rohan-Rochefort [1] n'avaient donné lieu à une correspondance assez curieuse entre

---

1. Celle qui devait plus tard être aimée du duc d'Enghien. Charlotte-Louise-Dorothée, née le 25 octobre 1767, fut baptisée à Saint-Sulpice le lendemain (Chastellux). Elle était fille de Charles-Jules-Armand, prince de Rohan Rochefort de Montauban, et de Marie-Henriette-Charlotte-Dorothée d'Orléans Rothelin (descendant de Dunois, bâtard d'Orléans). Voir l'ouvrage récent de M. Jacques de La Faye. Émile-Paul. 1905.

le marquis et la marquise de Bombelles et la comtesse de Marsan, tante de Mlle de Rohan.

Mme de Bombelles a été fort bien accueillie à la Cour de la Reine[1] et dans la société. Gentiment elle a conté à la princesse les attentions flatteuses dont elle a été l'objet. Il n'est femme — si peu coquette qu'elle soit — qui ne se réjouisse de semer un peu d'admiration sur sa route. Madame Élisabeth, loin de gronder son amie de ce petit grain de vanité, se montre joyeuse d'avoir à la féliciter. « Je suis convaincue de ce que tu me mandes de tes succès, écrit-elle le 27 novembre, tu es faite pour en avoir. Si en France on a le mauvais goût de ne pas admirer ta grâce, au moins tu as la consolation de savoir que l'on t'aime pour de meilleures raisons. »

On reconnaît la princesse à de petites taquineries : « Je ne serais pas fâchée que la nécessité de faire des frais et de te rendre aimable te donne un peu plus d'habitude du monde, quoique tu aies ce qu'il faut pour y être bien, et qu'en effet tu y sois très joliment. Un peu plus d'habitude ne te fera pas de mal. Je suis bien insolente ou bien mondaine, n'est-il pas vrai, mon cœur ? Tu me pardonnes, j'espère, le premier, et tu ne crois pas au second. Ne va pourtant pas prendre les manières portugaises. Elles peuvent être parfaites, mais j'aime que tu ne te formes pas sur elles. Tu es

---

1. Maria Ire, née en 1734, reine en 1760, mariée à son oncle qui régnait conjointement avec elle depuis 1777. Après la mort de son époux en 1786, elle régna seule, fut frappée d'aliénation mentale en 1790, et mourut à Rio-de-Janeiro où son fils Jean VI l'avait emmenée lors de l'occupation du Portugal par les Français.

bien bête d'avoir eu peur à ces audiences. Puisque ton
compliment était fait, je trouve qu'il n'est embarrassant
de parler que lorsque l'on ne s'est pas fait un discours.
Était-il de toi ?... »

Suivaient de petites nouvelles de la Cour et de Mon-·
treuil : « Il fait un temps charmant, je me suis prome-
née avec R(aigecourt) pendant une heure trois quarts.
Lastic est restée avec Amédée qui est grandie et em-
bellie que c'est incroyable [1]... La duchesse de Duras
que j'ai vue hier (et avec qui je suis comme un bijou)
est un peu fâchée contre ton mari. Il lui avait promis
des instructions pour son fils, devait les lui porter,
ensuite les lui envoyer de Brest ; mais il en a été
comme de mon voyage, il est parti sans les lui donner.
Elle m'en a parlé d'une manière qui t'aurait touchée,
sans aucune aigreur ; mais les larmes lui sont venues
aux yeux en pensant que c'était un moyen de moins
pour préserver son fils des dangers auxquels il va être
exposé. Que ton mari répare bien vite avec toute la
grâce dont il est capable... »

Avec Mme de Travanet dont le caractère est très vif,
nous le savons, il y a parfois des discussions. D'où le
conseil donné par Madame Élisabeth de tenir bon : « Si
tu cédais une fois, tu serais perdue, et deux ans sont
bien longs à passer ensemble. »

Le 5 mars (1787), Madame Élisabeth écrit une longue
lettre pleine d'entrain et d'humour à son amie. Récem-

____

1. La comtesse de Lastic, née Montesquiou, dame pour accompagner de Madame Elisabeth depuis 1784. Elle était veuve, depuis
l'année précédente, d'un jeune colonel, que l'on avait dit tué en
duel, tandis qu'il avait été trouvé mort dans son lit d'un coup
d'apoplexie. Amédée était sa fille.

ment mise au jour et inconnue du plus grand nombre, cette lettre[1] mérite d'être citée presque tout entière, moins pour l'importance des faits qu'elle relate que pour l'originalité du style et de l'allure. Grâce à M. Léonce Pingaud, très respectueux de l'orthographe de la princesse, nous donnons la missive dans sa saveur première :

« Vous verré, Mamoiselle de Bombe, que nous sommes très exactes à remplir vos ordres, puisque la petite[2] et moi, nous vous écrivons aujourd'hui, elle vous mandera les nouvelles comme elle pourra, car la poste n'est pas ce qu'il y a de plus fidelle, et surtout je crois, dans ce moment cy pour les pays étrangés, au reste pourtant, comme ce n'est pas la personne qui les écrit qui les fait, il seroit injuste de s'en prendre à elle : on croiroit d'après ceci, que je vais te révéler tout le secret de l'État, mais rassure-toi je ne suis pas encore admis au Conseil, et je ne sais que ce que charitablement le public m'aprend, et je n'en saurai pas davantage cette semaine. »

La princesse se plaint de quelques-unes de ses dames qui parlent « comme des pies borgnes » et la fatiguent. « Il faut que je convienne que le bavardage de Mme Invil[3] et la vivacité de Démon[4] m'avoit tuée la se-

---

1. Cette lettre provient des archives de M. Gabriel de Lurcmain, à Besançon, qui l'a communiquée à M. Léonce Pingaud. Notre savant confrère l'a publiée dans *la Revue des Questions historiques*, d'octobre 1901.

2. La baronne de Makau.

3. La vicomtesse des Monstiers-Mérinville.

4. Le fils de celle-ci ainsi surnommé des deux premières syllabes du nom paternel.

maine passée, je trouve assez doux celle-cy de n'avoir
rien à répondre parce que la conversation se soutient,
et même de n'avoir point à écouter. Par exemple pendant la dinée je me suis un peu livrée à mes réflections.
L'une disoit qu'elle n'avoit pas fait une politesse à une
femme parce qu'elle ne lui en faissoit pas, une autre
qu'il étoit indifférent d'en faire à tout le monde, même
aux gens décriés, qu'il n'étoit pas suffisant d'avoir
une politesse générale comme de leur faire la révérence,
mais qu'il falloit jouer, manger avec eux plutôt que de
les laisser seul : moi qui suis pénétrée du proverbe (dis-
moi qui tu ente et je te dirai qui tu es) je me suis réjouis de ne pas penser comme elle. Il faut convenir
qu'on se met peu en pratique, j'ai vue cela de prêt cet
hivert, les jeunes femme n'ont aucune idée des nuances
que l'on doit mettre dans ses liaisons, il suffit que l'on
se plaise pour se dire amie intime ; qu'un beau jour il
y aura des gens détrompés à leur dépent, et c'est bien
la manière la plus fâcheuse ; je crois qu'il n'y a rien
de pis que de revenir de l'opinion que l'on as vue sur
quelqu'un ; le sentiment, l'amour-propre, tout est choqué. Pour n'avoir pas ce décompte à faire il faut examiner avant que d'agir, mais c'est ce que l'on acquerre
qu'avec de l'âge, de la Religion... Cette bonne Religion,
elle sert à tout! que la personne qui dissoit que s'il n'y
en avoit pas, il faudroit en inventer avoit raison, mais
l'on auroit beau cherchés, il n'y en a point, comme celle
que Dieu nous a donnée. Les sermons continuent à être
superbes, il ne faut pas que je me hasarde beaucoup à
parler de celui d'hier, parceque, sans avoir la moindre
envie de dormire, je n'en ai pas entendue un mot, j'en
suis honteuse et affligée parce qu'on le dit très beau,

j'espère demain. Les petits de Monstiés et de Blangy, ont été baptisés hier et ont fait un bruit infernal. Les mères m'ont un peu ennuiés toute la semaine pour leur habillement, mais Dieu mercie, c'est passé. Mme de Fournèse [1] qui, comme je te l'ai mandée, va être à moi, c'était rangée à la loi commune et était déjà grosse, mais le ciel en as ordonnés autrement, elle a fait une fausse couche qui ne t'intéresse guere, c'était seulement pour vous montrer que la benédiction du ciel étoit toujours répandue sur ma maison. J'espère qu'elle montera à cheval, je ne sais si elle me plaira, je n'ai pas trop d'idée sur cela.

« J'ai vu hier le pauvre frère de M. de Vergenne [2] qui faissait une grande pitiée, je ne puis te rendre combien ta lettre me serre le cœur lorsque tu m'en parle, je le regrette véritablement beaucoup, et tout bon français doit penser de même ; ont dit que sa femme a 20,000 l. et chacun de ses enfants, 8.000 l. Comme les vertus ne sont point a l'abri de la méchancetée, l'on avait dit qu'il laissait 14,000,000 l. et qu'un de ses amis avait reprit, non pas 14 mais bien 11, le fait est qu'il laisse 93,000 l. de rente, ce n'est assurément pas beaucoup lorsque l'on a été longtemps à la Porte, et

---

1. Philippine-Thérèse de Broglie, fille du second maréchal de ce nom, née le 5 février 1762, mariée le 4 mars 1783, à Jules-Marie-Henri de Faret, marquis de Fournès, colonel du régiment de Royal-Champagne-Cavalerie, plus tard député aux États Généraux. Morte le 15 août 1843.

2. Le comte de Vergennes, ministre des Affaires étrangères, mort le 13 février 1787. Il avait épousé, durant son ambassade de Constantinople, une dame Testa, veuve d'un chirurgien de Péra. Son frère, le président de Vergennes, était ambassadeur auprès des treize cantons suisses.

treize ans ministre. M. de Montmorin[1] a déjà pensée
être punit de sa fortune, car sa fille cadette, qu'il aime
le mieux, a une fièvre maligne, mais elle va mieux.

« Tu as raison de dire que je serai bien contente de
toi lorsque je saurai que tu te nourrit d'orange, je te
pardonne, parce qu'il le faut bien d'abord et puis a
cause du très petit paquet de sucre que tu établit dedans. La petite ma racontée toute l'histoire du duc de
Polignac, sa lettre m'a paru pleine d'esprit, malgrée
cela, je suis fachée de cette betise de la poste.

« J'admire et respecte ton zèle pour le portugais,
j'aie envie de l'aprendre pour pouvoir te parler quand
tu reviendra, car je suis sûre que tu ne saura plus un
mot de français. Je suis bien aise que Mme de Travanette s'en amuse, elle grognera pas pendant ce temps,
et l'occupation lui fera un bien prodigieux. »

Décidément les deux belles-sœurs, tout en s'aimant
beaucoup, éprouvent le besoin de disputes continuelles,
puisque sur ce sujet dont elle a parlé dans la précédente lettre Madame Élisabeth revient encore :

« A tu évité de toute petite prise ensemble depuis le
tems ? Ce seroit un miracle si il n'y en avait pas eu. »

Voici la fin de sa lettre qui jusqu'à la dernière ligne
reste badine : « La petite baronne[2] m'a aprit que ton
habit avait subit le sort que nous lui avions promis, ce

---

1. Montmorin, successeur de Vergennes au Ministère des
Affaires étrangères, avait deux filles : Victoire, qui épousa le
vicomte de la Luzerne, fils du ministre de la Marine ; Pauline,
dont il est ici question, qui devint comtesse de Beaumont, et
tint plus tard une grande place dans la vie de Châteaubriand.
Voir le livre que lui a consacré M. Bardoux.

2. De Mackau.

vilain Charles[1] en est cause, cela ne m'étonne pas du tout, tu fais bien de le gâter, pendant que tu n'as personne pour te faire enragée, il sera bien aimable à son retour. Embrasse le malgrée cela pour moi et Bitche, et le sage bombon[2]. »

... La lettre se termine en affectueuse boutade. « A dieu, Mademoiselle, priées Dieu pour nous. Je vous embrasse de tout mon cœur, et ne vous aime nullement, j'ose le dire, quoique dans le saint temps de carême. »

Le *Journal* que Madame Élisabeth adresse en avril à son amie nous met au courant des événements politiques.

« M. de Calonne est renvoyé d'hier[3], écrit la princesse le 9 ; sa malversation est si prouvée que le Roi s'y est décidé, et que je ne crains pas de te mander la joie excessive que j'en ressens et que tout le monde partage. Il a eu ordre de rester à Versailles jusqu'au moment où son successeur sera nommé pour lui rendre compte des affaires et de ses projets. »

C'est M. de Fourqueux qui le remplace, et le président de Lamoignon est nommé garde des sceaux. « Je sais toujours si mal les nouvelles que je n'ose t'assurer les dernières. Mais pour M. de Calonne, j'en suis bien sûre. Une de mes amies disait, il y a quelque temps que je ne l'aimais pas, mais que dans peu je changerais.

---

1. Charles est le troisième fils de Mme de Bombelles, celui qui deviendra le troisième mari de « Sa Majesté l'archiduchesse » Marie-Louise.

2. Nous nous rappelons que Bitche est le second fils ; le sage Bombon est l'aîné.

3. Après une lutte devant les notables qui demandaient des comptes et au cours de laquelle Necker, attaqué par Calonne, avait riposté vivement. La mauvaise gestion, pour ne pas dire les malversations de Calonne étaient prouvées,

Je ne sais si son renvoi y contribuera ; il aurait fallu qu'il fît bien des choses pour me faire changée sur son compte. Il doit être un peu inquiet sur son sort[1]. On dit que ses amis font bonne contenance. Je crois que le diable n'y perd rien, et qu'ils sont loin d'être satisfaits. »

On voudrait connaître les premières impressions de Madame Élisabeth sur Loménie de Brienne, archevêque de Toulouse, dont l'influence de la Reine va faire un ministre des finances, plus incapable encore que celui qu'il remplaçait. La Princesse se contente d'enregistrer les noms des ministres, la rentrée au Conseil du duc de Nivernais et de Malesherbes.

En revanche, un souvenir triste donné à la seconde fille de Louis XVI, Sophie-Hélène-Béatrix, qui vient de mourir à onze mois.

« Tes parents t'auront mandé que Sophie est morte le 8 (juin). La pauvre petite avait mille raisons pour mourir, et rien n'aurait pu la sauver. Je trouve que c'est une consolation. Ma nièce a été charmante ; elle a montré une sensibilité extraordinaire pour son âge et qui était bien naturelle. Sa pauvre petite sœur est bien heureuse ; elle a échappé à tous les périls. Ma paresse se serait bien trouvée de partager, plus jeune, son sort. Pour m'en consoler, je l'ai bien soignée, espérant qu'elle prierait pour moi. J'y compte beaucoup. Si tu savais comme elle était jolie en mourant, c'est in-

---

1. Exilé à sa terre d'Allonville, en Lorraine, Calonne était parti furieux contre la Reine, à laquelle il attribuait, avec l'opinion publique, sa disgrâce et son exil. Décrété de prise de corps par le Parlement, il perdit la tête, et, « sans essayer même de sauver les apparences » (Mme de Sabran au chevalier de Boufflers), il s'enfuit à Londres. (Voir *Corresp. secrète*, t. II, éd. Leseure, et *Corr. diplomatique*, du baron de Staël.)

croyable. La veille encore elle était blanche et couleur
de rose, point maigrie, enfin charmante. Si tu l'avais
vue, tu t'y serais attachée. Pour moi, quoique je l'aie
peu connue, j'ai été vraiment fâchée, et je suis presqu'attendrie lorsque j'y pense.

« Ta sœur [1] a été parfaite et tout le monde en a fait
l'éloge. Elle a été bien fatiguée, et ta pauvre mère
aussi... »

Mme de Bombelles a été souffrante, elle continue
à tousser, Madame Élisabeth l'engage à se soigner.
« Tiens bien la parole que tu me donnes de te ménager;
je te le demande en grâce, mon cœur. Pense beaucoup à
tes amies ; cela te donnera le courage de t'occuper de
toi. L'amitié, vois-tu, ma chère Bombelles, est une
seconde vie qui nous soutient en ce monde. »

Sur cette toux qui l'inquiète Madame Élisabeth revient encore dans une lettre suivante : « Souffres-tu en
toussant ? Ton lait te fait-il du bien? Calme-t-il ta
toux ? Enfin, quand il fait chaud, souffres-tu d'avantage? Es-tu maigrie? Voilà, mon cœur, beaucoup de
questions qui ne te plairont guère, mais auxquelles je te
demande en grâce de répondre avec franchise. »

Des gentillesses et encore des gentillesses. D'abord
au sujet d'un des enfants : « On fait bien et très bien
de gâter Bitche. D'abord tu n'y peux rien ; tu sais bien
qu'il doit être médiocre sujet; cela est impossible
autrement, parce que je l'aime, et tu sais que c'est la
preuve la plus claire qu'on puisse en donner. »

Puis des excuses pour certaine lettre qui, semble-t-il
aurait un peu froissé Mme de Bombelles. Regrets si

---

1. Mme de Soucy, sous-gouvernante des Enfants de France.

elle a choqué plutôt que des excuses, car elle continue
sur le même ton : « Je crois que vraiment tu es un peu
choquée du persifflage dont j'ai usé envers Votre Grandeur ; je lui en demande pardon, et en même temps
la permission de recommencer au premier jour. Au
reste tu as peut-être cru que j'avais été choquée ; je
t'assure, mon cœur, que j'en serai toujours loin vis-à-vis
de toi, quand même il y aurait de quoi. Mon amitié ne
connaîtra jamais ce sentiment, et je juge de la tienne
par la mienne. C'est me satisfaire, car je t'aime bien
tendrement. » Par ces petites phrases tendres qui reviennent en chaque lettre comme un *leitmotiv*, on voit
que l'amitié de Madame Élisabeth ne fait que croître
avec l'absence.

La princesse a recommencé à suivre les chasses à
Rambouillet avec la duchesse de Duras. La Reine va
venir la chercher. « Nous devons aller ensemble à Saint-
Cyr qu'elle appelle mon berceau. Elle appelle Montreuil mon petit Trianon. J'ai été au sien sans aucune
suite ces jours derniers avec elle, et il n'y a pas d'attention qu'elle ne m'y ait montrée. Elle y avait fait
préparer une de ces surprises dans quoi elle excelle.
Mais ce que nous avons fait le plus, c'est de pleurer
sur la mort de ma pauvre petite nièce. »

La disgrâce de Calonne devait être plus que sensible
au clan Polignac. Malicieusement Madame Élisabeth
remarque : « La Société est revenue et me paraît en fort
bon état. Le petit échec qu'elle a eu ne peut que lui être
utile, à ce que je crois, puisqu'elle n'est pas tombée [1]... »

----

1. On sait que c'est le moment où la faveur de la duchesse de
Polignac subissait des alternatives de hausse et de baisse. Cho-

Un dernier mot nous conduit directement en Portugal. « J'ai été très aise de ce que le discours du Roi avait été si approuvé à Lisbonne. Les pauvres gens, je crois, ne sont pas gâtés. Tout cela me ravit davantage, et malgré les belles oranges que tu m'as envoyées et dont je crois ne pas t'avoir remerciée je rends grâce au ciel de tout mon cœur de ne m'avoir pas fait naître pour être leur reine. »

Si Madame Élisabeth n'éprouvait pas d'attrait à devenir princesse portugaise, elle n'était pas la seule à la Cour de France. L'éloignement, la réputation d'ennui qui s'accrochait exagérément à la Cour de Lisbonne effrayaient les filles de haute naissance dont la main était recherchée par de grands seigneurs portugais.

L'idée d'un mariage entre le duc de Cadaval appartenant à la maison de Bragance[1] et Mlle de Rohan-Rochefort était du fait de la marquise de Bombelles.

On n'est pas sans se souvenir comment Mme de Marsan avait affectueusement protégé les débuts dans ses fonctions de cour de la baronne de Mackau, quelle affection elle témoignait à la « charmante et aimable Angélique »; de son côté, celle-ci avait voué à l'ancienne

___

quée de certaines familiarités ou de manquements à l'étiquette, Marie-Antoinette avait fait comprendre à la « Société » qu'elle ne lui était pas indispensable, et elle aimait passer des soirées dans l'intimité, chez la comtesse d'Ossun, sa dame d'atours.

1. Les ducs de Cadaval et les ducs de Virogua descendaient de don Alvare, frère de Ferdinand II, duc de Bragance, lequel était trisaïeul de Jean, duc de Bragance que la Révolution de Portugal mit sur le trône en 1640. (Depuis 1580 les Espagnols détenaient le Portugal.) Sur la généalogie des Bragance de différentes branches, voir le tome VIII *des Mémoires de Saint-Simon*, édit. Boislile, pages 109 et 131 et notes.

gouvernante des Enfants de France une sincère gratitude. Ces divers éléments de sympathie d'une part, et
de reconnaissance de l'autre, allaient prêter à cette négociation un tour de toute particulière courtoisie.

L'idée est éclose au printemps de 1787, la diplomatie entre en ligne au début de l'été. La baronne de
Mackau a été chargée par son gendre d'appuyer auprès
de Mme de Marsan une lettre que vient de lui adresser
M. de Bombelles.

De Montreuil, Mme de Mackau écrit le 6 août, après
avoir vu Mme de Marsan : « J'ai trouvé cette bonne princesse pénétrée de reconnaissance de la lettre de votre
mari. Je lui ai lu ce qui la regardait dans la vôtre, elle
en a été touchée jusqu'aux larmes et a pensé m'en faire
répandre en me disant d'un ton déchirant pour le cœur :
« Hélas ! Mme de Mackau, je suis tout étonnée de trouver encore des marques d'affection, et qu'il existe
encore quelques êtres, qui me marquent de l'attachement et cherchent à me faire plaisir. » Elle m'a chargée
de vous mander, qu'elle allait s'occuper à trouver des
moyens de réussite dans l'affaire en question et qu'elle
désire très vivement. Ce qu'il y a d'embarrassant est
de ne pouvoir s'adresser à une mère folle[1] et à un père
qui n'est pas mal bête. »

---

1. La princesse, née d'Orléans Rothelin était une femme très
séduisante, au dire des contemporains. Tout en étant moins folle-
ment prodigue que les Rohan-Guéménée, leurs cousins, les
Rohan-Rochefort menaient grand train dans leur terre de Rochefort en Yvelines et dans leur hôtel de Paris, situé rue de Varenne,
lequel a subsisté jusqu'en ces dernières années. La seconde fille
du prince et de la princesse de Rohan-Rochefort, devenue marquise de Querrieux, hérita de l'hôtel de ses parents. Elle n'eut
qu'un fils qui mourut sans postérité en 1878, léguant l'ancienne
résidence familiale à son cousin, le prince Louis de Rohan établi

Folle était peut-être beaucoup dire, mais en tout cas plus occupée, dans le brillant été de ses quarante-quatre ans, de ses plaisirs et du charme d'une intimité choisie [1] que de l'établissement de sa fille.

Dans ce mariage lointain, mais en somme brillant au point de vue des alliances et de la fortune future, Mme de Marsan entrevoyait une consolante revanche des déconvenues et des malheurs, qui depuis quelques années avaient assailli son orgueilleuse maison. Elle s'entremit avec d'autant plus d'ardeur que les parents se montraient presque indifférents sur le sort de la jeune fille. Elle va tâcher de se procurer un portrait de sa nièce, et, dès qu'elle aura l'autorisation des parents, elle en avertira M. de Bombelles.

A celui-ci, du reste, Mme de Marsan écrit directement le 10 août... : « Je suis en effet fort occupée de procurer un sort à Mlle de Rohan-Rochefort, sa personne m'intéresse infiniment. Elle est aimable, raisonnable, et je vois avec peine qu'il sera difficile de l'établir convenablement. Si c'était ma fille, je n'hésiterais pas à la décider pour un mariage qui me paraît à tous égards fort avantageux, s'il ne fallait pas renoncer à sa famille et à sa patrie. Elle a dix-neuf ans et doit être consul-

---

en Autriche. Celui-ci vendit l'immeuble ; le terrain fut morcelé et, sur l'emplacement très vaste de la demeure des Rohan, on a construit toute la cité Vaneau. Sur les Rohan-Rochefort et les autres branches des Rohan on trouvera d'intéressants détails dans le livre de M. Jacques de la Faye : *Un Roman d'exil : la Princesse Charlotte de Rohan et le duc d'Enghien*. A l'appendice de cet attachant volume, on trouvera quelques fragments des lettres ici citées, qu'en raison de la correspondance ayant trait à la princesse Charlotte nous avions confraternellement *communiqués* à l'auteur.

1. Voir *les Souvenirs* de Mme Vigée-Lebrun.

tée. J'ai choisi dans ses parents les plus proches la personne que j'ai crue la plus discrète et la plus à portée de traiter cette affaire vis-à-vis du père et de la mère et de la terminer avec succès. Cette personne seule est dans la confidence. Elle pense, comme moi, que cette alliance est très désirable, mais elle voudrait quelques détails sur la vie intérieure, sur le caractère de M. le duc de Cadaval, de sa mère, sur l'espèce de dépendance où sa belle-fille sera, dans quel temps pourra se faire le mariage. On demande huit jours pour avoir le portrait de Mlle de Rohan-Rochefort, ainsi je ne pourrais le faire partir que l'ordinaire prochain, et, s'il était possible, on serait bien aise d'avoir celui de M. le duc de Cadaval. Pendant cet intervalle on préparera les esprits et l'on prendra toutes les précautions qu'exige un secret dont nous sentons la nécessité. J'ai malheureusement perdu mon frère le maréchal prince de Soubise qui nous aurait été d'un grand secours dans cette négociation... »

Nouvelle lettre, le 11, adressée à la marquise de Bombelles, où, après avoir réitéré ses remercîments au mari, elle tient à remercier la femme : « ... Dans ces preuves d'intérêt j'ai bien reconnu cette charmante et aimable Angélique qui n'a point démenti ce qu'elle promettait dès son enfance. J'ai toujours conservé les sentiments qu'elle m'a inspirés dès ce moment, et je suis bien touchée de ceux dont elle me donne des preuves dans une occasion qui m'intéresse infiniment... Le prince Victor aura pu vous dire qu'elle mérite d'être heureuse. Je ne saurais donner trop d'éloges à son caractère et à sa raison. J'espère qu'elle la déterminera à prendre le parti que nous désirons. »

Plusieurs semaines se passent sans rien amener de nouveau. Le 30 septembre, le portrait annoncé a enfin été remis à la comtesse de Marsan qui se hâte de l'envoyer à Mme de Bombelles non sans beaucoup de recommandations. En échange, il s'agirait d'obtenir le portrait du duc de Cadaval que le prince Victor dit ressembler beaucoup au prince de Vaudémont[1], « ce qui n'était pas étonnant, étant si proche parent ». L'idée de mariage continue à lui sourire : « sa jeune cousine n'est pas gâtée sur les plaisirs et est assez raisonnable pour ne les pas regretter. » De plus, elle a de l'esprit, elle est aimable, et « l'agrément de cette alliance rejaillirait sur mes neveux ». Elle devra à « sa chère Angélique » le bonheur d'une cousine qu'elle aime. Mme de Marsan termine par la recommandation expresse de « garder le secret de cette affaire même aux père et mère jusqu'à ce qu'elle soit plus avancée »... Peut-être pensera-t-on qu'il eût été préférable, avant d'entamer des négociations sérieuses, de commencer par consulter les parents et les proches...

Non seulement l'affaire n'avance pas, mais on la croit manquée au commencement de décembre. Du côté portugais, il a surgi de grosses difficultés venant de l'état embrouillé de la fortune du duc de Cadaval. Du côté Rohan, il est survenu un tas d'objections.

Le baron de Mackau, écrivant à son beau-frère, le 11 décembre, ne lui cache pas l'ennui qu'en éprouve Mme de Marsan. Tout cet embarras « viendrait de la comtesse de Brionne qui serait dirigée par deux mo-

---

1. De la maison de Lorraine : sa veuve, née Montmorency, femme d'esprit libéral, fut l'amie de Fouché et de Mme de Custine.

tifs : le premier, c'est qu'il lui est difficile, pour ne pas dire impossible, d'approuver ce qui émane de Mme de Marsan (les malheurs de cette famille ne leur ont pas fait sentir la nécessité de l'union) ; le second motif vient d'un autre projet de mariage que Mme de Brionne a en tête ; qu'enfin, au lieu de déterminer Mlle de Rochefort, elle lui a fait voir tous les inconvénients de votre projet, qui, tous, reposent sur l'éloignement et le peu de bonheur qu'ont éprouvé les autres princesses de Rohan qui se sont établies dans ce pays. Cette conversation m'a amené à la connaissance d'un fait : Mme de Brionne a seule le crédit de déterminer M. et Mme de Rochefort, il faut donc tâcher de ramener cette grande dame. J'ai imaginé d'engager Boistel à cette négociation. La princesse Charles a fort approuvé cette marche ; elle sent que sa belle-sœur faisait la plus haute des sottises... J'avoue que ce qui m'occupe le plus, dans tout ceci, c'est la crainte que vous ne soyez compromis, et je serais charmé si l'affaire manquait du côté du jeune homme. C'est là ce qui me fait tout entreprendre pour tâcher de ramener ici les esprits. La démarche que devait faire la reine de Portugal double mon inquiétude pour vous. Je n'en conserve pas moins toute confiance, mon frère, dans votre sagacité, pour vous tirer avec avantage des pas épineux. Mais je n'en sens pas moins combien il serait désagréable d'avoir de tels embarras pour avoir voulu nous obliger. Je ne pourrai plus laisser ignorer à Mme de Brionne combien il est ridicule d'envoyer un portrait quand on n'a pas l'intention de conclure. »

Voici maintenant un rapport détaillé sur la fortune du duc de Cadaval que l'abbé Garnier adresse à M. de

Bombelles et que nous donnons pour faciliter l'intelligence des lettres qui vont suivre.

Au premier aperçu des comptes la maison de Cadaval doit :

	Livres.
Tant de capitaux portant intérêts que sans intérêt	690.625
La dot de Mlle de Rochefort sera de	250.000
Et pourra éteindre les dettes jusqu'à la somme de	440.625
En la réduisant par des remboursements sagement et habilement faits, on voudrait savoir si ces réductions pourraient diminuer le capital des dettes jusqu'à la concurrence de 100.000 cruzades neuves ou	500.000

ce qui, au denier 5, ne ferait plus qu'une somme de 15.000 livres à payer annuellement en intérêts.

1° On a trompé en jetant des doutes sur la naissance illustre tant de père que de mère de Mlle de Rohan-Rochefort.

2° On a trompé, en disant que le duc de Cadaval n'était pas assez riche pour se marier : ce sont des énoncés de gens intéressés à le tenir en tutelle, pour abuser de sa fortune. Il peut, et cela est prouvé, payer ses dettes en dix ans et cependant toucher annuellement jusqu'à l'époque de sa liquidation, 8.000 ducats, somme bien suffisante pour vivre marié comme il convient à son rang.

3° On a trompé, en disant qu'il était sans vaisselle et sans meuble : il est amplement pourvu à ces divers égards et ses richesses en argenterie feraient deux superbes vaisselles; le surplus payerait les façons.

4° On a trompé, en disant que son mariage le jetterait en des dépenses au-dessus de ses moyens. On lui apporte une dot de 100.000 cruzades, qui accélérera le paiement des dettes, quoiqu'elles puissent l'être sans secours en dix ans.

5° On a trompé, en disant que sa maison du Roccio ne pouvait loger une duchesse : avec très peu de frais on en fera

une habitation agréable; telle qu'elle est on y résiderait très
décemment.

Tous ces faits prouvés, ce qui se peut, en vingt-quatre
heures, serait-il croyable qu'on voulût empêcher un mariage dont la seule idée l'a raccommodé avec madame sa
mère. Tandis que celui qu'on voulait lui faire contracter[1]
le brouillait avec cette mère et l'éloignait de toutes les bonnes
dispositions qu'il montre depuis que le langage de l'honnêteté et du respect filial lui est tenu.

Dans l'intervalle sont arrivées à Lisbonne deux
lettres de Mme de Marsan, datées des 14 et 15 décembre,
qui, selon toute apparence, vont renverser tout l'écha-
faudage.

La première semblerait faire croire qu'une « tendresse déplacée » de la princesse de Rohan aurait
amené sa fille à lui sacrifier par respect filial un
établissement si convenable à tous égards. « Ces
idées chimériques renversent toutes les miennes. On
ne m'a pas cependant donné de réponses positives,
mais je ne veux pas vous compromettre, et malgré leur
indécision je leur ai signifié hier que j'allais vous prier
de suspendre toutes démarches. Je crains même que
ma lettre n'arrive trop tard pour arrêter celle que
vous projetiez de faire, mais je n'ai pu vous en avertir
plutôt, étant dans la confiance qu'il ne serait pas possible qu'on ne sacrifie pas un intérêt personnel à
celui de sa fille et de toute sa maison qui aurait été
flattée d'un pareil établissement. Le malheur me pour-
suit et toujours par les miens; le prince Victor est
désolé. Il part aujourd'hui pour aller prendre le com-

---

1. Avec une parente, Mlle de Sant-Vincent.

mandement d'une frégate à Toulon; il aurait bien désiré que sa mission l'eût encore conduit à Lisbonne et me charge de vous assurer de son respect et de sa reconnaissance. J'en conserverai une bien tendre de toutes les marques de zèle et d'amitié que j'ai reçues de vous, Madame, etc.

« ... Si mes parents se déterminent à prendre un parti plus raisonnable, je vous le manderais avec empressement, mais je ne l'espère pas... »

Il n'y a pas qu'une respectueuse soumission aux regrets de sa mère dans le refus de Mlle de Rohan, comme le prouve un court billet de Mme de Marsan suivant de quelques jours la lettre du 14 décembre : « Je suis désolée, Madame, Mlle de Rohan a attendu au dernier moment à nous faire l'aveu d'une infirmité qui est la conséquence d'une chute malheureuse et à laquelle on n'avait pas fait attention. » Après l'expression de nouveaux regrets Mme de Marsan annonçait l'envoi d'une lettre ostensible.

« Mlle de Rohan, est-il dit dans cette lettre, avait senti comme nous tout l'avantage d'une alliance aussi flatteuse et aussi désirable et y avait consenti. Depuis ce temps, elle avait fait une chute qui n'avait point alarmé, mais qui a laissé une suite fâcheuse, dont on ne s'est point aperçu. Sa modestie, sa timidité, l'incertitude du succès de cette affaire l'ont engagée à garder le silence; cependant sa délicatesse a surmonté tous les motifs de se taire et elle nous en a fait l'aveu d'une manière si touchante qu'à peine nous avons eu le courage de lui en faire des reproches. Elle nous a dit qu'elle avait sacrifié sa vie, mais qu'elle ne pouvait risquer les *inconvénients qui pouvaient en résulter pour la posté-*

rité si illustre et si précieuse de M. le duc de Cadaval. C'est donc à lui, Madame, qu'elle et nous ferons
le sacrifice de la chose du monde que nous avions le
plus désirée. Si la Reine en est instruite, elle ne peut
qu'approuver ces sentiments... Je suis persuadée qu'elle
vous estimera encore davantage lorsqu'elle saura
les motifs qui vous ont fait agir avec tant de zèle par
reconnaissance pour une seconde mère; j'en ai bien
toute la tendresse et vous seule m'occupez dans le
moment. Remplie d'amertume, ma vie en est abreuvée,
comme vous savez, depuis longtemps, mais j'ai peu
éprouvé de chagrins plus cuisants... »

Le portrait est enfin arrivé. Tandis qu'à Paris on
croit tout détruit, à Lisbonne on est toute flamme.

« Nous n'avons plus à presser le duc de Cadaval, écrit
le marquis de Bombelles, le 19 décembre. C'est lui qui
cherche maintenant à accélérer le mariage qui nous
intéresse. Sa mère, comblée d'aise que nous lui ayons
ramené le cœur et les égards de son fils, regarde déjà
Mlle de Rochefort comme l'ange de paix de sa maison...
Nous avons pour nous tout ce qui est bien famé, bien
vu de la Reine, et la duchesse de Cadaval a très justement observé que, le jour où le mariage de son fils
serait su à Lisbonne, il rallierait à lui toutes les maisons qui ont eu des Rohan pour mères. »

« Attendez-vous, Madame, à ce qu'il soit très possible
que, quinze jours ou trois semaines après l'arrivée de
ma lettre, vous receviez celle par laquelle M. le duc de
Cadaval demandera la main de Mlle de Rochefort en
vous priant, dans les termes les plus convenables, de
faire parvenir ses vœux au père et à la mère de cette
jeune princesse... »

« Le marquis ne voudrait pas, ayant été vite en besogne, risquer d'être désapprouvé ou démenti. « Si Mlle de Rochefort ou ses parents n'avaient pas senti l'avantage de cette alliance, nous aurions été avertis depuis longtemps de ne plus suivre ce projet, et sûrement vous ne nous auriez pas autorisé, Princesse, à montrer le portrait confié à Mme de Bombelles. Je sais qu'il ne faut pas sacrifier le bonheur à des calculs souvent en défaut; mais, lorsque je vois les sœurs du cardinal de Rohan épouser MM. de Ribeira et de Vasconcelles, gens sûrement d'une grande naissance, je pense que, comme leur existence ne peut cependant pas entrer en comparaison avec un duc de Cadaval, quand ce duc est honnête, bon enfant, facile à vivre, riche de plus de deux cent mille livres de rentes, quand *toutes* les dettes de sa maison seront payées... je pense, dis-je, que Mlle de Rochefort ne pourra jamais regarder qu'elle ait été sacrifiée en devenant Mme de Cadaval. Il n'est point de seigneur français qui ait les chances d'un duc issu en légitime descendance de la maison de Bragance. »

De son côté, la marquise amplifiait sur les détails. « La Reine aime sincèrement le duc de Cadaval. Elle vient de faire enfermer un gueux de précepteur qui voulait le perdre au physique et au moral. Une femme d'esprit et vertueuse développera, si je ne me trompe, le germe de bien des vertus en lui. Il vient à présent nous voir comme un fils qui se trouve à son aise chez des parents raisonnables... Au milieu des peines de l'expatriation, Mlle de Rochefort, si elle est raisonnable, doit trouver ici un bonheur solide et que son cœur appréciera d'autant plus en pensant qu'après les malheurs

de sa maison l'éclat de son mariage rejaillira sur tout
ce qui lui est cher. »

Croyant le mariage prêt à se conclure, Mme de Bombelles est entrée avec le duc dans mille détails de maison. Bien que suivant l'usage il ait déjà à nourrir plus
de vingt femmes attachées au service de sa mère et
de sa grand'mère, M. de Cadaval trouverait naturel
que Mlle de Rochefort amenât des femmes à elle et
aussi des domestiques mâles. La dot de la jeune princesse sera-t-elle de 100.000 écus ou de 250.000 livres?
On se préoccupe, du côté Cadaval, des « reprises » de la
femme en cas de mort du duc... Il semble que les deux
parties soient d'accord et qu'il n'y ait plus qu'à signer
le contrat, toutes conditions bien stipulées.

Et voici que les dernières lettres venues de France
renversent tout l'édifice, causant les plus grands ennuis
aux Bombelles qui, d'après les lettres de Mme de Marsan, se sont crus en droit de marcher de l'avant et se
trouvent en très mauvaise posture en face de la maison de Cadaval.

De là un flot de lettres écrites par le marquis et la
marquise à la comtesse de Marsan, à la baronne et au
baron de Mackau.

D'abord une lettre de l'ambassadeur :

Madame,

« Vous aviez bien raison de craindre que la lettre dont
vous honorez Mme de Bombelles, en date du 14 de décembre, n'arrivât trop tard ; elle ne l'a reçue que ce
matin au moment où M. le duc de Cadaval, voyant
toute sa famille applaudir à ses vues, partait de chez

lui pour en aller faire part à la Reine et lui demander
la permission d'offrir sa main à Mlle de Rochefort.
Avant de se rendre au Palais, il s'est heureusement
arrêté chez moi. Il a vu, avec une honnêteté qui nous le
rendra à jamais cher, notre affliction de l'avoir aussi
cruellement compromis. Revenus tous des premiers
mouvements de surprise, il a été décidé que cette lettre
vous serait portée par un courrier, afin que par le retour
de ce courrier nous sachions avec moins de perte de
temps quelles seront les réflexions que le concours des
circonstances auront pu faire naître en faveur d'un
mariage, qui vous paraissait, Madame, aussi beau,
aussi brillant, aussi désirable qu'il l'est en effet. D'ici
au retour du courrier, nous sommes convenus de dire à
la famille de M. le duc de Cadaval que Mlle de Rochefort était attaquée d'une fièvre maligne qui suspendait
les démarches à faire ici. Ce seigneur ne veut pas se
persuader qu'une grande dame, dont il a eu le portrait
entre les mains, puisse, sur de frivoles prétextes, lui être
refusée. Je vous transmets ses observations sans en
ajouter qui me soient personnelles. Je m'en réfère à
tout ce que j'ai eu l'honneur de vous mander, dans mes
lettres précédentes et particulièrement dans celle du
19 décembre. Je ne dirai que peu de mots relativement
au portrait, il n'est sorti d'entre nos mains[1] qu'après que
la négociation a été heureusement terminée. C'était la
condition qu'énonçait votre lettre du 30 septembre à
Mme de Bombelles. Dès le mois de novembre, M. le duc
de Cadaval nous avait donné sa parole, et tout nous
prouve qu'elle vaut mieux que les écrits que nous eus-

---

1. Depuis, il était rentré dans celles de Bombelles.

sions exigés de lui. Sa conduite ne peut donc qu'ajouter, Madame, qu'aux regrets que vous donne à son
alliance. Je ne puis encore me persuader que les parents de Mlle de Rochefort n'en sentent pas les avantages.
Mais, si mon espoir était vain, je m'en rapporte uniquement à vous, Madame, parce que j'aurai à dire à ce
seigneur quelques difficultés qu'il y aura à donner alors
à mon langage tout ce qui pourra le faire agréer. Je
suis bien sûr que des expressions que vous me dicte-
rez seront dignes de Mme la comtesse de Marsan et de
M. le duc de Cadaval. »

Par le même courrier, Mme de Bombelles fait son
rapport circonstancié à Mme de Marsan. Sa douleur de
voir tout s'écrouler n'a d'égale que la surprise du duc
de Cadaval très décidé à épouser Mlle de Rohan, et fort
attristé de cette fin de non-recevoir. Malgré tout, elle
insiste encore, ne pouvant admettre qu'une si belle
alliance puisse être refusée par les Rohan.

« Dire tout ce que votre lettre m'a fait éprouver, est
impossible. Un instant après l'avoir reçue, paraît le duc
de Cadaval dans ma chambre, pour m'annoncer qu'il va
demander la permission de se marier à la Reine et qu'il
sait devoir en être bien reçu. Cette souveraine étant
déjà instruite par son oncle, le marquis de Marialva, de
ses projets. Confondue, interdite, je fus obligée de lui
montrer la lettre que je venais de recevoir. Vous peindre
son étonnement serait difficile. Après l'avoir lue, il me
dit : qu'il n'aurait jamais dû s'attendre à un pareil dégoût, n'y à se voir abuser par la confiance entière avec
laquelle il s'était laissé diriger par nous. Qu'au reste

il était convaincu que, notre intention n'ayant pas été de
le tromper, il pensait que nous ferions bien, Madame
la comtesse, de vous instruire de tout ce que le désir de
s'unir à la maison de Rohan lui avait fait faire et qu'il
espérait encore que la réflexion aurait ramené Mlle de
Rochefort. Sur cela M. de Bombelles s'est déterminé à
envoyer un courrier à Paris, pour vous donner une
nouvelle preuve de l'empressement du duc de Cadaval
et lui sauver quinze jours de l'anxiété où il va rester,
jusqu'au retour du courrier ; car il est, je ne vous le cacherai pas, au désespoir. Il serait, cependant, bien
digne du bonheur que nous sommes parvenus à lui
faire désirer si ardemment. Je puis vous assurer que
Mlle de Rochefort serait fort heureuse avec lui et que,
sous tous les rapports, elle ferait bien mal de se refuser
à une alliance qui lui sera plus avantageuse qu'aucune
de celles qu'elle pourra jamais contracter. Quant à nous,
Madame la comtesse, vous sentez sûrement le tort que
cette rupture fera à M. de Bombelles dans l'esprit de
tous les gens auxquels il est le plus intéressé d'inspirer
de la confiance. Comme vous n'aviez pas prescrit de
bornes à nos démarches, notre respect pour tout ce
qui émane de vous, nous interdisait toute défiance.
Tels ont été les principes qui nous ont fait agir. Se
pourrait-il réellement que Mlle de Rochefort résiste à
toutes les bonnes raisons que vous aurez la bonté de lui
donner pour la décider à se marier au plus grand
seigneur du Portugal, à un jeune homme de la plus
belle figure et dont le caractère est excellent ? Elle aura
dix occasions, dans sa vie, de revoir sa famille...

« Le duc compte bien, quelque temps après son mariage, aller en France, avec elle. Enfin son projet de

bien bonne foi est de faire tout ce qui pourra contribuer au bonheur de sa femme et Mlle de Rochefort
peut être sûre qu'elle serait souveraine maîtresse dans
la maison de son mari, si comme j'espère encore, elle
juge mieux de ce qui doit lui procurer un sort heureux
et digne d'elle, envoyez-nous par le courrier les conditions qui devront être mises dans le contrat de mariage.
Soyez assurée du zèle avec lequel M. de Bombelles
soutiendra les intérêts de Mlle de Rochefort et alors
qu'elle puisse nous arriver ici au mois d'avril. Déjà
nous sommes sûrs d'un bâtiment excellent qui sera prêt
au Havre, quand on voudra. Enfin Madame la comtesse, qu'on s'en rapporte à nous et l'on verra si la
maison de Rohan n'a jamais obligé que des ingrats.
Mlle de Rochefort pourrait-elle croire que nous nous
fussions occupés avec tant de chaleur d'arracher le duc
de Cadaval à toutes les grandes maisons du Portugal,
qui sollicitent son alliance, si nous n'eussions été certains que nous travaillons autant à son bonheur personnel qu'à lui procurer un établissement distingué. Le
prince Victor m'a fait si souvent l'éloge de la raison et
de l'esprit de sa cousine, que j'aime à penser qu'ils la
conseilleront mieux que la terreur qu'elle peut avoir
des inconvénients du Portugal ; quant à M. et Mme la
princesse de Rochefort, ils seront sûrement les premiers à empêcher que Mademoiselle leur fille sacrifie à
quelque considération que ce soit les avantages qui lui
sont offerts. Quelques grands du pays, piqués d'entendre que le duc voulût se marier en France, se sont
imaginés de dire que Mlle de Rochefort n'était pas de
la maison de Rohan, qu'il n'existait pas de demoiselles
de Rohan, que M. le prince de Rochefort était tout au

plus allié de cette maison, et que quant à la mère ce n'était point une fille de qualité. M. de Bombelles d'après les recherches qu'il a faites dans sa bibliothèque a fait le résumé, que je prends la liberté de vous envoyer. Il a infiniment satisfait le duc et impose silence à ceux qui affectaient des doutes sur l'illustre naissance de Mlle de Rochefort. Je n'ai plus rien à ajouter à cette lettre, si ce n'est que le chagrin que je ressens dans ce moment-ci est un des plus grands que j'ai connus de ma vie. Qu'il m'est affreux d'avoir contribué, de toutes mes forces, à ce que M. de Bombelles se compromît. Que je suis également affligée de la peine du duc et de pouvoir passer à ses yeux, pour avoir eu l'intention de le tromper ».

Le même jour, M. de Bombelles écrit au baron de Mackau. Avec son beau-frère il parle à cœur ouvert et ne cache pas son légitime mécontentement. On les a laissés agir sans leur faire entrevoir le moindre doute sur le consentement de Mlle de Rochefort, et sa femme et lui ont été entraînés à des démarches compromettantes. « Néanmoins, se hâte-t-il d'ajouter, les personnes qui ont été si peu attentives sont ou trop chères ou trop respectables pour que je m'exhale en plaintes. » Au point de vue politique il eût été fort à désirer que Mlle de Rochefort consentît à être la plus grande dame du Portugal [1], puisque son mariage n'aurait précédé que de peu celui de plusieurs françaises. » Déjà le marquis de Marialva, grand-écuyer de la Reine, un des plus nobles et plus riches seigneurs d'ici et dont la fille

---

1. Avec même des droits au trône, si la branche régnante s'éteignait. (Autre lettre au baron de Mackau.)

épouse le duc de la Foens veut avoir pour son fils une de nos compatriotes. Alors Mlle de Rochefort verrait arriver de son pays des compagnes qui, sans jamais être ses égales, ajouteraient ici à son agrément. »

Ce courrier du 5 janvier va emporter des volumes, car Mme de Bombelles arrivée au paroxysme de l'agitation écrit à ceux qu'elle aime et qui peuvent s'intéresser au mariage de Mlle de Rohan-Rochefort. Elle écrit à sa mère, à sa petite belle-sœur de Mackau, elle écrit à Madame Élisabeth.

Voici d'abord la lettre adressée à la princesse :

« Madame sera sûrement bien étonnée de recevoir des nouvelles aussi fraîches de moi, car le courrier qui va partir espère n'être que dix jours en chemin. Ce courrier est notre dernière ressource ; il prouvera à Mme de Marsan dans quel horrible embarras nous sommes et j'espère un peu que Mlle de Rochefort voyant les choses si avancées écoutera et se rendra aux raisons de Mme de Marsan plutôt qu'aux folies de Mme Brionne qui par le seul désir de contrarier Mme de Marsan empêche sa nièce d'accepter le plus beau parti qui puisse jamais s'offrir pour elle. Et n'est-il pas affreux que la jeune personne instruite depuis le mois d'août des projets qu'on avait sur elle, Mme de Marsan ne donnant que des encouragements à nos démarches et n'y prescrivant aucune borne, que nous éprouvions le dégoût de dire au duc de Cadaval qu'on ne veut plus de lui, tandis que c'est nous qui l'avons été chercher. M. de Bombelles est furieux et il a bien raison. Que Madame se figure mon embarras hier matin. Je reçois ma poste, j'ouvre la lettre de Mme de Marsan. Et, le ma-

riage du duc conclu ici, j'apprends que Mlle de Rochefort ne veut plus l'épouser. A peine ai-je enduré les
reproches bien fondés de M. de Bombelles, ma porte
s'ouvre et le duc entre dans ma chambre enchanté de
pouvoir m'apprendre que son mariage est parfaitement
vu à la Cour, lui concilie l'approbation et le retour de
la plus grande partie de ses parents et qu'il va de ce
pas demander en forme à la Reine la permission de
son mariage.

« Interdite, confondue, je fus obligée de lui montrer
la lettre de Mme de Marsan qui lui ôtât sur-le-champ le
désir d'aller parler à la Reine, mais son chagrin fut si
vif et son amour-propre si piqué que M. de Bombelles
se détermina sur-le-champ à envoyer un courrier pour
représenter que les choses étaient trop avancées pour
qu'elles pussent être rompues. J'ignore l'effet qu'aura
cette dernière tentative, je me soumets à la volonté de
Dieu, mais j'avoue que je regrette fort le zèle que m'a
inspiré ma confiance en Mme de Marsan et le désir de
lui être utile. Il est impossible que cette rupture ne
fasse pas à M. de Bombelles un tort réel dans l'esprit
de la reine de Portugal et de son ministère. Ils ont
traité cette affaire, à Paris, avec une légèreté incroyable
et ils ne pensent pas à quel point le Gouvernement ici
a ses yeux ouverts sur l'établissement d'un jeune homme
qui, par des circonstances de stérilité dans la branche
de Bragance régnante, pourrait faire jouer un jour un
grand rôle à la branche cadette. Plus je m'examine, moins
je me trouve coupable. Mme de Marsan me fait prier
par le prince Victor de tâcher de marier Mlle de Rohan
au duc de Cadaval, nous répondons que nous ne ferons
rien sans y être autorisés formellement par elle ; elle

nous écrit jusqu'à quatre fois pour nous y autoriser, ne
prescrit aucune borne à nos démarches, ne forme aucun
doute sur le consentement de la jeune personne que nous
devions croire d'après cela bien informée, nous envoie
son portrait. Pouvions-nous d'après cela ne pas agir et
n'eût-ce pas été manquer au respect que nous devions
à Mme de Marsan que de douter de la validité de sa
parole? Elle n'aurait pas dû nous faire agir sans être
certaine du consentement de Mlle de Rochefort, et j'étais
intimement convaincue jusqu'à de certains doutes fort
légers, que m'avait donnés une lettre dernièrement
reçue de maman, que la jeune personne était parfaitement d'accord dans tout ce que faisait Mme de Marsan,
et Madame, à ma place, élevée comme moi dans la per-
suasion que Mme de Marsan ne peut rien faire qui ne
soit dirigée par la sagesse la plus parfaite, l'aurait
pensé comme moi. Je finis bien vite, en l'assurant de
mon tendre respect. J'ai la tête si pleine de cette affaire
que je ne puis lui parler d'autres choses et que c'est
pour moi une consolation de lui conter mes chagrins. »

Un court billet à la baronne de Mackau, née Alissan
de Chazet :

« Que je t'aurais fait de pitié hier si tu avais passé la
journée d'hier, avec moi. Mon frère et maman te feront
les détails de l'embarras dans lesquels je me trouve.
Mon Dieu ! que les gens assez égoïstes pour ne s'occuper jamais que de leurs intérêts personnels sont heureux. Croyant la parole de Mme de Marsan infaillible et
ne doutant pas qu'elle n'eût le consentement de sa
nièce, la réception enfin de son portrait nous a fait

agir de la meilleure foi du monde, pour la conclusion du mariage. Nous avons déterminé le duc à se refuser absolument à toutes sollicitations ici. Il y a quatre jours qu'il a déclaré à une de ses tantes qu'il ne voulait pas décidément de sa fille et se marierait en France. Juge à quel point il doit être fâché, aussi est-il au désespoir. M. de Bombelles est furieux, et moi désolée. Enfin il me reste encore quelque espoir sur le retour de la raison de Mlle de Rochefort, lorsqu'elle verra les choses aussi avancées, et M. de Bombelles aussi compromis. Je ne puis m'empêcher de sentir tout le tort que cette rupture lui fera ici, et je les entends déjà tous murmurer : *Voilà les Français!* Je ne puis pardonner à Mme de Marsan et à la princesse Charles de nous avoir ainsi abusés. Mme de Marsan devait au mois d'août réunir sa famille et lui dire : Voilà le mariage que j'ai envie de faire négocier. Voyez si il vous convient, oui ou non. Au reste elle est si affligée, elle-même, que ma rancune, contre elle, n'est pas bien forte. Dis bien à mon frère de ne pas manquer de porter, sur le champ, la copie, que je lui envoie, pour Mlle de Marsan et de se démener tant qu'il pourra pour nous ramener notre petite princesse. »

Avec sa mère, Mme de Bombelles parle à cœur ouvert. Il n'est plus besoin de circonlocutions, comme lorsqu'elle s'adresse à Madame Élisabeth ou à la comtesse de Marsan, mais elle ne nous apprend rien que nous ne sachions : le désespoir du duc de Cadaval, le mécontentement réel de son mari, dont la situation d'ambassadeur se trouve amoindrie par le mauvais résultat d'une entreprise si mal dirigée à Paris.

Quelques jours après, autre lettre du marquis à la comtesse de Marsan.

« La surprise et le chagrin que nous causèrent les nouvelles du 14 décembre furent tellement partagés par M. le duc de Cadaval qu'au lieu de se rendre chez la Reine, où tout était préparé pour qu'il obtînt le consentement de Sa Majesté, il se détermina à envoyer un courrier en France. Nous écrivîmes suivant son intention, dans les termes les plus capables de ramener Mlle de Rochefort. Nos lettres faites, le duc nous pria de dire qu'il était survenu une maladie inquiétante et que c'était pour savoir des nouvelles de la jeune princesse qu'il faisait partir un courrier. Les moindres événements causent une grande sensation ici. Les espions du comte de Saint-Vincent ne tardèrent pas à l'instruire du prochain départ de ce courrier et du motif de son expédition. Alors tous les essorts jouèrent pour susciter des embarras au duc, et l'on est parvenu à obtenir, jusqu'à nouvel ordre, la défense d'envoyer en France, en disant à la Reine que Mlle de Rochefort n'était pas Rohan, ensuite que sa mère altérait la pureté du sang. Le Duc se conduisant en homme d'honneur ne m'a rien caché, je lui ai donné la généalogie ci-jointe[1], je n'ai dit que la vérité et, si je n'ai pas fait mention de la bâtardise de François de

---

1. Jean, vicomte de Rohan, issu des ducs souverains de Bretagne, épousa, en 1371, Jeanne, fille du roi de Navarre.

De lui descendent par filiation prouvée les branches de Rohan Montbazon et Rohan Soubise.

Et de la branche aînée sortent en ligne droite et légitime :

1° Charles-Jules-Armand, prince de Rohan Rochefort, marié à

Rothelin, le cinquième aïeul, c'est qu'elle ne peut offrir aucun inconvénient dans un pays où les plus grandes familles descendent bien plus récemment de bâtards dont les pères n'étaient pas d'aussi grands seigneurs. J'ai aussi délivré à M. de Cadaval l'écrit dont vous trouverez une copie jointe à ma lettre; vos dernières intentions me liant les mains, j'ai été obligée de laisser agir la cabale, en me bornant à retirer le portrait de Mlle de Rochefort. La Reine a cependant approuvé les projets du Duc, mais elle a demandé quelque temps, pour accorder un consentement formel, parce qu'on lui a fait un tableau effrayant du désordre qui existait dans les finances de la maison de Cadaval. Mon silence a donné du poids aux impostures et fourni des armes

Dorothée d'Orléans Rothelin, issue de Jean d'Orléans [1], comte de Dunois et de Longueville, neveu du roi de France, Charles VI et oncle de Louis XII, surnommé le père du Peuple;

2° Le prince Camille, venu à Lisbonne, général des Galères de Malte;

3° La comtesse de Mérode, grande d'Espagne, de la première classe;

4° La comtesse de Brionne, veuve et mère des grands-écuyers de France, de la maison de Lorraine.

. . . .

1° Charles-Louis Gaspard, prince de Rohan, marié à Joséphine de Rohan, fille du prince de Guéménée;

2° Louis-Camille-Jules, chanoine et comte de Strasbourg, nommé le prince Jules;

3° Charlotte-Louise-Dorothée à marier;

4° Henry;

5° Clémentine.

1. La princesse de Nemours, femme de Pierre II, roi de Portugal, descendait, aussi, par sa mère, de Jean d'Orléans.

Louis de Bourbon, quatrième aïeul du Grand Condé, épousa en secondes noces, le 8 novembre 1565, Françoise d'Orléans, fille du marquis de Rothelin

Le comte de Soissons, fruit de ce mariage, est l'agent maternel des princes de Savoie-Carignan et du célèbre prince Eugène.

aux détracteurs d'une alliance autant redoutée que jalousée. On fait des informations à Paris. Mme de Menesez, qui s'y trouve, est la fille du marquis de Latradio, oncle des Saint-Vincent. Brouillon par goût et par calcul, il y a lieu de croire qu'il aura mandé à sa fille de ne pas être scrupuleuse sur les médisances, qu'elle pourrait faire arriver ici. Ces inconvénients ne peuvent être imputés, Madame, qu'aux personnes qui étaient intéressées à respecter vos conseils. Le point actuel offre deux partis à adopter, ou celui de reprendre une négociation, qui pourrait, je crois, être encore conduite à bien, ou de me mander que la maison de Rohan, ayant eu vent des doutes qu'on s'était permis, ne voulait plus entendre parler de tout ce qui y avait donné lieu. Je désire que Mlle de Rochefort ne regrette jamais ce qu'elle a refusé et je ne me plains pas de l'inutilité de mes démarches puisqu'elles ont pu vous prouver, Princesse, avec quel zèle je saisirai toujours les occasions de vous marquer ma reconnaissance.

« Quoique l'origine souveraine subséquente de la maison de Rohan soit généralement connue, j'ai cru devoir donner à Son Excellence M. le duc de Cadaval un extrait des généalogies de M. le prince de Rohan-Rochefort et de celle de Madame sa femme, née Mlle d'Orléans-Rothelin. J'ai également certifié à Son Excellence que leur fille, Charlotte, Louise, Dorothée, princesse de Rohan-Rochefort, joignait aux agréments de sa figure et de sa physionomie une éducation digne de sa haute naissance. Que cette jeune princesse avait montré, depuis sa tendre enfance, des qualités aussi aimables que ses vertus sont recommandables. Qu'elle était particulière-

ment liée avec la princesse Charles de Rohan [1], sa belle-
sœur, liaison qui suffisait seule pour faire l'éloge de
Mlle de Rochefort. Enfin j'ai encore eu l'honneur de dire
à M. le duc de Cadaval, d'après les informations qui
m'ont été données que Mlle de Rochefort aurait en se
mariant cent mille cruzades de dot, sans compter ses
droits à la succession paternelle et maternelle, ainsi
qu'aux autres héritages qui pourraient lui échoir, que
joint à la dot il lui serait fait un trousseau, conforme à
son rang et à la manière grande, dont la maison de
Rohan s'est toujours montrée dans toutes les occasions.
Je consens d'autant plus volontiers à donner par écrit
et à signer tout ce que j'ai annoncé à M. le duc de Cadaval que la conduite de Son Excellence, depuis qu'il
est question de son mariage avec Mlle de Rohan-Rochefort a été aussi loyale et aussi noble que l'on pouvait
l'attendre d'un seigneur, qui sans orgueil sait se rappeler à propos qu'un sang royal coule dans ses veines. »

Tout n'est pas perdu puisqu'à Lisbonne, malgré tout,
on discute encore et qu'on serait prêt à reprendre les
négociations. Les Rohan, semble-t-il, ont montré une
délicatesse exagérée ; le mal n'était pas si grand qu'on
le craignait d'abord, car, le 26 janvier, Mme de Marsan,
reprise d'une nouvelle ardeur, récrit à M. de Bombelles
une lettre qui s'est croisée avec celle de l'ambassadeur.

« J'ai de nouvelles raisons, Monsieur, pour désirer
que l'affaire qui nous intéresse ne soit pas rompue.

---

1. Le prince Charles s'était marié à seize ans, à sa cousine
Marie-Josèphe de Rohan-Guéménée.

Mlle de Rochefort paraît vouloir revenir à notre avis.
Il est certain que ses *craintes n'étaient pas fondées :* sa
délicatesse lui avait dicté cet aveu ; actuellement tranquille sur cet objet, elle désire l'établissement. Mais
M. son père, ni Mme sa mère ne sont encore instruits
de cet état de choses. Monsieur, si vous avez rompu
comme vous l'avez pu d'après ma dernière lettre, vous
êtes bien le maître de faire usage de la lettre ci jointe
ostensible qui peut même être mise sous les yeux de la
Reine. Elle prouvera évidemment, Monsieur, que vous
avez fait, dans toute cette affaire ce que votre amitié
pour nous vous avait dicté. Aussi rien, dans cet aveu,
Monsieur, ne peut vous compromettre, et c'est ce que
je désire le plus vivement. Dans le cas où vous n'auriez
pas rompu, nous vous demandons de prolonger la négociation et, dès que nous aurons nouvelle que la rupture
n'a pas eu lieu, nous demanderons le consentement de
M. et de Mme de Rochefort et nous ne perdrons pas
d'instants à vous faire parvenir notre définitive résolution. »

La comtesse de Marsan se rend compte des ennuis
terribles que cette affaire a causés aux Bombelles. Elle
tient à s'en expliquer encore avec Angélique le
4 février.

« Je suis uniquement occupée de vous, Madame, et
de l'embarras que vous cause cette affaire, si heureusement conduite de votre part et si maussadement de
celle-ci. Ma lettre à peine partie ; la jeune personne s'en
est repentie, la tante qui n'avait pas eu le courage de
lui en inspirer la reprise avec la plus grande vivacité.

L'ambassadrice est venue (je ne say par quel motif) lui annoncer l'arrivée du duc et lui parler de ses projets, elle a tout nié; mais avec la résolution, si cette nouvelle se vérifiait, d'envoyer un courrier au devant de lui pour lui offrir, à titre de tante, un appartement chez elle. Vous jugez, par là, que le courrier serait bien accueilli.

Le père a consenti, mais la mère est à 60 lieues d'ici, on n'a pas encore osé lui en parler et elle ne sera pas la moins difficile à persuader. Voilà, Madame, l'état des choses : dans ce moment, où tout doit être rompu d'après mon avant-dernière lettre, j'ai saisi le prétexte dont on s'était servi pour vous en procurer un honnête. Si vous n'en avez point fait usage, l'affaire pourrait, peut-être, se renouer, mais je ne puis répondre de rien après toutes les variations que j'ay éprouvées. Si j'avais pu les prévoir, je me serais bien gardée de vous en faire la proposition. J'en ai été et j'en suis encore dans un trouble extrême, ne pensant qu'à vous, Madame, et à M. le marquis de Bombelles. Renonçant à cet avantage, pourvu que tout se termine d'une manière à ne vous pas compromettre, vis-à-vis le duc. Je suis touchée de ses procédés et des vôtres au delà de toutes expressions et j'attends votre retour avec bien de l'impatience pour vous renouveler les espérances de tous les sentiments dont mon cœur est pénétré pour ma charmante Angélique. Elle trouvera bon que je supprime les compliments et voudra bien en user de même.

13 février.

« Je suis bien malheureuse, Madame, de ne pouvoir jouir de toutes les marques d'amitiés que vous me don-

nez ; ce sentiment, si doux, de la reconnaissance, se
tourne même pour moy en amertume. Mais il n'en est
pas moins vif et n'en sera pas moins constant. Vous
reteniez encore un fil par votre dernière lettre. La première doit m'apprendre la rupture entière et j'espère
même que vous aurez fait usage de celle où je vous
faisais un aveu, qui peut seul justifier ou excuser la
conduite de mes parens. Celle du duc ajoute infiniment
à mes regrets ; son caractère s'est peint dans cette occasion de manière à faire désirer son alliance, quand,
d'ailleurs, il n'aurait pas réuni tous les avantages possibles. La princesse Charles est aussi désolée que moi,
elle y envisageait même une ressource pour ses petites
filles. Enfin, Madame, rien ne nous échappe de ce que
nous perdons, mais ce qui nous pénètre le plus est
l'inutilité de toutes les peines et de tous les soins que
vous avez prodigués, avec un zèle qui me touche jusqu'au fond du cœur, et dont je ne me consolerai point
d'avoir abusé, quoique bien innocemment et n'ayant,
certainement, rien à me reprocher. Mme la baronne de
Mackau, qui a vu tout ce qui s'est passé, m'en sera témoin. Vous aurez vu, par mes dernières lettres, qu'on
n'ait pas à s'en repentir si, contre toute vraisemblance,
le duc persistait dans son projet. Je crois qu'il reste
encore un moyen qui serait d'écrire à Mme la comtesse
de Brionne, comme à sa tante, et à celle de Mlle de
Rohan. Je suis persuadée, qu'engagée personnellement,
elle emploierait tout son crédit sur son frère, sa belle-
sœur et sa nièce avec toute l'énergie, dont elle est capable et à laquelle ils ne résisteraient pas. Vous êtes
bien bonne d'avoir encore paré aux méchancetés qui
pourraient retomber sur mes parents ; nous n'aurions

pas osé si bien dire que la dot n'aurait souffert aucune difficulté. L'embarras que vous cause cette malheureuse affaire n'est pas le chagrin le moins cuisant de tous ceux dont je suis accablée, depuis si longtemps. Ma santé s'en ressent, et il me reste à peine la force de vous renouveller et à M. de Bombelles les assurances de tous les sentiments que je ne puis pas exprimer et avec lesquels je seray, Madame, jusqu'à mon dernier soupir,

Votre très humble et très obéissante servante,

DE ROHAN, COMTESSE DE MARSAN.

« J'ajoute encore, Madame, qu'un si grand éloignement ne nous permettant pas de prévoir tout ce qui serait le plus à propos de dire, dans ces circonstances, nous nous en rapportons entièrement à vous et à M. de Bombelles. Nous sacrifions tout amour-propre et vous conjurons de prendre le parti le plus convenable, pour vous et pour M. le duc de Cadaval. L'ambassadrice a dit à Mme la comtesse de Brionne qu'il devait arriver incessamment et qu'il amènerait un frère sourd et muet pour le faire traiter par l'abbé de l'Épée. Du reste, jusqu'à présent, on ne parle point de cette affaire. »

Voilà encore une fois l'affaire reprise, mais timidement. Le marquis mande à la comtesse de Marsan, le 14 février :

« Madame, vous inspirez une telle vénération que, pour peu qu'on sache rendre hommage aux vraies vertus, on doit s'estimer heureux de faire ce qui vous est agréable. Ce sentiment acquiert une toute autre force, dans des cœurs reconnaissants et pénétrés de vos bontés. Jugez de notre joie en voyant celle qu'a causé à M. le duc de Cadaval l'heureux changement dans les dispositions de Mlle de Rochefort. Non, Madame, de ce moment, ce n'est plus une affaire manquée, elle exigera du soin. Nous en devons à tout ce qui vous intéresse, et nous aurons, j'espère, la satisfaction d'avoir procuré un établissement peu commun à une jeune personne qui vous est chère, et qui l'est devenue davantage par la délicatesse qui la portait à se sacrifier. Nous sommes si sûrs de M. le duc de Cadaval, de sa mère, de toute la saine partie de sa famille que vous pouvez…, princesse, sans perdre de temps vous procurer le consentement de M. et de Mme la princesse de Rochefort. Plus nous voyons le gendre que nous leur destinons et plus nous avons sujet de nous applaudir de la conduite de ce franc et loyal seigneur. J'ai l'honneur d'être, etc. »

Mme de Bombelles a ajouté : « Il est impossible d'être plus sensible que je ne le suis, Madame la comtesse, à l'inquiétude que vous avez bien voulu prendre, sur le chagrin et l'embarras où vous jugez avec raison que nous avait jetés le refus de Mlle de R. Grâces à Dieu, nous n'avons plus qu'à nous réjouir de son retour à ses premiers sentiments et la satisfaction que nous en éprouvons est surpassée par celle de M. le duc de Cadaval, qui avait toujours conservé l'espoir de fléchir, par sa constance et par votre appui l'opposition de Mademoiselle votre nièce. Dès qu'un érésipèle qui retient Mme la duchesse de Cadaval dans son lit lui permettra d'en sortir, elle ira chez la Reine pour obtenir son consentement, et sitôt que cette démarche sera

faite, vous recevrez, ainsi que M. le prince de Rohan,
la demande ostensible de Mme la duchesse de Cadaval
et de son fils. Mon tendre attachement vous est si connu,
Madame la comtesse, qu'il m'est inutile de vous répéter
à quel point je serai heureuse, ainsi que M. de Bombelles, de la réussite d'une négociation que nous n'avons
tant désirée que par la conviction de l'avantage dont
elle serait pour une princesse de la maison de Rohan,
qui par la grandeur de sa naissance ne peut trouver
que peu de partis qui soient dignes de son attention.
Quant aux qualités personnelles je suis sûre que celles
du duc assureront la paix et la tranquillité de sa vie.
Jouissez donc, Madame la comtesse, de votre ouvrage
. et recevez l'assurance des sentiments, etc., etc. »

Les choses restent en état pendant des semaines,
puis des difficultés surgissent du côté portugais.

Ces négociations énervantes ont augmenté les crises
d'estomac de l'ambassadeur, qui supporte mal le climat
et déjà songe à demander un congé de convalescence.

« J'ai été si affectée, Madame, de vos inquiétudes sur
la santé de M. le marquis de Bombelles, écrit la comtesse de Marsan, le 29 mars, et je les ai partagées trop
vivement pour ne pas désirer, avant tout, votre retour.
J'admire que vous vous soyez toujours occupée d'une
affaire, qui par la faute de mes parents rencontre
des obstacles qui sans leur incertitude n'auraient pas
existé. Nous en avons encore beaucoup à surmonter ;
le caractère de la mère ne permet pas de lui parler
avant d'être assurée du consentement de la Reine. On
emploie tous les moyens pour l'engager à revenir de
Marmoutiers où elle est, depuis six mois, afin qu'on soit

plus à portée de la déterminer à un sacrifice qui lui coûtera beaucoup. Je ne doute pas du succès si par la lettre du duc à Mme la comtesse de Brionne elle s'approprie cette négociation. Je crois pour plus d'une raison qu'elle s'en empare et, Monsieur votre frère pense de même. Je serai bientôt à portée de vous en dire davantage, j'attends ce moment avec bien de l'impatience. Je souhaite le temps favorable pour une heureuse et prompte traversée. Assurez, je vous prie, M. le marquis de Bombelles de ma sensibilité. C'est sur quoi je ne le céderai à personne. Je me fais une vraie fête, Madame, de vous embrasser et de vous renouveller tous mes remerciements. Je supprime les compliments. Vous préférez sûrement les assurances bien véritables de la plus tendre amitié. »

Comme c'était à présumer, les envieux de la cour de Lisbonne profitèrent des longues hésitations des Rohan, puis de la première rupture émanant d'eux. A son tour le duc de Cadaval hésita à poursuivre la réalisation d'un mariage où l'autre partie témoignait si peu de bonne grâce. La Reine se montra fort mécontente des tergiversations et, finalement, retira son appui à l'union qu'elle avait favorisée.

Bombelles échangea une série de lettres avec le duc de Cadaval. Dans les premières, il se plaignait amèrement du système de dénigration employé contre les Rohan par ceux, la comtesse de Saint-Vincent en tête, qui voulaient faire échouer la combinaison. Dans la dernière, écrite le 22 juin, l'ambassadeur, au nom des Rohan, rendait hommage à la loyauté et aux procédés du duc de Cadaval.

Monsieur le Duc,

« Les motifs qui m'ont dirigé en cherchant à vo[us] donner une compagne digne de Votre Excellence l[ui] sont trop connus pour que j'aie besoin d'en faire l'ap[o]logie. Je n'examinerai pas ceux qu'on a pu avoir pou[r] embarrasser la conclusion d'une alliance honorable e[t] convenable à tous égards. Ce qu'il y a de certain, c'es[t] que les doutes élevés, les lenteurs dont je vous ai vu [s]affligé et les discours de vos envieux étant reven[us] à Mlle de Rochefort, ses parents, peu accoutumés à [ce] qui s'est passé, lui ont permis de refuser une union qu[e] le personnel de Votre Excellence leur fait regretter. Ils [se] m'ont chargé de vous exprimer combien vos procédés vous les avaient attachés et de vous témoigner le chagrin qu'ils ressentent à ne pouvoir correspondre à vos vues. J'ose partager leurs sentiments par une suite du vif intérêt, que je prendrai toujours à tout ce qui vous affectera.

« J'ai l'honneur d'être, etc... »

Les longues négociations restées stériles avaient attristé le séjour des Bombelles à Lisbonne. Ils attendaient avec une impatience non dissimulée le moment où l'ambassadeur pourrait quitter son poste en vertu d'un congé régulier. Angélique partit la première avec ses enfants, heureuse de retrouver à Versailles toute sa famille maternelle, surtout sa chère princesse dont elle était séparée depuis si longtemps. L'absence n'avait nullement amoindri l'enveloppante tendresse de Madame Élisabeth pour son amie : nous en trouverons

mainte preuve dans les feuilles d'un *Journal* écrit par
le marquis à son retour en France. Entremêlant les
notes intimes avec les réflexions politiques, il dérou-
lera sous nos yeux le suggestif tableau de la Cour de
Versailles à cette heure déjà angoissante où s'entre-
croisent les vents précurseurs de la tempête....

FIN

TABLE DES MATIÈRES

CHAPITRE III
1778-1779

CHAPITRE IV
1778-1780

CHAPITRE V
1781

CHAPITRE VI
1781

Tours. — Imprimerie DESLIS FRÈRES.

www.ingramcontent.com/pod-product-compliance
Lightning Source LLC
LaVergne TN
LVHW021218170726
843501LV00003B/561